10대를 위한 인문학 강의

Humanities lecture

10대를 위한

인문학 강의

Humanities lecture

송용구

글라이더

머리말

2년 만에 새로운 책《10대를 위한 인문학 강의》로 여러분을 만납니다. 여러분과 함께 이야기의 꽃길을 산책하면서 위대한 작가와 사상가들을 만나려고 합니다. 그들이 들려주는 이야기의 꽃향기를 마시며 '인간, 어떻게 살 것인가?'라는 문제를 생각해 보려고 합니다. 이 책에 수록된 이야기는 모두 열두 편입니다. 하나씩 살펴볼까요?

제가 인문학의 본질과 인간다운 삶에 관하여 이야기하는 이 책은 10대 시절에 꼭 한 번은 읽어야 할 책을 담고 있습니다. 청소년 문학의 모범《수레바퀴 아래서》, 사랑의 교과서로 손색없는《사람은 무엇으로 사는가》, 가장 순수한 에로스의 미학《오만과 편견》, 감동적 휴머니즘의 대작《레 미제라블》, 근대 희곡의 등불을 밝힌《맥베스》, 르네상스 문학의 걸작《데카메론》, 고대 그리스의 대표적 비극《오이디푸스 왕》, 민주주의 시대를 열어준 정치철학의 큰 별《사회계약론》, 개인의 성장과 성숙에 필요한 사회의 역할을 일깨워주는 교육 철학의 대표작《민주주의와 교육》, '노동'이란 인간의 가장 진실한 행동임을 말해주는 유물 철학의 대표작《자본론》, 세계와 나의 관계를 밝혀주는 관념 철학의 대표작《정신현상학》입니다. 이 열두 편의 이야기는 '인간, 어떻게 살 것인가?'의 물음에 대하여 여러분이 응답할 수 있도록 길을 열어줄 것입니다.

이 책에 담긴 글과 이야기를 통하여 여러분은 인간의 감정과 생각에 공감할 힘을 갖게 될 것입니다. 다양한 삶의 현장에서 전개되는 인간의 복잡미묘한 행동을 섬세하게 이해할 수 있는 '생각의 깊이'를 기르게 될 것입니다.

이 책은 '인간다운 인간'으로 살아갈 길을 열어줄 것입니다. 독자 스스로 성숙한 인성人性의 소유자로 발전하기 위해 기울여야 할 정신 요소가 무엇인지 일깨워주고, 그 것을 갖출 수 있는 지혜를 가르쳐 줄 것입니다.

이 책은 고대 이후 근대 및 현대에 이르기까지 인류가 쌓아온 다양하고 포괄적인 지식을 녹였습니다. 여러분은 이 책을 읽어가면서 지성의 힘을 기르는 데 필요한 지식을 충분히 얻을 수 있습니다. 이 책은 삶에서 '지식'을 실천하는 교양의 힘을 발휘하는 데 도움이 될 '인문학 멘토'가 될 것입니다.

헤르만 헤세, 레프 톨스토이, 제인 오스틴, 빅토르 위고, 윌리엄 셰익스피어, 보카치오, 소포클레스, 장 자크 루소, 존 듀이, 마르크스, 헤겔 등 위대한 작가와 사상가들은 인간의 마음과 행동을 넉넉히 이해할 힘을 우리에게 보태 줍니다. 그들은 어떻게 살아가는 것이 인간다운 삶인지 가르쳐 줍니다. 우리의 삶이 인간다운 방향으로 나아가는 데 필요한 교훈과 지혜를 그들에게서 배울 수 있습니다. 그들은 이 세상의 만남 중에 가장 중요한 만남이 '나' 자신과의 만남임을 알게 해줍니다. 우리가 그들의 이야기에 귀 기울이면 '나는 누구인가?'라는 질문을 스스로 할 수 있을 것입니다. 진정한 나를 만나는 것이 자기 삶을 성숙케 하는 지름길임을 깨닫게 될 것입니다.

인간다운 인간으로 살아가려면 성숙한 인성을 가져야 합니다. 그러나 성숙한 인성이란 다른 사람이 가져다주는 것이 아닙니다. 나 자신이 쌓아나가야 할 미덕입니다. 그것은 하루아침에 닦여지는 것이 아닙니다. 지속적 노력이 없다면 도달하기 어려운 것이 성숙한 인성입니다. 지식을 부지런히 습득하고 그 지식을 삶에서 실천하지 않는다면 성숙한 인성을 지닐 수 없습니다. 머릿속에 기억된 지식을 인간다운 행동으로 실천하도록 움직이게 하는 힘이 교양이기 때문입니다.《10대를 위한 인문학 강의》가 우리 삶을 좀 더 인간답게 발전시키는 실천의 힘으로 작용하기를 기대합니다.

2020년 9월

송용구

차례

Special Edition

역사 속의 인문학 연대기

연대(기원전)	인문학 명저	한국사와 세계사의 사건
2100년경	서사시 《길가메시》	중국 하나라 건국(2070)
750년경	호메로스 《일리아스》	중국 춘추전국시대(770)
	호메로스 《오디세이아》	고조선 청동기 문명 발전
620~560년경	이솝 《이솝 우화》	아테네 솔론의 개혁(594)
512년경	손자 《손자병법》	로마 공화정 확립(509)
475~221년경	공자 《논어》	델로스 동맹 시작(479)
440년	헤로도토스 《역사》	로마 12표법(450)
		고대국가 부여 성립(450)
429년	소포클레스 《오이디푸스 왕》	펠로폰네소스 전쟁 발발(431)
		페리클레스의 시대 아테네 민주주의 발전(457~429)
380년경	플라톤 《국가》	한반도 진국(辰國) 성립과 철기문화 수입(4세기)
334년	아리스토텔레스 《시학》	알렉산더 대왕의 동방원정
300년경	유클리드 《기하학 원론》	한반도 철기문화 보급
90년경	사마천 《사기》	고조선 멸망(108)
19년	베르길리우스의 서사시 《아이네이스》	로마 제정(帝政) 시작(27)
14년	호라티우스 《시학》	백제 건국(18)
연대(기원후)	**인문학 명저**	**한국사와 세계사의 사건**
401년	아우구스티누스 《고백록》	로마 동서 분열(395)
		백제 일본에 한학(漢學) 전파(405)
609~632년	《코란》	이슬람교 창시(610)
800~900년경	《아라비안나이트》	신라 장보고 청해진 설치(828)
		중국 당나라 멸망(907)
		왕건 고려 건국(918)
		고려 후삼국 통일(936)

연대(기원후)	인문학 명저	한국사와 세계사의 사건
1145년	김부식 《삼국사기》	묘청 서경 천도 운동(1135)
1281년	일연 《삼국유사》	마르코 폴로 중국 여행(1279~1295)
1321년	단테 《신곡》	교황청 아비뇽으로 이전(1321)
1353년	보카치오 《데카메론》	유럽에서 페스트 발생(1351)
1390년경	초서 《캔터베리 이야기》	고려 멸망, 조선 건국(1392)
		덴마크, 스웨덴, 노르웨이 3국 칼마르 동맹(1397)
1455년	구텐베르크 인쇄술에 의한 최초의 활자본 《성경》	잉글랜드 장미전쟁 발발(1455)
		조선 세조 즉위(1455)
1465~1471년경	김시습 《금오신화》	조선 '경국대전' 완성(1467)
1516년	토머스 모어 《유토피아》	마르틴 루터의 종교개혁(1517)
1522년	나관중 《삼국지연의》(초판본)	페르디난드 마젤란 세계 일주 시작(1519~22)
	마르틴 루터 독일어본 《신약성서》	금속 활자 기술로 독일어 성서 보급(1522)
1523년	자크 르페브르 데타플 프랑스어본 《신약성서》	독일 농민혁명(1524~25)
		오스만 제국 헝가리 정복(1526)
1532년	마키아벨리 《군주론》	인도 무굴 제국 창건(1533)
1534년	마르틴 루터 독일어본 《구약성서》	잉카 제국 멸망(1534)
1543년	코페르니쿠스 《천체의 회전에 관하여》	주세붕 백운동 서원(1543)
1561년	퇴계 이황 《주자서절요》	프랑스 종교전쟁 시작(1562~1598)
1568년	퇴계 이황 《성학십도》	네덜란드 독립전쟁(1566)
1575년	율곡 이이 《성학집요》	조선 동서 분당(分黨)(1575)
1577년	율곡 이이 《격몽요결》	덴마크 천문학자 튀코 브라헤 대혜성 C/1577 V1 관측(1577)

연대(기원후)	인문학 명저	한국사와 세계사의 사건
1580년	몽테뉴 《수상록》	네덜란드 독립(1581)
1597~ 1625년	베이컨 《수상록》	임진왜란 한산도대첩(1592)
		행주대첩(1593)
		정유재란 명량 해전(1597)
1600년경	홍자성 《채근담》	잉글랜드 동인도 회사 설립(1600)
1604년	셰익스피어 《햄릿》	네덜란드 동인도 회사 설립(1602)
		잉글랜드 스튜어트 왕조 성립(1603)
		일본 에도 막부 수립(1603)
1605년	셰익스피어 《오셀로》	잉글랜드인 북아메리카에 버지니아 식민지 건설(1607)
	셰익스피어 《맥베스》	
	세르반테스 《돈키호테》	
1608년	셰익스피어 《리어왕》	프랑스인 북아메리카에 퀘벡 식민지 건설(1608)
		조선과 일본 국교 재개(1609)
1611년	킹 제임스 성경	여진족 후금 건국(1616)
		신성로마제국(독일) '30년 전쟁' 발발(1618)
		잉글랜드 청교도 미국 플리머스 상륙(1620)
1637년	르네 데카르트 《방법서설》	병자호란(1636)
		잉글랜드 청교도 혁명(1642)
1651년	토머스 홉스 《리바이어던》	중국 명나라 멸망(1644)
		베스트팔렌 조약으로 30년 전쟁 종결(1648)
		찰스 1세 처형(1649)
		잉글랜드 공화정 시작(1649)
		잉글랜드 크롬웰의 항해법(1651)

연대(기원후)	인문학 명저	한국사와 세계사의 사건
1678년	존 버니언 《천로역정》	조선 상평통보 주조(1678)
1687년	아이작 뉴턴의 《자연철학의 수학적 원리》	잉글랜드 명예혁명(1688)
		잉글랜드 윌리엄 3세 '권리 장전' 선포(1689)
1690년	존 로크 《인간 지성론》	영국 포클랜드 제도 명명(1690)
1719년	대니얼 디포 《로빈슨 크루소》	잉글랜드 스코틀랜드 합병(1713)
		리히텐슈타인 공국 건설(1719)
1726년	조너선 스위프트 《걸리버 여행기》	조선 영조 탕평책 실시(1725)
1755년	장 자크 루소 《인간 불평등 기원론》	조선 균역법 시행(1750)
		'7년 전쟁' 시작(1756~1763)
1762년	장 자크 루소 《사회계약론》 《에밀》	산업혁명 시작(1760)
		와트 증기기관 발명(1765)
1774년	괴테 《젊은 베르테르의 슬픔》	미국 독립전쟁(1775)
1776년	애덤 스미스 《국부론》	미국 독립선언(1776)
1776~1788년	에드워드 기번 《로마 제국 쇠망사》	조선 정조 규장각 설치(1776)
1780~1793년	연암 박지원 《열하일기》	프랑스와 미국 연합 군대 마이애미 원주민 부족에게 패배(1780)
1781년	이마누엘 칸트 《순수이성비판》	이승훈 천주교에서 세례받음(1784)
1785년	이마누엘 칸트 《도덕 형이상학을 위한 기초 놓기》	미국 통용 화폐로 달러 채택(1785)
1788년	이마누엘 칸트 《실천이성비판》	미국 13개 주 독립(1788)
		프랑스 대혁명(1789)
1790년	이마누엘 칸트 《판단력 비판》	미국 수도 워싱턴 D. C. 설립(1790)

연대(기원후)	인문학 명저	한국사와 세계사의 사건
1791년	토머스 페인 《인간의 권리》	조선 신해통공(辛亥通共)(1791)
1792년	메리 울스턴크래프트 《여성의 권리 옹호》	프랑스 공화국 선포(1792)
1794~1796년	토머스 페인 《이성의 시대》	조선 수원에 화성 건설(1796)
		중국 백련교도의 난(1796~1805)
1797년	프리드리히 횔덜린 《히페리온》 제1권	나폴레옹 이집트 원정(1797)
1798년	윌리엄 워즈워스·새뮤얼 콜리지 《서정가요집》	박제가 《북학의》 저술(1798)
1799년	프리드리히 횔덜린 《히페리온》 제2권	나폴레옹 쿠데타로 정권 장악(1799)
1804년	프리드리히 실러 《빌헬름 텔》	프랑스 나폴레옹의 제1제정(1804~1815)
1807년	헤겔 《정신현상학》	미국의 로버트 풀턴 허드슨강에서 최초의 증기선 시운전 성공(1807)
1812년	그림 형제 《그림 동화》	조선 홍경래의 봉기(1811)
1813년	제인 오스틴 《오만과 편견》	스티븐슨 증기 기관차 발명(1814)
		나폴레옹 워털루 전투 패배와 제1제정 몰락(1815)
1818년	메리 셸리 《프랑켄슈타인》	사우드 제1왕국 멸망(1818)
1818~1821년	다산 정약용 《목민심서》	일리노이주 미국의 스물한 번째 주가 됨(1818)
1819년	조지 고든 바이런 《돈 주앙》	싱가포르 영국령이 됨(1819)
	존 키츠 《나이팅게일에 부치는 노래》	에스파냐가 미국에 플로리다 할양(1819)

연대(기원후)	인문학 명저	한국사와 세계사의 사건
1819년	퍼시 비시 셸리 《사슬에서 풀린 프로메테우스》	미국 1차 경제공황(1819)
1820년	퍼시 비시 셸리 《서풍에 부치는 노래》	그리스 독립전쟁 발발(1821~1829)
1827년	하인리히 하이네 《노래의 책》	네덜란드 인도네시아 지배 시작(1824)
1830년	스탕달 《적과 흑》	프랑스 '7월 혁명'(1830)
1831년	빅토르 위고 《파리의 노트르담》	교황 그레고리오 16세의 칙서로 천주교 조선교구 설립(1831)
1832년	괴테 《파우스트》	프랑스 6월 봉기(1832)
		영국 노예제 폐지(1833)
1834년	오노레 드 발자크 《고리오 영감》	독일 관세동맹 결성(1834)
1837년	찰스 디킨스 《올리버 트위스트》	영국 빅토리아 여왕 즉위(1837)
1843년	찰스 디킨스 《크리스마스 캐럴》	아편 전쟁(1840~1842)
		청나라와 영국 난징 조약 체결(1842)
	에드거 앨런 포 《검은 고양이》	프랑스 베트남에 함대를 파병하여 베트남 개입 시작(1843)
1844년	하인리히 하이네 《독일, 겨울동화》	새뮤얼 핀리 브리즈 모스 '모스 부호'로 전신 성공(1844)
	알렉상드르 뒤마 《몽테크리스토 백작》	영국의 조지 윌리엄스 런던에서 YMCA 창립(1844)
	알렉상드르 뒤마 《삼총사》	청나라와 미국 왕샤 조약(1844)
	안데르센 《눈의 여왕》	김대건 가톨릭 부제(副祭) 서품(1844)
1847년	샬럿 브론테 《제인 에어》	베르디의 오페라 〈맥베스〉 피렌체에서 초연(1847)
	에밀리 브론테 《폭풍의 언덕》	브리검 영과 148명 모르몬교도 솔트레이크시티 도착(1847)

연대(기원후)	인문학 명저	한국사와 세계사의 사건
1848년	마르크스와 엥겔스 《공산당 선언》	파리에서 '2월 혁명' 발발(1848)
		독일 베를린과 빈에서 '3월 혁명' 발발(1848)
1850년	너새니얼 호손 《주홍글씨》	중국 태평천국 운동(1850~64)
1851년	허먼 멜빌 《모비 딕》	미국 일간지 <뉴욕 타임스> 창간(1851)
1852년	해리엇 비처 스토 《톰 아저씨의 오두막》	프랑스 제2제정(1852~70)
1854년	헨리 데이비드 소로 《월든》	크림 전쟁(1853~56)
1855년	월트 휘트먼 《풀잎》 제1판	탐험가 데이비드 리빙스턴 잠비아-짐바브웨 폭포 발견(1855)
1856년	월트 휘트먼 《풀잎》 제2판	애로호 사건(1856)
1857년	플로베르 《마담 보바리》	인도 세포이 항쟁(1857~1858)
	샤를 보들레르 《악의 꽃》	인도 무굴 제국 멸망(1858)
1859년	존 스튜어트 밀 《자유론》	프랑스 해군 베트남 사이공 점령(1859)
	찰스 다윈 《종의 기원》	미국의 흑인 노예제 폐지론자 존 브라운 봉기(1859)
1861~1862년	찰스 디킨스 《위대한 유산》	최제우 동학 창시(1860)
		미국 남북 전쟁 시작(1861~1865)
1862년	빅토르 위고 《레 미제라블》	조선 임술 농민항쟁(1862)
		통일 이탈리아 왕국 성립(1862)
1865년	루이스 캐럴 《이상한 나라의 앨리스》	미국 대통령 링컨의 노예 해방 선언(1863)
1866년	표도르 도스토옙스키 《죄와 벌》	프로이센-오스트리아 전쟁(1866)
1867년	카를 마르크스 《자본론》	미국 러시아 제국에서 알래스카 매입(1867)
1868년	루이자 메이 올컷 《작은 아씨들》	일본 메이지 유신(1868)

연대(기원후)	인문학 명저	한국사와 세계사의 사건
1869년	레프 톨스토이 《전쟁과 평화》	수에즈 운하 개통(1869)
		프로이센-프랑스 전쟁(1870)
1873년	아르투르 랭보 《지옥에서 보낸 한철》	독일 통일과 독일제국 성립(1871)
		조선 신미양요(1871)
1876년	스테판 말라르메 《목신(牧神)의 오후》	프랑스 제3공화국 헌법 제정(1875)
		조선 강화도 조약 체결(1876)
1878년	프리드리히 니체 《인간적인, 너무나 인간적인》	영국령 인도 수립(1877)
		러시아-투르크 전쟁(1877~78)
1879년	헨리크 입센 《인형의 집》	에디슨 전등 발명(1879)
1880년	표도르 도스토옙스키 《카라마조프 가의 형제들》	조선 제2차 수신사 김홍집을 일본에 파견(1880)
1881년	마크 트웨인 《왕자와 거지》	조선 일본에 일본사찰단 파견, 청나라에 영선사 파견(1881)
1883~1885년	프리드리히 니체 《차라투스트라는 이렇게 말했다》	조선 임오군란(1882)
		조선, 미국·영국·독일과 통상조약 체결(1883)
1884년	마크 트웨인 《허클베리 핀의 모험》	조선 갑신정변(1884)
		청나라와 프랑스 전쟁(1884~85)
1885년	레프 톨스토이 《사람은 무엇으로 사는가》	서양 제국주의 열강에 의한 아프리카 분할 점령 시작(1885)
		청나라와 일본 텐진 조약(1885)
		조선 배재학당 설립(1885)
		서울-인천 전신 개통(1885)
1886년	로버트 루이스 스티븐슨 《지킬 박사와 하이드 씨》	조선 이화학당 설립(1886)
		인도차이나반도의 국가들 프랑스 식민지로 전락(1887)
1891년	토머스 하디 《테스》 (원제: 더버빌 가의 테스)	청일 전쟁(1894)
		동학농민혁명(1894)

연대(기원후)	인문학 명저	한국사와 세계사의 사건
1891년		마르코니 무선전신 발명(1895)
		조선 독립협회 설립과 독립신문 발간(1896)
		제1회 하계 올림픽 개최(1896)
1899년	지그문트 프로이트 《꿈의 해석》	대한제국 수립(1897)
		퀴리 부부 라듐 발견(1898)
		대한제국 만민공동회 개최(1899)
	레프 톨스토이 《부활》	헤이그 평화회의(1899)
		대한제국 황성신문 발행(1900)
		경인선 개통(1900)
		만국우편연합 가입(1900)
1902년	표트르 A. 크로폿킨 《만물은 서로 돕는다》	청나라 의화단 운동(1900)
		대한제국 서울-인천 공중 시외전화 개통(1902)
		영국과 일본 동맹(1902)
		쿠바 공화국 성립(1902)
1903년	헬렌 켈러 자서전 《헬렌 켈러, 나의 이야기》	미국의 라이트 형제 비행기 발명(1903)
		대한제국 YMCA 발족(1903)
1904~1905년	막스 베버 《프로테스탄트 윤리와 자본주의 정신》	대한제국 경부선 개통(1904)
		러일 전쟁(1904)
1906년	나쓰메 소세키 《나는 고양이로소이다》	대한제국 을사늑약 강제 체결(1905)
		경의선 개통(1905)
	나쓰메 소세키 《도련님》	대한제국 전국에서 의병 봉기(1906)
	헤르만 헤세 《수레바퀴 아래서》	대한제국 천도교 설립(1906)
		국채보상운동 전개(1907)
		헤이그 특사 사건(1907)

연대(기원후)	인문학 명저	한국사와 세계사의 사건
1909년	앙드레 지드 《좁은 문》	인도 스와라지-스와데시 운동(1907)
		대한제국 고종 강제 퇴위와 군대 해산(1907)
		대한제국 신민회 창립(1907)
		청나라와 일본 간도 협약(1909)
	프랜시스 호지슨 버넷 《비밀의 화원》	대한제국 안중근 의사 이토 히로부미 사살(1909)
1910년	라이너 마리아 릴케 《말테의 수기》	한일병탄(1910)
		나철 대종교 창시(1910)
	라빈드라나트 타고르 《기탄잘리》	청나라 신해혁명(1911)
1913~1927년	마르셀 프루스트 《잃어버린 시간을 찾아서》	쑨원 중화민국 선포(1912)
		안창호 흥사단 조직(1913)
1914년	로버트 프로스트 《담장 고치기》	제1차 세계대전 발발(1914)
		파나마 운하 개통(1914)
		대한광복군 정부 수립(1914)
1915년	프란츠 카프카 《변신》	제1차 세계대전에서 이탈리아 연합국에 합류(1915)
1916년	페르디낭 드 소쉬르 《일반 언어학 강의》	박은식 《한국 통사》 간행(1916)
	존 듀이 《민주주의와 교육》	박중빈 원불교 창시(1916)
	카를 구스타프 융 《무의식의 심리학》	세브란스 의학전문학교 개교(1916)
1917년	알베르트 아인슈타인 《상대성의 특수이론과 일반이론》	러시아 볼셰비키 혁명(1917)
1918년	루쉰 《광인일기》	미국 우드로 윌슨 대통령 14개 조 평화원칙 발표(1918)

연대(기원후)	인문학 명저	한국사와 세계사의 사건
1919년	헤르만 헤세 《데미안》	3·1 독립운동(1919)
		대한민국 임시정부 수립(1919)
		파리강화회의(베르사유 조약)(1919)
		중국 5·4 운동(1919)
		인도 마하트마 간디 비폭력·불복종 운동 시작(1919)
		비폭력·불복종 운동 시작(1919)
1921년	루트비히 비트겐슈타인 《논리 철학 논고》	국제연맹 창설(1920)
		봉오동 전투(1920)
		청산리 대첩(1920)
	라이너 마리아 릴케 《두이노의 비가》	네덜란드 헤이그에 상설 국제사법재판소 개설(1922)
	루쉰 《아 Q 정전》	이집트 영국에서 독립(1922)
	제임스 조이스 《율리시스》	케말 파샤의 술탄제 폐지로 오스만튀르크 제국 멸망(1922)
1922년	T. S. 엘리엇 《황무지》	소비에트 사회주의 공화국 연방(소련) 수립(1922)
1923년	로버트 프로스트 《눈 내리는 밤 숲가에 멈춰 서서》	대한민국 임시정부 국민대표회의 개최(1923)
	마르틴 부버 《나와 너》	방정환과 윤극영 등 색동회 조직(1923)
	칼릴 지브란 《예언자》	터키 공화국 수립(1923)
1924년	토마스 만 《마의 산》	몽골 중국에서 독립(1924)
	파블로 네루다 《스무 편의 사랑의 시와 한 편의 절망의 노래》	김동인, 김소월, 김억, 주요한 등 문예지 〈영대〉 창간(1924)
1925년	프란츠 카프카 《심판》	대한민국 임시정부 임시 대통령 박은식 선출(1925)
	F. 스콧 피츠제럴드 《위대한 개츠비》	박영희, 김기진, 이기영 등 '카프 KAPF' 결성(1925)

연대(기원후)	인문학 명저	한국사와 세계사의 사건
1926년	만해 한용운《님의 침묵》	6·10 만세 운동(1926)
1927년	마르틴 하이데거 《존재와 시간》	신간회 창립, 초대 회장으로 월남 이상재 선출(1927)
	마하트마 간디《간디 자서전》	《조선어사전》 편찬 착수(1927)
1928년	D. H. 로런스 《채털리 부인의 사랑》	미·영·프·일 등 15개국 전쟁 거부를 명시한 켈로그-브리앙 조약(1928)
1929년	에리히 마리아 레마르크 《서부 전선 이상 없다》	세계 경제 대공황(1929)
		광주 학생 항일운동(1929)
1931년	카를 야스퍼스《철학》	일본 만주 사변(1931)
1931~1935년	펄 벅《대지》	중국 공산당 중화 소비에트 공화국 수립(1931)
1932년	올더스 헉슬리《멋진 신세계》	이봉창 의사 의거(1932)
	라인홀드 니버《도덕적 인간과 비도덕적 사회》	일본 만주국 수립(1932)
		윤봉길 의사 의거(1932)
		이라크 영국에서 독립(1932)
1935년	발터 벤야민《기술복제 시대의 예술작품》	조선어학회 한글 맞춤법 통일안 제정(1933)
		영국과 독일 해군협정 체결(1935)
1936년	데일 카네기《인간관계론》	단재 신채호 중국 뤼순 감옥에서 사망(1936)
	마거릿 미첼 《바람과 함께 사라지다》	스페인 내전 시작(1936)
	어니스트 헤밍웨이 《킬리만자로의 눈》	경춘선 철도 개통(1936)
	이상《날개》	손기정 베를린 올림픽 마라톤 세계신기록으로 우승(1936)
	존 메이너드 케인스 《고용 · 이자 및 화폐의 일반이론》	나치 독일과 이탈리아 우호 조약 체결(1936)
		나치 독일과 일본 방공 협정 체결(1936)

연대(기원후)	인문학 명저	한국사와 세계사의 사건
1937년	가와바타 야스나리 《설국》	중일 전쟁(1937)
1938년	장 폴 사르트르 《구토》	나치 독일 오스트리아 병합(1938)
1939년	존 스타인벡 《분노의 포도》	히틀러와 스탈린 독소 불가침 조약 체결(1939)
		나치 독일의 폴란드 침공으로 제2차 세계대전 발발(1939~1945)
1941년	에리히 프롬 《자유로부터의 도피》	한국광복군 결성(1940)
		김구 대한민국 임시정부 주석 취임(1940)
		독일·이탈리아·일본 '삼국 동맹 조약' 체결(1940)
		일본의 진주만 기습 공격으로 태평양 전쟁 발발(1941~1945)
1942년	알베르 카뮈 《이방인》	일본 동남아시아 점령(1942)
		일본 미드웨이 해전 패배(1942)
		조선어학회 사건(1942)
1943년	베르톨트 브레히트 《사천의 착한 사람》	진단학회 강제 해산(1943)
	생텍쥐페리 《어린 왕자》	루스벨트, 처칠, 장제스 카이로 회담(1943)
	헤르만 헤세 《유리알 유희》	루스벨트, 처칠, 스탈린 테헤란 회담(1943)
1944년	테오도어 아도르노·막스 호르크하이머 《계몽의 변증법》	미국과 영국 연합군 노르망디 상륙 작전(1944)
		파리 나치 독일군 치하에서 해방(1944)
		프랑스 임시정부 수립과 드골의 수상 취임(1944)

연대(기원후)	인문학 명저	한국사와 세계사의 사건
1945년	조지 오웰 《동물농장》	최초의 원자폭탄 '리틀 보이' 일본 히로시마와 나가사키에 투하(1945)
		일본 항복(1945)
		8·15 광복(1945)
		국제연합(UN) 창립(1945)
1946년	장 폴 사르트르 《실존주의는 휴머니즘이다》	호찌민 북베트남 대통령으로 선출(1946)
	이육사 《육사 시집》	필리핀 독립(1946)
		뉘른베르크 전범 재판(1946)
1947년	백범 김구 《백범일지》(이광수의 윤문)	'마셜 플랜' 발표(1947)
	안네 프랑크 《안네의 일기》	인도와 파키스탄 분리 독립(1947)
	알베르 카뮈 《페스트》	소련 등 9개 공산국가 코민포름 결성(1947)
1948년	단재 신채호 《조선상고사》	대한민국 정부 수립(1948)
	벽초 홍명희 《임꺽정》	조선민주주의인민공화국(북한) 정권 수립(1948)
	윤동주 《하늘과 바람과 별과 시》	이스라엘 건국(1948)
		제1차 중동 전쟁(1948)
	아서 밀러 《세일즈맨의 죽음》	세계 인권 선언(1948)
1949년	조지 오웰 《1984》	북대서양조약기구(NATO) 창립(1949)
		중화인민공화국 수립(1949) (초대 수석 마오쩌둥)
1950년	클로드 레비-스트로스 《슬픈 열대》	한국 전쟁(1950~1953)
1951년	아르놀트 하우저 《문학과 예술의 사회사》	미국·호주·뉴질랜드 태평양안전보장 조약 체결(1951)

연대(기원후)	인문학 명저	한국사와 세계사의 사건
1952년	사뮈엘 베케트 《고도를 기다리며》	파리 조약에 따라 유럽석탄철강공동체 수립(1952)
1954년	올더스 헉슬리 《인식의 문》	한국 전쟁 휴전협정 조인(1953)
		알제리 독립전쟁(1954~62)
1954~1955년	존 로널드 루엘 톨킨 《반지의 제왕》	제네바 회담(1954)
		반둥 회의(1955)
1955년	블라디미르 나보코프 《롤리타》	베트남 전쟁(1955~75)
		바르샤바 조약 기구 결성(1955)
		제2차 중동 전쟁(1956)
1957년	보리스 파스테르나크 《닥터 지바고》	헝가리 혁명(1956)
		소련 최초의 인공위성 스푸트니크 1호 발사(1957)
		《우리말 큰사전》 편찬(1957)
1959년	귄터 그라스 《양철북》	소련의 우주선 루나 2호 최초로 달에 도달(1959)
		싱가포르 자치국 선언(1959)
1960년	최인훈 《광장》	4·19 혁명(1960)
		아프리카 가봉 프랑스에서 독립(1960)
		이란 등 5개 산유국 OPEC 결성(1960)
1961년	에드워드 핼릿 카 《역사란 무엇인가》	소련의 유리 가가린 우주 비행에 성공한 최초의 인간으로 기록(1961)
	아널드 토인비 《역사의 연구》	5·16 군사 쿠데타(1961)
		제3세계 국가들 '비동맹 운동' 창설(1961)
	미셸 푸코 《광기의 역사》	독일의 동서를 분리하는 베를린 장벽 설치(1961)

연대(기원후)	인문학 명저	한국사와 세계사의 사건
1962년	레이철 카슨 《침묵의 봄》	알제리 프랑스에서 독립(1962)
	게오르그 루카치(루카치 죄르지) 《소설의 이론》	자메이카 영국에서 독립(1962)
	알렉산드르 솔제니친 《이반 데니소비치, 수용소의 하루》	〈사상계〉 발행인 장준하 막사이사이상 수상(1962)
	에릭 홉스봄 《혁명의 시대》	트리니다드토바고, 우간다 독립(1962)
		마틴 루터 킹 목사 워싱턴 행진에서 '나에겐 꿈이 있습니다'라는 연설로 흑인 인권운동 전개(1962) 케냐 독립(1962)
1966년	자크 라캉 《에크리》	가이아나, 보츠와나, 레소토, 바베이도스 독립(1966)
1967년	가브리엘 가르시아 마르케스 《백 년 동안의 고독》	세계 최초의 인쇄물 무구정광대다라니경 발견(1966)
	놈 촘스키 《지식인의 책무》	필리핀 등 5개국 동남아시아 국가연합(ASEAN) 결성(1967)
	오에 겐자부로 《만엔 원년의 풋볼》	혁명가 체 게바라 볼리비아 정부군에 체포(1967)
1969~1994년	박경리 《토지》	미국의 우주선 아폴로 11호 달 표면 착륙, 닐 암스트롱 달에 발을 디딘 최초의 인간으로 기록(1969)
		수십만 명의 미국인 베트남 전쟁에 반대하는 반전 시위 전개(1969년)
1971년	에리히 프롬 《소유냐 존재냐》	바레인, 카타르 독립(1971)
	존 롤스 《정의론》	콩고민주공화국의 국호를 '자이르'로 변경(1971)
1972년	자크 데리다 《해체》	미국의 마지막 지상 전투부대 남베트남에서 철군(1972)
		유신헌법의 공포로 군부독재 연장(1972)

연대(기원후)	인문학 명저	한국사와 세계사의 사건
1973년	에른스트 프리드리히 슈마허 《작은 것이 아름답다》	덴마크·아일랜드·영국 EU 가입(1973)
1974~1984년	황석영 《장길산》	미국과 독일민주공화국(동독) 수교(1974)
1975~1978년	조세희 《난장이가 쏘아올린 작은 공》	‘베트남 인민군’에 의한 남베트남 패망과 베트남전 종결(1975)
		모잠비크, 파푸아뉴기니, 앙골라, 수리남 독립(1975)
1976년	미셸 푸코 《성의 역사》	베트남 사회주의 공화국수립(1976)
		미국 우주선 바이킹 2호 화성 착륙(1976)
1978년	에드워드 사이드 《오리엔탈리즘》	중국과 일본 평화우호조약 조인(1978)
		도미니카 독립(1978)
1980년	앨빈 토플러 《제3의 물결》	5·18 광주 민주화 운동(1980)
		바누아투 독립(1980)
	하워드 진 《미국 민중사》	레흐 바웬사 주도로 폴란드 자유 노조 ‘연대’ 창립(1980)
1981년	위르겐 하버마스 《의사소통행위 이론》	폴란드 동유럽 사회주의 국가 최초로 자유 노조 대회 개최(1981)
		프랑스 사형제도 폐지(1981)
1986~1989년	조정래 《태백산맥》	미국의 우주왕복선 챌린저호 폭발 사고(1986)
		미국 리비아 공습(1986)
		소련의 체르노빌 원자력 발전소 4호기 폭발 사고로 대재앙 발생(1986)
1987년	무라카미 하루키 《상실의 시대》(원제: 노르웨이의 숲)	서울대생 박종철 남영동 대공분실에서 고문으로 사망(1987)

연대(기원후)	인문학 명저	한국사와 세계사의 사건
1987년	이문열 《우리들의 일그러진 영웅》	6·10 민주항쟁(1987)
		대한민국 국회 대통령직선제 개헌안 가결(1987)
		대한항공 858편 폭파로 승객 115명 전원 사망(1987)
1988년	스티븐 호킹 《시간의 역사》	소련 고르바초프 주도하에 '페레스트로이카' 착수(1988)
	살만 루슈디 《악마의 시》	미얀마의 '8888항쟁'(1988)
		서울 올림픽 개막(1988)
1990년	머레이 북친 《사회 생태론의 철학》	나미비아 독립(1990)
		예멘 통일(1990)
		몰도바 소련에서 독립(1990)
		벨라루스 소련에서 독립(1990)
		이라크의 쿠웨이트 침공으로 '걸프 전쟁' 시작(1990)
1992~2006년	시오노 나나미 《로마인 이야기》(전15권)	독일 동서 분단을 극복하고 재통일 달성(1990)
		보스니아 내전 발발(1992)
		유고슬라비아 사회주의 공화국 붕괴(1992)
1993년	에드워드 사이드 《문화와 제국주의》	체코슬로바키아가 체코와 슬로바키아로 분리 독립(1993)
		대한민국의 인공위성 '우리별 2호' 발사 성공(1993)
1995년	제러미 리프킨 《노동의 종말》	WTO 발족(1995)
		크로아티아 전쟁 종전(1995)
		보스니아 전쟁 종전(1995)
1996년	새뮤얼 P. 헌팅턴 《문명의 충돌》	유엔 총회에서 '포괄적 핵실험 금지 조약(CTBT)' 가결(1996)

연대(기원후)	인문학 명저	한국사와 세계사의 사건
1997년	잉게 숄 《아무도 미워하지 않는 자의 죽음》 (원제: 백장미)	홍콩 중국에 반환(1997)
	조앤 롤링 《해리 포터와 마법사의 돌》	대한항공 801편 괌에서 추락하여 승객 228명 사망(1997)
	재러드 다이아몬드 《총 균 쇠》	대한민국 정부 IMF에 구제금융 요청(1997)
		재미 한국인들 '모국에 달러 보내기 운동' 시작(1997)
2000년	제러미 리프킨 《소유의 종말》	6·15 남북공동선언(2000)
		남북 이산가족 200명 서울과 평양에서 상봉(2000)
2002년	무라카미 하루키 《해변의 카프카》	EU 유로화 사용 시작(2002)
		동티모르 독립(2002)
		남북 경의선과 동해선의 철도와 도로 연결공사 착공(2002)
		미국의 이라크 침공과 사담 후세인 정권 붕괴(2003)
2009년	마이클 샌델 《정의란 무엇인가》	코펜하겐 기후회의 개최(2009)
	제러미 리프킨 《공감의 시대》	아이티 대지진으로 22만 명 이상 사망(2010)
2013년	토마 피케티 《21세기의 자본》	대한민국·호주·아르헨티나·룩셈부르크·르완다 국제연합(UN) 안전보장이사회 비상임 이사국 선임(2013)
2014년	유발 노아 하라리 《사피엔스》	기후변화로 미국과 아르헨티나 등 세계 각지에서 이상 기후 현상 발생(2014)

Humanities lecture

1강

인문학이란 무엇인가?

인문학의 본질과
인간다운 삶에 관하여

라인홀드 니버Reinhold Niebuhr는 《도덕적 인간과 비도덕적 사회》에서 물질, 권력, 명예, 지식 등을 '도구적 가치'라고 불렀습니다. 이 도구적 가치는 '궁극적 가치'를 위해 사용되어야 한다고 생각했지요. 그가 인생의 목표로 본 궁극적 가치는 사랑, 나눔, 상생相生, 공동의 행복이었습니다. 마르틴 부버Martin Buber가 바란 것처럼 '나와 너' 사이에 '온 존재를 기울여' 서로 돕고 섬기는 '상호관계'를 이루는 것이 니버에게 궁극적 가치였다고 해도 틀린 말이 아닙니다.

지난 세기를 돌아볼까요? 협력과 상생이라는 궁극적 가치를 위해 자본과 기술이라는 도구적 가치를 사용해야 마땅하지만 안타깝게도 우리는 인간다운 '가치'의 길을 역행해왔습니다. 자본과 기술이 가져다주는 경제성과 편익성을 '궁극적 가치'로 여겨 황금의 소돔 성城과 기술의 바벨탑을 향해 맹목적으로 질주하는 대열을 점점 더 확장해 왔습니다. 이 대열에서 이탈하지 않는 한, 카프카의 소설 《변신》의 주인공 그레고르 잠자Gregor Samsa처럼 가족과 이웃과 지인을 '돈 버는 기계'로 변질시키는 비인간적 불행이 점점 깊어질 것입니다.

그 어느 때보다 인간성의 회복을 더 절실히 요구하는 지금, 인간성 회복을 위해서는 '인간'에 대한 진지한 이해가 필요합니다. 인간을 깊게 이해하기 위해 인간의 정신과 사상, 인간의 역사, 인간의 생활과 문화, 인간의 환경 등을 연구하는 학문이 '인문학'입니다. 인문학이란 인간이 어떤 존재인지를 알기 위해 인간의 모든 것을 탐구하는 학문입니다.

인문학의 본격적 출발점은 르네상스 시대의 인문주의입니다. 인문주의humanism의 어원은 라틴어 '후마니타스humanitas'입니다. 인문주의에서 본격적으로 시작된 인문학humanities의 어원도 후마니타스입니다. 후마니타스는 기원전 55년 로마의 철학자, 문필가, 정치가, 웅변가였던 키케로Cicero가 정의한 개념입니다. 그 후 약 1400년이 지난 14세기에 이탈리아 인문주의자 페트라르카Francesco Petrarca가 '스튜디아 후마니타티스Studia humanitatis'라는 개념을 제시했습니다. 이 개념을 우리말로 옮기면 '후마니타스를 공부하는 것', 즉 인간다움을 공부하는 것입니다. 인간다움을 공부하는 것이 곧 '인문주의'의 출발점입니다. 인문학의 기원인 인문주의의 거울에 비추어 본다면 인문학의 본질은 인간다움을 탐구하는 것이라 할 수 있습니다. '인간이란 어떤 존재인가?', '진정한 인간성이란 무엇인가?', '가장 인간다운 인간이란 어떤 인간인가?' 등의 문제에 대해 답을 얻기 위하여 부단히 공부하는 것이 인문학의 본질이라고 말할 수 있습니다.

14~16세기 르네상스 시대에 유럽의 문명 지형도를 바꿔 놓은 인문주의의 화두는 바로 '인간'이었습니다. 인문주의자들은 연구의 초점을 '인간'이라는 테마에 맞추었습니다. 인문주의자들은 인간을 깊이 이해하려면 무엇보다 고전古典을 읽어야 한다고 생각했습니다.

그들은 인간에 관한 탐구의 영역를 확내하기 위해서 고전을 연구해야 한다고 믿었습니다. 고전에 후마니타스가 담겨 있다고 생각했기 때문입니다. '고전'이라는 보석상자 안에 인간다운 정신이 사파이어처럼, 인간다운 삶이 에메랄드처럼 빛을 발하고 있다고 확신했기 때문입니다. 고전을 읽고 번역하고 이해하는 고전 연구는 르네상스 시대 '인문학'의 핵심이었습니다. 그리스와 로마 시대의 저작물처럼 옛 시대에 발표되었다는 이유만으로 고전이 되는 것은 아닙니다. 아득히 먼 옛날에 탄생했지만 시간의 장벽을 훌쩍 뛰어넘어 후대에 여전히 중요한 교훈을 줄 수 있는 것이 '고전'이라고 할 수 있습니다. 시대와 문화권의 차이를 초월하여 인간다운 정신과 삶을 유구히 전승할 수 있는 책이 고전의 자격을 가질 수 있습니다. 이 책에 등장하는 책들은 고전의 대표작입니다. 수백 년, 수천 년이 흘러도 사라지지 않을 '인간다움'을 간직하고 있기 때문입니다. 대표 고전 일곱 권에 담긴 인간다움의 빛을 가슴에 새겨보겠습니다.

1906년에 발표된 헤르만 헤세의 《수레바퀴 아래서》는 청소년기에 꼭 한 번은 읽어야 할 세계문학사에서 가장 대표적인 '성장소설'입니다. 이 작품에는 작가의 청소년기 체험이 녹아 있습니다. 기독교 선교사인 아버지의 강요에 못 이겨 마울브론 신학교에 입학한 소년 헤르만 헤세. 그는 인간의 자율성과 창의성을 억압하는 규율의 울타리를 넘어 도주하였습니다. 신학교를 그만둔 뒤에 찾아온 방황은 헤세를 자살 시도와 신경쇠약 치료 등 위기 상황으로 몰고 갔습니다. 그러나 이러한 절망은 오히려 발전의 밑거름이 되었습니다.

그의 방황과 절망이 소설에 남김없이 투영되었습니다.

《수레바퀴 아래서》의 주인공 한스 기벤라트와 그의 친구 헤르만 하일너는 작가의 대변자이자 분신입니다. '수레바퀴'는 청소년을 억압하는 학교와 사회의 인습을 상징합니다. 기성세대의 가부장적 가치관을 상징하기도 합니다. 21세기 한국 사회에도 수레바퀴에 깔려 신음하며 죽어가는 청소년이 적지 않습니다. 이렇게 고통스러운 장벽에 맞서 어떻게 인생의 길을 헤쳐나가야 할까요? 성장기의 가장 어렵고도 중요한 문제를 이 소설은 우리에게 던져줍니다.

헤르만 헤세는 제도권 교육의 모순과 폐단을 비판하면서 인간을 위한 '참교육'의 본질과 목적을 이야기합니다. 청소년을 학업 성취 및 학교 실적의 도구로 활용하면서 부모와 교사의 욕구를 충족하기 위한 대리만족의 대상으로 취급하는 비인간적 교육의 풍토를 어떻게 바꾸어야 하는지 보여줍니다. 마침내 청소년은 존엄성을 가진 인격체이며 '목적 그 자체'로 존중받아야 할 존재임을 일깨워줍니다.

톨스토이의 단편소설 《사람은 무엇으로 사는가》는 '사랑의 교과서'라는 별명이 어울리는 명작입니다. 1885년에 《사람은 무엇으로 사는가와 그 밖의 다른 이야기들》이라는 소설집의 한 편으로 세상에 공개되었습니다. 《사람은 무엇으로 사는가》는 장편소설 《부활》과 함께 기독교 세계관에 토대를 둔 톨스토이의 휴머니즘을 가장 명확하게 표현한 걸작입니다.

톨스토이는 등장인물 미하일의 입을 빌려 독자에게 '진정한 사랑'의 의미를 이야기합니다. 인간이 보여줄 수 있는 진정한 사랑은 가난한 자의 허기를 채워주며 병든 자의 아픈 몸을 치유해주고 천대받는 자의 친구가 되는 행동입니다. 보답과 대가를 바라지 않는 베풂과 나눔! 그것이 가장 인간다운 사랑의 모습이라는 것을 자신의 대변자 미하일을 통하여 우리에게 이야기합니다.

영문학의 대표 고전으로 자리매김한 제인 오스틴의《오만과 편견》은 사랑의 또 다른 얼굴을 우리에게 비추어 줍니다. 저는 니체의 저서《인간적인 너무나 인간적인》을 패러디하여《오만과 편견》을 '인격적인 너무나 인격적인 에로스의 고전'이라 부르고 싶습니다. 10대 시절부터 가족 관계를 다루는 편지 형식의 소설을 즐겨 쓴 제인 오스틴은 1797년 마침내 서간체 소설《첫인상》을 완성했습니다. 그러나 이 소설은 출판되지 못합니다. 여러 출판사에 직접 찾아가서 출간을 의뢰하였지만 번번이 거절당했다고 합니다.

《성경》다음으로 가장 많이 읽힌 책인 조앤 롤링의《해리 포터와 마법사의 돌》도 마흔 개의 출판사에게 거절 통보를 받았다고 합니다. 생각해 볼 필요도 없다는 식으로 단숨에 '출간 거부'의 의사를 표시한 출판사 사장들이 나중에 후회 섞인 한숨을 토해냈다고 합니다. "이럴 줄 알았더라면 거절하지 말았을 것을."

제인 오스틴의 첫 소설《첫인상》은 완성된 지 16년이 지난 1813년에 '오만과 편견'으로 제목을 바꾸어 출판되었습니다. 결국 제인 오스틴의 인생에서 잊지 못할 감동의 '첫 사건'은 작가의 능력과 작품의 높은 가치를 알아본 출판사가 나타났다는 것입니다. 대중의 흥미뿐 아니라 문학적 깊이까지 겸비한 명작의 참된 가치를 발견하여 세상에 널리 전하고자 한 출판사의 안목이 존경스럽습니다. 《오만과 편견》은 영국 국민에 의해 영국 문학을 대표하는 고전으로 인정받고 있으니까요.

소설의 본래 제목을 '첫인상'으로 정한 이유가 《오만과 편견》 초반에 드러납니다. 여주인공 엘리자베스 베넷은 남주인공 피츠윌리엄 다아시의 '첫인상'을 보고 그가 그다지 좋은 사람이 아니라고 오해합니다. 이 오해는 편견으로 자라나서 두 사람의 관계를 가로막는 장애물이 됩니다. 그러나 소설을 읽어가다 보면 남녀 사이에 가로막힌 관계의 장벽을 허무는 힘이 무엇인지 알게 됩니다. 그 힘은 진실한 '사랑'입니다. 아름다운 에로스는 인간의 외면보다 내면의 진실에서 시작된다고 작가는 이야기합니다. 그 메시지에 절로 고개를 끄덕이게 됩니다.

《오만과 편견》에서는 19세기 영국의 사회상을 구체적으로 살펴볼 수 있습니다. 영국 대중의 정서와 가치관을 깊이 있게 이해할 수 있습니다. 작가는 이성異性 간의 상호관계를 단절시키는 '편견'이 어떻게 만들어지며 그러한 편견의 자물쇠를 푸는 열쇠가 무엇인지를 생각하게 만듭니다. 그 열쇠는 바로 내면의 진실을 볼 줄 아는 '사랑의 눈'임을 독자 스스로 깨닫게 됩니다.

《오만과 편견》에서 이성 간의 진실한 사랑이 무엇인지 공감할 수 있었다면, 빅토르 위고의 장편소설 《레 미제라블Les Misérables》은 차별과 차등 없는 인류애人類愛를 드러냅니다. 이 작품은 프랑스 문학을 대표하는 고전 반열에 올라 있습니다. 위고가 1845년에 집필을 시작하여 1862년에 완성한 대작입니다. 제목으로 쓰인 '레 미제라블'은 '불쌍한 사람들'을 뜻합니다. 불쌍한 사람 장 발장. 그는 성당의 은그릇을 훔쳤는데도 미리엘 신부에게 용서받고 하느님의 조건 없는 사랑을 체험합니다. 그 후 성자처럼 변화하여 '사랑'의 길을 걸어갑니다. '마들렌' 시장으로 신분을 세탁한 뒤 가난한 민중을 조건 없이 도와주고 보살피는 것입니다. 그들의 인생을 음지에서 양지로 인도합니다. 피 한 방울 섞이지 않은 고아 코제트를 양자로 삼아 헌신적으로 양육합니다. 자신을 체포하여 감옥에 보내기 위해 혈안이 된 자베르 경감을 위기의 순간에서 구해줍니다. 원수를 용서하고 사랑함으로써 자베르의 속죄를 이끌고 그를 변화시킵니다. 이 소설은 혼탁한 사회를 바꾸는 개혁의 힘이 사랑에서 우러나온다는 것을 가르쳐 줍니다. 인간의 가장 높은 정신은 '사랑'이며, 가장 위대한 행동 또한 사랑임을 깨닫게 해줍니다.

무엇보다도《레 미제라블》은 프랑스 대혁명 이후 19세기 프랑스 역사와 민중의 삶을 사실적으로 그려냅니다. 왕정복고王政復古를 거쳐 1830년 7월 혁명과 1832년 '6월 봉기'에 이르는 격변기에서 프랑스 민중의 애환과 염원을 읽을 수 있습니다. 사회적 약자가 인격을 존중받으면서 기본권을 보장받을 수 있도록 법과 권력을 통해 그들을 돕는 것이 진정한 정의正義임을 깨닫게 합니다. '정의란 무엇인가?'를 화두로 삼으면 정의란 사랑의 토대 위에 세워지는 집이며 정의를 실현하는 힘은 '사랑'임을 공감할 수 있습니다. 인문학의 탐구 대상인 '인간다움'의 의미를 뼛속 깊이 느낄 수 있는 작품입니다.

'극기克己'를 사전에서 찾아보면 '자신의 감정이나 욕망 따위를 의지로 눌러 이기는 것'으로 풀이되어 있습니다. 인간이 인간답게 살아가려면 이성의 힘에서 우러나오는 자발적 의지로 자기 감정을 절제하고 자기 욕망을 다스릴 줄 알아야 합니다. 그것이 '극기'입니다. 윌리엄 셰익스피어의 희곡《맥베스Macbeth》는 모든 인간이 자신과의 싸움에서 승리하지 않으면 인간다운 삶을 살아갈 수 없다는 교훈을 우리에게 전해줍니다.

《맥베스》는《햄릿》,《오셀로》,《리어왕》과 함께 셰익스피어의 4대 비극 중 하나입니다. 500년이 넘도록 전 세계 연극 무대에서 단골로 공연되는 작품입니다.《맥베스》가 변함없이 관객의 사랑을 받는 이유는 무엇일까요? 그것은 시대를 초월하는 주제를 다루기 때문입니다. 인간의 욕망, 그것의 높이와 넓이는 끝이 없는 것일까요? 스코틀랜드의 장군 맥베스는 자신의 마음속에 자리 잡은 '욕망'이라는 괴물의 유혹을 받습니다. 이 괴물을 다스리지 못하고 오히려 괴물의 노예로 전락하는 과정을 통해 파멸로 치닫습니다. 그는 모든 인간이 저지를 수 있는 잘못의 개연성을 보여준다는 점에서 독자 및 관객과 너무나 가까운 존재입니다. 이성의 힘을 통해 욕망을 어떻게 다스릴 것인가? 이 문제는 시대와 지역과 문화권의 차이를 초월하여 모든 인간이 스스로 풀어나가야 할 보편적 '인생 문제'라는 생각이 듭니다. 그런 점에서《맥베스》는 고전의 지위를 변함없이 누리고 있습니다.

맥베스의 몰락을 지켜보면서 '나'의 마음속에 똬리를 튼 탐욕이 가장 큰 적敵이라는 것을 알게 됩니다. 철학자 칸트가《맥베스》를 읽는다면 "탐욕을 이겨내기 위해서는 '나' 외의 다른 사람을 '수단'이 아닌 '목적'으로 여겨야 한다."고 우리에게 충고할 것입니다. 칸트의 도덕철학을 대변하는 개념은 '정언명령定言命令'입니다. 그의 견해에 따르면 '나'의 마음속에 사는 '이성'이 나의 양심을 향해 다음과 같은 명령을 던진다고 합니다. "네가 인간이라면 마땅히 옳은 행동을 해라!" 인간으로서 마땅히 해야만 하는 옳은 행동이란 무엇일까요? 그것은 일상생활에서 만나는 모든 사람을 '나'와 동등한 인격을 지닌 '목적 그 자체'로 존중하는 행동입니다. 눈앞의 이익에 급급하여 인간을 수단이나 도구로 이용하지 않기 위해 '나'의 욕망을 절제하는 행동입니다. "마음 깊은 곳에서 나의 이성이 나의 양심을 향해 던지는 정언명령에 대하여 어떤 행동으로 응답할 것인가?" 이 질문에 대한 해답을 《맥베스》에서 찾아보세요. 자신을 이김으로써 인간다운 삶을 영위할 길을 열어보세요.

조반니 보카치오의 소설 《데카메론》은 인간의 본성에 대한 이해력을 길러주는 고전입니다. 《데카메론》에 담긴 100편의 이야기는 재미와 함께 감동을 선사합니다. 르네상스 시대 한복판에 있는 이탈리아의 문명과 문화도 알게 하여 '지식의 보너스'까지 받을 수 있습니다. 《데카메론》에서 독자가 받게 될 강렬한 인상은 무엇일까요? 인간의 본성을 속속들이 파헤치면서도 인간의 다채로운 유형과 면모를 파노라마처럼 펼쳐 보여준다는 점입니다. 신분제도와 가톨릭의 권위에 의해 억압당한 인간의 '자유'를 거침없이 분출하는 가운데, 인간의 내면에 숨겨둔 모든 감정을 남김없이 표출하고 있습니다다. 인간 본연의 모습을 여과 없이 드러낸다는 점에서《데카메론》은 르네상스의 문화 풍토가 가장 생생하게 반영된 작품입니다. 또 인간의 감정을 매우 사실적으로 표현한다는 점에서 서양 사실주의 문학의 원조가 된다고 평가할 수 있습니다. 인간의 본성과 감정을 깊이 이해하려면 이 책을 읽어야겠지요.

소포클레스의 희곡《오이디푸스 왕》은 그리스 비극을 대표하는 고전입니다. 이 작품은 기원전 429년에 처음 공연되었지요. 그리스 지역의 '테베' 왕국을 배경으로 삼는 소포클레스의 '테베 3연극' 중 하나입니다. 시간의 흐름으로 볼 때 '테베 3연극'은《오이디푸스 왕》,《콜로누스의 오이디푸스》,《안티고네》로 이어집니다. 오이디푸스는 테베의 왕으로서 비극적 운명의 주인공입니다. 친아버지 라이오스 왕을 아버지인 줄 모르고 살해하며, 친어머니 이오카스테를 어머니인 줄 모르고 혼인하기 때문입니다.

지그문트 프로이트Sigmund Freud는 유아기의 남자아이와 어머니가 애정의 끈으로 연결된 현상 및 아들과 아버지의 대립 현상을 심리학 용어로 '오이디푸스 콤플렉스'라 불렀습니다. 이 작품이 프로이트 심리학의 기반을 조성한 것입니다. 그러나《오이디푸스 왕》에서 별처럼 빛나는 '인간다움'의 의미를 놓치지 마세요. 자신의 정체성을 인식하기 위해 끊임없이 노력하는 오이디푸스의 인간다움을 발견할 수 있습니다. "나는 어디에서 왔는가? 누구로부터 지금의 이곳으로 던져졌는가? 또 어디로, 어떻게 가는 것이 가장 '나'다운 길인가?" 오이디푸스는 어둠 속에 묻힌 진실을 파헤치기 위해 자신에게 끊임없이 질문을 던집니다. 그의 인생길은 최후의 순간까지도 인간다움의 빛을 눈동자에 담아 간직하려는 현자賢者의 길입니다.

'고전'이라는 광맥 속에 묻힌 정신적 가치의 보석을 캐내기 위해서는 어떻게 읽어야 할까요? 문학, 역사학, 철학, 사회학, 심리학, 교육학 등 다양한 분야의 책을 골고루 읽어야 합니다. 식탁에 차려진 여러 가지 음식 중에서 한 가지만 골라 먹는 것을 '편식'이라고 하지요? 책 읽는 사람은 편식을 멀리해야 합니다. 서로 다른 분야의 갖가지 책을 읽으면서 내용을 비교하고 공통점을 찾아내고 차이점을 분석하면서 지식을 쌓아가는 것을 '통섭統攝'이라고 합니다. 여러분에게 통섭의 책 읽기를 권유합니다.

헤르만 헤세의 《수레바퀴 아래서》와 함께 존 듀이의 《민주주의와 교육》을 번갈아 읽으면서 '참교육'의 의미를 생각해 보세요. 10대 청소년이 부모의 '꿈'이 아니라 자기만의 꿈을 이루어가는 '행복한 발전'의 열매를 맺으려면 학교 교육의 토양이 어떻게 바뀌어야 하는지 친구들과 함께 토론해 보세요. 빅토르 위고의 《레 미제라블》과 함께 카를 마르크스의 《자본론》을 비교하며 읽어보세요. 사회적 약자가 인권을 부당하게 침해당하지 않으려면 어떤 개혁 방안이 필요한지 생각해 보세요. 이처럼 서로 다른 분야의 고전을 비교하고 연관 지으며 접점을 찾아 나가는 '통섭의 책 읽기'를 생활습관으로 만들어 보세요. 고전의 심연에서 이성의 빛과 감성의 향기를 풍성히 길어 올릴 수 있을 것입니다. 고전은 여러분을 인간다운 인간으로 성숙시키는 멘토가 되어 줄 것입니다.

Humanities lecture

·2강·

그 누구의 꿈이 아닌 너만의 꿈을 이루라!

헤르만 헤세의 《수레바퀴 아래서》와
학교 교육 이야기

헤르만 헤세(Hermann Hesse, 1877~1962)

청소년들의 문학 상담사, 헤르만 헤세

독일 남부 슈바벤의 칼브Calw에서 태어난 헤르만 헤세. 그는 스위스의 몬타뇰라에 정착하여 세상을 떠날 때까지 스위스 시민으로 살았다. 그는 괴테 이후의 독일 작가 중에서 세계인들이 가장 좋아하는 작가다. 그의 주옥같은 소설 중에는 지금도 한국의 청소년들이 즐겨 읽는 명작이 많다. 청소년기의 갈등, 고민, 시련, 꿈, 성장 과정 등을 청소년의 처지에서 사실적으로 이야기하기 때문이다. 물론 헤세의 소설은 모든 세대의 독자가 읽으면서 고개를 끄덕일만한 '인생론人生論'이라고 말할 수 있다. 그러나 청소년의 마음을 이해하고 청소년의 아픔을 위로하며 청소년의 성장과 성숙을 돕는, 청소년의 으뜸 상담사가 헤르만 헤세라는 주장에 다른 의견을 제시하는 비평가는 많지 않을 것이다.

대표 소설로 노벨 문학상 수상작《유리알 유희》를 비롯하여《데미안》,《수레바퀴 아래서》,《나르치스와 골드문트》,《싯다르타》,《크눌프》가 있다.

'쥐트도이체차이퉁(SZ)' 출판사에서 문고판으로 펴낸 소설《수레바퀴 아래서》의 독일어판 표지. 주인공 한스 기벤라트와 친구 헤르만 하일너로 보이는 두 소년의 해맑은 웃음을 부각했다. 그들의 웃음에서 피어나는 자율성과 창의성의 꽃을 꺾어버린 기성세대를 간접적으로 비판하고 있다.

학교의 기계적 교육, 이대로 좋은가?

독일의 남부 지역 중에서도 '슈바벤Schwaben'이란 곳을 들어보았나요? 슈바벤은 독일 낭만주의 문학의 본고장으로 알려져 있습니다. 우리나라의 거리를 지나가다 보면 가끔 '슈바빙'이나 '슈바벵'이라는 호프집 이름이 눈에 들어옵니다. 독일의 맥주를 강조하기 위해서 '슈바벤'을 우리식으로 조금 바꿔 놓은 것입니다. 독일의 대문호 헤르만 헤세는 슈바벤 지방의 소도시 칼브에서 태어났습니다. 그의 아버지 요하네스 헤세는 독실한 기독교 선교사였지요. 그는 아들에게 목사가 될 것을 강요하였습니다. 그러다 보니 어린 아들의 눈길로 바라본 가정은 언제나 엄격한 기독교 교육의 현장이었습니다. 마음껏 뛰어놀면서 자유를 만끽해야 할 어린 시절에 통제의 사슬에 묶이고 속박의 밧줄에 결박되는 기분이 들었다고 합니다.

헤세는 아버지의 기질과 매우 다르게 태어난 것으로 보입니다. 특정한 공간이나 조직에 얽매이는 것을 몹시 싫어했으니까요. 아버지는 어린 아들에게 자신의 꿈을 주입했습니다. 목사가 되라는 것이었습니다. 열세 살 나이에 헤세는 아버지의 강요에 떠밀려 뷔르템베르크 주립 '마울브론 신학교'에 입학합니다. 우수한 학생이 아니면 지원할 수 없는 학교이기에 그곳에 들어가지 못한 다른 소년들은 헤세를 부러운 눈으로 바라보았습니다. 그러나 그는 조금도 기뻐하지 않았습니다. 기쁘기는커녕 불행의 먹구름이 눈 앞을 가리는 것 같았습니다. 그의 꿈은 목사가 아닌 작가였으니까요. 매우 똑똑한 까닭에 가족의 기대를 한몸에 받았지만, 신학교에 전혀 적응할 수 없었습니다. 입학한 지 7개월이 지난 어느 날, 그는 돈도 겉옷도 팽개친 채 신학교의 담장을 넘어 도주하였습니다.

"나는 작가 말고는 아무것도 되고 싶지 않아. 아무도 내 갈 길을 막지는 못한다고!"

소년은 이렇게 수없이 되뇌며 인생의 새길을 향해 달려갔습니다. 아버지를 비롯한 가족의 가슴엔 근심의 멍울이 맺혔습니다. 아들이 신학교를 포기한 후에 자살을 시도하고 술집에 전전하는 등 4년 동안 방황을 거듭했으니까요. 방황의 가장 큰 이유는 아버지의 꿈과 아들의 꿈이 어긋난 것이었습니다. 지나치게 엄격한 기독교 가정교육에도 문제가 있었습니다. 헤세는 '작가가 되는 것'을 인생의 유일한 꿈으로 결정할 만큼 진지하고 당찬 소년이었습니다. 그는 부모가 강요하는 꿈이 아닌 자신만의 꿈을 이루기 위해 주체적 의지로 인생의 꽃밭을 가꾸었습니다.

1894년 열여섯 살에 그는 칼브의 '페롯' 시계부품 공장에서 견습공으로 일하다가 이듬해 튀빙겐의 '헤켄하우어' 서점에서 견습생으로 일하기 시작합니다. 서점 생활은 1898년까지 4년 동안 이어집니다. 이 시기가 그의 인생을 결정하는 분수령이 됩니다. 낮에는 책을 팔고 저녁에는 시를 썼습니다. 헤세에게 문학의 눈을 뜨게 해준 장르는 시였습니다. 그의 재능을 높이 평가한 서점 사장은 출판사를 섭외하여 원고지에 담긴 그의 작품들을 세상에 내놓았습니다.

한송이의 국화꽃을 피우기 위해
천둥은 먹구름 속에서
또 그렇게 울었나 보다.[1]

먹구름 속에서 우는 천둥처럼 성장기의 아픔을 인내한 끝에 헤세의 인생에서 처음으로 피어난 문학의 꽃은 시집《낭만의 노래》였습니다. 그는 스물한 살에 세상 사람들이 인정하는 시인이 된 것입니다. 이것을 계기로 자신감을 얻은 헤세는 소설 창작에 혼신의 힘을 쏟아부었습니다. 스스로 정한 인생의 꿈, 자신만의 주체적 의지, 최선의 노력이 화음을 이루어 마침내 소설《유리알 유희》가 그에게 노벨 문학상(1946년)의 영예를 안겨 줍니다.

청소년기의 성장소설로 너무나 유명한《수레바퀴 아래서》. 이 작품은 방황으로 점철된 헤세의 굴곡진 청소년 시절을 주인공 한스 기벤라트를 통해 보여줍니다. 한스는 자유로운 기질을 타고났습니다. 어린 시절의 헤세와 마찬가지로 한스는 어느 한 곳에 얽매이는 것을 싫어했습니다. 읽고 싶은 책을 손에 잡히는 대로 읽고 마음 가는 대로 사색의 길을 걸으며 상상의 날개를 제약 없이 펼치는 소년이었습니다. 이런 기질과 성격을 가진 까닭에 돈, 학벌, 직업 등 세속 가치에만 골몰하는 세상 사람들이 한스의 눈에 못마땅하게 보였습니다. 물질적 가치보다 정신적 가치를 더 중요하게 여긴 소년 시절의 헤세와 매우 닮았습니다.

헤세가 아버지의 강요로 마울브론 신학교에 입학한 것처럼, 한스도 자신의 적성과 전혀 맞지 않는 인생길을 걸으라는 집안의 압박에 시달렸습니다. 슈바벤 지방의 똑똑한 소년들이라면 당연히 가야 할 학교로 독일인의 관념 속에 자리 잡은 학교가 마울브론 신학교입니다. 뷔르템베르크주에서 시행하는 시험에 합격하기만 하면 신학교 입학이 결정되었지요. 기성세대가 정해놓은 성장 코스를 따라 신학교를 졸업하면 그다음엔 어디로 진출하는 걸까요? 명문 튀빙겐 대학교를 나와서 목사 아니면 교사의 길을 걷는 것이었습니다. 이래도 되는 걸까요? 어른들이 10대의 인생길을 미리 정해놓고 다른 길로 가는 것을 막아버리는 것을 여러분은 어떻게 생각하나요?

슈바벤 지방의 해묵은 진학 관습이 한스처럼 똑똑한 학생을 가만둘 리 없습니다. 집안의 강요에 떠밀려 한스는 마울브론 신학교에 입학합니다. 물론 입학의 관문을 뚫기 위해 한스는 시험 준비에 최선을 다했습니다. 자유로운 기질을 억눌러야만 했습니다. 친구와의 만남도, 하고 싶은 일도 모두 접어야만 했지요. 시험에 통과하여 입학이 결정된 후에도 신학교의 교육과정에 필요한 학습 준비에 여념이 없었습니다. 어른들의 압박 때문이었습니다. 신학교에서 우수한 성적을 얻어야만 튀빙겐 대학교 입학도 수월해지고, 그 후 목사나 교사로 진출하는 길도 순탄해진다는 것이었습니다.

"나의 꿈은 이게 아닌데 내가 왜 이 길을 가야 하지?"

작가가 그랬던 것처럼 한스 기벤라트의 마음속에는 기성세대의 기계적 방침에 반발하는 반항심이 수없이 솟구쳤습니다. 그러나 진리처럼 따를 것을 강요하는 어른들의 인습 앞에서 한스의 자율성은 아무 힘을 발휘하지 못합니다. 학생의 판단과 의견은 무시되기 일쑤입니다. 어른들의 주장은 매우 단순하고 천편일률입니다. 그들의 주장은 표현만 조금씩 달랐을 뿐입니다.

"네가 이 길을 가야만 안정된 사회적 지위를 갖고 세상 사람들로부터 존경을 받는단다."

달리 말한다면 남들보다 더 많이 돈을 벌고 더 높은 위치에 오르기 위해서 열심히 공부해야 한다는 주장이었습니다. 자아실현이나 인간성 탐구를 위해 공부가 필요한 것 아닐까요? 기여, 협력, 조화, 상생, 박애 등 이타적 공영共榮을 이루기 위해서 실력을 길러야 하지 않을까요? 그러나 한스가 사는 세상에서 어른들이 강요하는 공부는 정신적 가치의 실현과 동떨어져 있었습니다. 한스는 신학교에 들어가서 어른들이 기대한 만큼 성실하게 공부합니다. 그러나 자신의 기질, 성격, 적성, 꿈과 전혀 맞지 않는 인생길에서 어떻게 행복을 느낀단 말입니까? 마울브론 신학교 생활은 그를 불행의 낭떠러지로 인도하는 슬픔의 길이었습니다. 바로 그 신학교에서 헤세가 불행을 겪은 것처럼 말입니다.

공장의 컨베이어 벨트 위에 올려진 부품은 벨트를 따라 마지막 완성 단계를 향해 전진합니다. 한스 기벤라트도 이와 다를 바 없었습니다. 자기 뜻이 아닌 어른들의 뜻에 따라 제조되는 인간 상품의 마지막 출시 단계를 향해 앞만 보고 달려가야만 했습니다. 한스는 학교생활에 회의를 느낀 친구 헤르만 하일너와 깊은 대화를 나누면서 기계적 학습의 궤도에서 점점 더 멀어집니다. 유서 깊은 가문 출신의 하일너는 개성이 매우 강한 친구였습니다. 그의 꿈은 시인이 되는 것이었습니다. 하일너는 한스와 대화하면서 한스에게 생각하는 힘을 키워줍니다. 헤세의 소설《데미안》에서 데미안이 싱클레어의 사고력을 키워준 것과 아주 비슷합니다. 한스는 하일너와 이야기를 나누면서 마울브론 신학교에 대한 비판의식이 강해집니다.

"인간은 어떻게 살아야만 인간다운 삶을 살 수 있는가?"
"공부는 왜 해야 하는가?"
"어떤 공부가 참된 인간성을 배울 수 있는 공부인가?"
"책에서 배운 지식은 세상 속에서 어떤 모습으로 나타나는가?"

두 소년의 내면 뜨락에서 이러한 의문이 순수한 꽃으로 피어나 마울브론 신학교에 대한 반감은 점점 더 커졌습니다. 신학교는 인간성의 탐구와 동떨어진 채 획일적으로 짜 맞춘 교육과정의 틀 안에 소년들을 가둬놓기 때문입니다. 교육목표가 목사와 교사를 길러내는 것에 갇혀 있으니 그럴 수밖에요.

예를 들어 성경 학습 시간에 교사들은 히브리어 구절을 단순히 암기하라고 강요했습니다. 그러나 한스와 헤르만은 '암기'가 참된 공부가 아니라고 생각했습니다. 그들에게 중요한 것은 히브리어를 외우는 것이 아니라 성경의 내용을 우리의 삶과 세계에서 발견하는 일이었습니다. 호메로스의 서사시를 학습할 때에도 교사들은 작품의 원어인 그리스어 낱말과 문장을 외우라고 요구하였습니다. 그러나 두 소년은 강물처럼 흐르는 문장의 운율과 리듬에 젖어 들고 새소리처럼 울리는 낱말의 음향을 떠올리면서 마음의 노트에 호메로스의 언어를 적어갔습니다. 교사들은 자신들이 이끄는 방향대로 따라오지 않는 두 친구를 비정상인으로 취급합니다. 그들은 두 친구의 생각과 심정에 관심이 없었습니다. 오로지 학습의 성과 지표로 두 소년의 인생을 저울질할 뿐이었지요.

회의감과 비판의식이 한스보다 더 큰 하일너는 학교 규율을 어긴 벌칙으로 근신 처분을 당합니다. 한스는 친구의 처벌을 보고 마음이 흔들립니다. 어깨에 짊어진 집안의 기대를 떨쳐버릴 수 없었나 봅니다. 하일너처럼 문제아로 낙인찍혀 처벌당할 것을 두려워한 한스는 비판의 길을 돌이켜 학교의 교육 방침에 순응합니다. 그는 하일너에게 등을 돌려 친구 관계를 청산합니다. 그의 선택은 과연 옳은 것일까요? 그런데 하일너와 절교한 후 한스의 갈등을 증폭한 중대한 사건이 터집니다. 신학교에 환멸을 느낀 또 다른 친구 힌딩어가 정신적 고통을 견디지 못하고 호수에 몸을 던져 익사한 것입니다. 힌딩어의 죽음은 한스의 가슴 밑바닥에 잠잠히 가라앉아 있던 반성의 샘물을 끌어 올리는 마중물이 되었습니다.

청소년의 의지를 응원하고 그들의 노력을 격려하라 - 청소년이 원하는 발전을 어떻게 도울 것인가?

신학교 교육이 얼마나 획일적이고 기계적인지를 헤르만 하일너와 함께 충분히 공감한 한스 기벤라트. 그는 잘못을 알면서도 눈앞의 이익을 위해 학교의 방침에 순응한 것을 크게 뉘우칩니다. 하일너와 절교한 것도 나쁜 선택임을 깨닫고 다시 그에게 손을 내밀어 인연을 이어갑니다. 그러나 하일너와의 내면적 사귐이 깊어질수록 한스는 선생님과 다른 학생들에게 따돌림을 당합니다. 그가 주도하는 창의적이고 자율적인 학습은 학교에서 강요하는 암기식 교육과 맞지 않은 까닭에 성적은 떨어질 수밖에 없었습니다. 더욱이 따돌림받는 상황에서 학교 다닐 기분이 나지 않아 성적 저하는 자연스러운 현상이었지요.

한스는 두통에 시달리면서 밤에 환영幻影을 보는 신경쇠약증을 앓게 됩니다. 헤세가 청소년기에 앓던 바로 그 병입니다. 감수성이 예민하고 섬세한 청소년기에 자신의 처지와 상황을 이해받기는커녕 오히려 손가락질만 받는다면 그 마음은 어떨까요? 인생의 의미를 잃어버릴 수도 있을 것입니다.

한편, 하일너는 신학교의 담장을 넘어 탈주를 감행합니다. 우여곡

절 끝에 붙잡혀 다시 학교에 돌아온 하일너는 교장 선생님 앞에서 자신의 탈주 행위를 반성하거나 용서를 구하지 않았습니다. 주체적 판단과 결단으로 담장을 넘은 것이기에 그는 너무나 당당했습니다.

> "도망자가 붙잡혀오자 수도원은 발칵 뒤집혔다. 하지만 하일너는 고개를 빳빳이 치켜들고, 자신의 기발한 짧은 여행을 뉘우치는 기색을 전혀 보이지 않았다. 용서를 빌라는 요구도 거절하고, 교사회의의 특별재판에서도 주눅이 들거나 공손한 태도를 보이지 않았다."[2]

하일너는 신학교의 모든 학생에게 부정적 영향을 끼치는 악마 같은 존재로 낙인찍혔습니다. 그가 반성의 기미를 보이지 않자 교장 선생님은 그에게 '퇴학 처분'[3]을 내립니다. 헤세는 열세 살에 '작가 말고는 아무것도 되고 싶지 않다.'라는 꿈을 이루기 위해 신학교를 탈주하여 스스로 학업을 포기했지요. 하일너와 한스는 헤세의 자화상입니다. 한스가 청소년 시절 헤세가 느낀 내면적 갈등을 대변한다면, 하일너는 헤세의 '꿈'을 대변합니다. 하일너의 꿈도 작가가 되는 것이니까요. 헤세가 자신의 이름과 동일한 헤르만을 '하일너'라는 성姓 앞에 붙인 것도 꿈을 이루기 위해 주체적 의지가 얼마나 중요한가를 보여주기 위한 것입니다.

하일너가 퇴학당하자 한스와 소통할 수 있는 사람은 아무도 없었습니다. 신경쇠약증으로 학교에 적응하는 것이 불가능해진 한스는 마음도 몸도 완전히 망가집니다. 어느 날, 정신을 잃고 쓰러진 그는 휴가를 얻어 고향으로 돌아옵니다. 그러나 고향조차 그에게 안식처가 되지 못했습니다. 고향 사람들은 그를 성장 과정에서 이탈해버린 낙오자로 취급합니다. 한스가 학교에 적응하지 못한 진짜 이유에 관해 관심조차 없었습니다. 사람들은 우수한 성적으로 신학교를 졸업하고 튀빙겐 대학교를 거쳐 목사나 교사가 되는 것을 '성공'의 기준으로 생각했으니까요. 인습의 성벽이 어쩌면 이렇게 높을 수 있단 말입니까?

그의 상한 마음을 어루만지는 손길이 전혀 없던 것은 아닙니다. 자연의 생명력은 일시적이나마 한스의 축 처진 어깨를 다독여 주었습니다. 그러나 자연의 위로조차도 한스의 상처를 치유하기에는 역부족이었습니다. 인간 간의 상호관계가 완전히 단절된 상황에서 자연의 도움도 한계가 있나 봅니다. 한스는 '에마'라는 소녀를 만나 사랑의 감정을 느끼고 위로를 얻지만 이성異性과의 사랑도 끝내 이루어지지 못합니다. 프란츠 카프카Franz Kafka의 소설 《변신》에 등장하는 '갑충'[4]의 등껍질처럼 단단히 굳어버린 마음의 상처를 치유하기 위해서는 사랑의 힘이 절실히 필요했건만…. 예고 없이 간이역을 지나가는 열차처럼 '사랑'은 메모 한 장 남기지 않고 사라져갔습니다. 에마는 한스에게 잘 있으라는 인사 한마디 없이 훌쩍 떠나버리고 말았으니까요.

바닥난 생의 의욕을 조금이나마 끌어올리기 위해 한스에게는 일이 필요했습니다. 생업의 필요성을 강조하는 아버지의 권유 때문에 한스는 '기계공 작업장의 견습공'[5]으로 일하게 됩니다. 신학교를 그만둔 후 신경쇠약증으로 고통을 겪다가 시계부품 공장의 견습공으로 일한 헤세의 인생 궤적을 그대로 보여줍니다. 공장의 환경도 신학교의 환경과 크게 다르지 않았습니다. 노동의 현장과 교육의 현장은 엄연히 다른 것이지만, 정서 면에서 공장도 신학교와 마찬가지로 한스에게 비애감을 안겨주었습니다. 인간미를 느낄 수 없었으니까요. 기계공들은 일종의 패거리 의식을 갖고 있었습니다. 자기들끼리만 똘똘 뭉쳐 외부에서 들어온 사람을 따돌리고 배척하는 비뚤어진 문화에 길들어 있었습니다. 한스는 정식 직원이 아니라 견습공이기 때문에 더욱 무시당하는 처지였습니다. 그들의 패거리 문화, 텃새 의식, 위계적 권력의 위세가 3중의 압착기가 되어 한스의 내면을 짓눌렀습니다.

같은 공장에서 한스와 함께 일하는 '1급 견습공'[6] 아우구스트. 그는 한스의 라틴어 학교 동문이자 선배 기술자였습니다. 공장에서는 한스의 유일한 말벗이었지요. 어느 가을날, 한스는 기계공들과 함께 야유회를 떠납니다. 마음에 내키지 않았지만 아우구스트가 참석하기에 그를 따라나선 한스. 그의 축 처진 어깨를 다독거리는 가을날의 맑은 햇빛과 그의 불안한 마음을 어루만지는 포근한 강물이 없었다면 야유회로 향하는 발길을 돌렸을 것입니다. 야유회의 술자리에서 한스는 지금까지 아무 일도 없었다는 듯 그들과 함께 술잔을 기울이며 놀았습니다. 그러나 '인간'으로서 존중받고 있다는 느낌이 전혀 들지 않았습니다. 그들에게 한스는 유희의 흥을 돋우기 위한 도구에 지나지 않았습니다. 진심으로 그를 동료나 친구로 받아들이려는 사람이 없었으니까요. 존중받기는커녕 '더럽혀지고 모욕당한 느낌'[7]뿐이었습니다.

그들의 무리에서 떨어져 나온 한스는 '사과나무 밑 축축한 풀밭'[8]에 누워 모래알을 씹듯 마음속으로 '비참한 낙담'[9]의 말을 되뇌었습니다. 절망감을 잠시라도 떨쳐버리려 노래를 읊어보지만, 주마등처럼 스쳐 가는 신학생과 견습공의 슬픈 나날이 한스의 눈물샘을 터뜨리고 말았습니다.

"어찌하여 나는 이토록 비인간적인 세상에 던져진 걸까?"

한스는 자신에게 이런 질문을 던졌을 것입니다. 그는 '홍수처럼 밀려오는 수치심과 자책감'[10]을 억누를 수 없었습니다. 수치심과 자책감이라니? 그는 왜 부끄러워하고 스스로를 탓하는 걸까요? 인간다운 세상에서 살지 못한 것이 그의 부끄러움이 아닐까요? 자책감을 떨칠 수 없는 까닭은 무엇일까요? 몰인정한 세파를 헤쳐나가기 위해서는 주체적 의지의 돛을 좀 더 힘차게 펼쳐 올려야 했는데…. 그런 인생의 항해를 적극적으로 주도하지 못한 것을 생각하니 격랑激浪처럼 휘몰아치는 자책감을 막을 수 없었나 봅니다.

풀밭에 얼굴을 파묻고 흐느껴 울던 한스는 산에서 내려갔지만 집으로 돌아가지 않았습니다. 밤이 깊도록 아들이 귀가하지 않자 아버지는 치밀어 오르는 분노를 삭이지 못했습니다. 아들이 들어오는 대로 정신을 차리게끔 흠씬 때려주리라 단단히 별렀지만, 쏟아지는 잠을 이기지 못해 침상에 눕고 말았지요.[11] 아버지의 정신이 잠의 물결을 따라 무의식의 바다로 흘러가는 동안, 한스의 육체는 차가운 주검이 되어 강물을 따라 골짜기 아래로 흘러가고 있었습니다.[12] 오랫동안 그를 괴롭히던 수치심과 자책감에서 해방된 것일까요? 익사의 원인을 아는 사람은 하나도 없었습니다.[13] 물을 마시려 몸을 기울이다가 균형을 잃고 실족하였는지, 달빛이 환히 비치는 아름답고 평화로운 강물의 정적에 취하여 이태백처럼 자기도 모르게 달빛 속에 몸을 맡긴 것인지, 견디기 어려운 절망의 무게를 푸르른 생명과 함께 강물 속에 던진 것인지… . 그 이유는 한스만 알고 있겠지요.

> "아무도 소년의 여윈 얼굴에 나타난 당혹스러운 미소 뒤에 물에 빠져 가라앉는 영혼이 아파하고 있으며, 그 영혼이 두려움과 절망에 차 죽어가면서 주위를 두리번거리고 있다는 것을 알아차리지 못했다. 아무도 아버지와 몇몇 교사의 야만적인 공명심과 학교가 이 연약한 존재를 그렇게 만들었다고 생각하지 않았다."[14]

헤르만 헤세의 청소년기 체험이 반영된 자전적 소설《수레바퀴 아래서》. 이 작품은 청소년을 대하는 기성세대에게 각성의 신호를 보내고 반성의 응답을 요구합니다. 지금도 여전히 대한민국의 어른들은 이 소설에 등장하는 슈바벤 지역의 어른들처럼 청소년을 자신의 욕망을 채워줄 대리만족의 대상으로 삼고 있는 건 아닌지 자문해봐야 합니다.

청소년들이 장래에 하고 싶은 일이 무엇인지 그들에게 한 번쯤이라도 물어본 적이 있나요? 개인의 진정한 꿈을 생각해 볼 겨를도 없이 대학 진학이라는 목표에만 집착하도록 그들을 이끈 것은 아닌지요? 지식 속의 정신을 배우기는커녕 지식을 암기식으로 갉아먹기만 하는 '성적 기계'로 몰아붙인 것은 아닌지요?

마울브론 신학교에 다녔던 작가 헤세와 주인공 한스의 학생 시절을 거울삼아 대한민국 일반고 학생들의 인생을 비춰 보세요. 그들을 진학률을 높이기 위한 '성취 도구'로 활용하는 것은 아닌지요? 공장에서 견습공으로 일했던 작가 헤세와 주인공 한스의 노동자 시절을 거울삼아 대한민국 특성화고 학생들의 인생을 비춰 보세요. 그들을 '인턴'이라는 이름의 견습생으로 확보하여 회사의 생산 실적을 올리기 위한 기계부품으로 이용하는 것은 아닌지요? 최근 몇 년 사이에 기업체의 실무 현장에서 젊음의 꽃을 피우기도 전에 이슬로 사라져버린 그들의 생명이 우리를 슬프게 합니다. 그들은 대한민국의 또 다른 '한스'라는 생각이 듭니다. 한스의 주검을 바라보는 작가의 붉은 눈시울에 그들의 마지막 모습이 눈물처럼 어려 옵니다.

> "이마와 두 손의 피부에는 푸르스름하고 붉게 긁힌 자국이 있었다. 고운 얼굴은 잠들어 있고, 하얀 눈꺼풀이 눈 위에 덮여 있었다. 살짝 벌어진 입은 만족스럽고 거의 즐거워 보였다. 소년은 한창 꽃필 시기에 갑자기 뚝 꺾여 즐거운 인생길을 벗어난 것 같은 모습이었다."[15]

이제는 기성세내의 교육 마인드와 교육 방침을 재고해야 할 때가 되었습니다. 과연 누구를 위한 공부이고 무엇을 위한 학습인지 먼저 청소년의 처지에서 생각하여 교육의 출발점을 새롭게 세워야겠습니다. 청소년도 성인과 똑같이 소중한 존엄성을 가진 인격체입니다. 그들은 내일의 하늘을 향해 자신만의 꿈의 날개를 스스로 활짝 펼칠 수 있습니다. 그들의 날개에서 힘줄과 같은 것은 무엇일까요? 그것은 어른들의 강요와 지시가 아니라 그들만의 의지와 노력입니다. 새가 더 높이 더 멀리 하늘을 날아가기 위해서는 날개의 힘줄이 튼튼해야 합니다. 그들의 행복한 비상을 위하여 날개의 힘줄이 약해지지 않도록 지탱해줄 어른들의 사랑이 필요합니다. 그들의 주체적 의지를 응원하고 그들의 노력을 격려하는 따뜻한 언어를 지금 이 순간에도 그들이 기다리고 있습니다. '무지막지하게 몰아댄 망아지'[16]처럼 수레바퀴 아래 깔려서 신음하고 있는 이 땅의 수많은 청소년이 기다림의 끈을 붙잡고 있다는 것을 잊지 않아야겠습니다.

후마니타스로 바로 본 세상과의 질문

Q1. 여러분의 꿈은 무엇인가요?

Q2. 여러분이 한스와 같은 학교에 다녔다면 어떻게 생활했을까요?

Q3. 꿈을 이뤄서 사회에 기여할 길이 있다면 무엇일까요?

Humanities lecture

· 3강 ·

사랑은 가장 높고 가장 강한 정신의 힘이다

톨스토이의 《사람은 무엇으로 사는가》와
감동적인 사랑 이야기

레프 톨스토이(раф Лев Николáевич Толстóй, 1828~1910)

평생 민중의 권익을 옹호한 작가 톨스토이

1828년 러시아 남부 야스나야 폴랴나에서 출생한 레프 톨스토이. 그는 도스토예프스키와 함께 러시아 문학을 대표하는 작가로 알려져 있다. 《부활》(1899)을 비롯하여 《전쟁과 평화》(1869), 《안나 카레니나》(1877) 등 그의 장편소설은 러시아 문학을 세계문학의 반열에 올려놓았다. 그는 러시아의 현대문학뿐만 아니라 정치, 사회, 문화에도 지대한 영향을 미친 러시아 국민의 정신적 아버지였다. 백작 가문의 넷째 아들이었던 그는 일찍 부모를 여의고 친척 집에서 성장하였다. 카잔 대학교에서 법학을 전공하던 중 대학교육이 자율성과 창의성을 억압한다는 이유로 중퇴하였다. 군 복무 중에 창작을 시작하여 본격적으로 작가의 길을 걸어갔다. 그는 역사적 상황과 사회적 환경이 인간의 정신과 마음을 어떻게 움직이는지를 날카롭게 포착하여 개인의 심리를 사실적으로 재생하였다. 인간의 허위의식을 비롯한 비인간적 속성들과 함께 인생의 진실을 구체적으로 폭넓게 묘사함으로써 사실주의 문학의 완성도를 높였다. 특히, 그는 재산을 독점하는 귀족 계층을 비판하고 가난에 시달리는 민중의 권익을 옹호하였다.

- 송용구, 《지식과 교양》(글라이더) 참조.

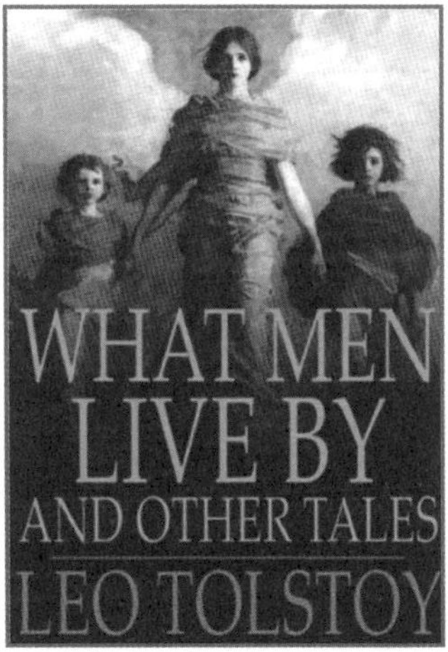

톨스토이의 영문 번역판 단편 소설집《사람은 무엇으로 사는가와 그 밖의 다른 이야기들》의 표지. 쌍둥이 아이들을 친자식처럼 키운 여자가 아이들의 손을 잡고 세묜의 집으로 오고 있다.

낯선 남자가 받은 사랑의 손길과 그의 첫 번째 웃음

마태복음 5장 7절에서 예수 그리스도는 "긍휼히 여기는 자에게 복이 있다."[17]고 말했습니다. "긍휼은 무엇인가?"라는 질문을 받는다면 저는 '고통에 대한 연대의식'이라 말하고 싶습니다. 고통받는 사람들을 가엾게 여기며 그들의 아픔을 '나'의 아픔으로 받아들이는 것이 '긍휼'입니다. 긍휼은 인생의 꽃밭에서 사랑의 꽃이 피어나게 하는 꽃씨입니다. 찰스 디킨스의 소설 《올리버 트위스트》에 등장하는 주인공 올리버처럼 극심한 가난의 늪에서 허우적대는 사람들을 긍휼히 여길 때에 그 사람을 실제로 도와주는 사랑의 손길을 내밀 수 있습니다.[18] 사랑은 긍휼로부터 시작되니까요.

그러나 긍휼과 사랑은 다릅니다. 슈바이처, 나이팅게일, 이태석의 삶에서 보듯 사랑은 바람처럼 떠돌다 사라지는 일시적 감정이 아닙니다. 긍휼은 우리가 '연민'으로 알고 있는 진실한 감정이지만, 사랑은 감정의 단계를 뛰어넘은 적극적 의지와 구체적 행동입니다. 사랑의 의미를 감동적으로 확증하는 고전으로 어떤 작품을 꼽을 수 있을까요? 설문조사를 한다면 상위권에 포함될 작품으로 무엇이 있을까요? 아마도 레프 톨스토이의 소설 《사람은 무엇으로 사는가》를 제외하기 어려울 것입니다. 이 소설을 읽으면 지금도 사랑의 손길을 기다리는 희망을 유일한 재산으로 움켜쥔 사람들이 우리와 같은 하늘 아래서 살아가고 있음을 알게 됩니다.

이야기는 구두장이 세몬과 천사 미하일의 만남에서 시작됩니다. '법 없이도 살 수 있는 사람'이라는 별칭이 너무나 잘 어울리는 '세몬', 그는 가난하지만 선하고 인정 많은 수제화手製靴 장인입니다. 그는 어느 농부의 집에 세 들어 살고 있었습니다. 구두를 만들어 얻는 수입이 변변치 않아 빠듯한 살림을 이어가고 있었습니다. 아내와 자녀와 함께 생계를 유지하는 것만으로도 다행이었지요. 어느 해 겨울, 세몬은 아내 마트료나와 함께 입을 코트를 만들기 위해 시장에 양가죽을 사러 나갔습니다. 양가죽을 사려면 돈이 필요하기에 그는 농부들에게 외상으로 달아 둔 구두 수선비를 받아내야만 했습니다. 외상값은 5루블과 20코페이카였습니다. 그러나 세몬이 수금한 돈은 '20코페이카'뿐이었습니다. 1루블이 100코페이카이므로 무려 500코페이카를 받지 못한 셈입니다. 양가죽을 사기에는 턱없이 모자란 돈입니다.

화가 치밀어 오른 세몬은 속상함을 떨쳐버리려고 술을 마셨습니다. 술은 러시아 사람들이 즐겨 마시는 '보드카'였습니다. 망가진 기분을 겨울의 찬바람 속으로 날려버릴 정도로 세몬은 거나하게 취해 비틀비틀 집으로 돌아오고 있었습니다. 수금한 돈을 술값으로 다 써버린 것은 문제 되지 않는 듯했습니다. 이까짓 엄동설한쯤은 평생을 겪어왔기 때문에 양가죽 코트가 없어도 충분히 이겨낼 수 있다고 허공을 향해 큰소리쳤습니다.

교회 앞을 지나가던 중에 세몬은 교회 담장에 몸을 기대고 누우 벌거벗은 남자를 보았습니다. 지나가는 사람에게서 무언가를 얻기 위해 불순한 의도로 '쇼'를 연출하는 것이니 자칫하면 낭패를 볼 수도 있다는 생각이 들어 세묜은 그곳을 빨리 지나치려 했습니다. 그러나 무언가를 애원하는 듯한 벌거숭이 남자의 눈길을 떨쳐버릴 수 없었습니다. 세묜은 몰인정한 사람이 아니기 때문입니다. 그는 불쌍한 사람을 보고도 못 본 척 지나친 것을 자책하였습니다. 그는 가던 길을 돌이켜 벌거숭이 남자에게 손을 내밀었습니다. 낯선 남자를 외면하고 가버린다면 아무것도 입지 않은 그 남자에게 남은 일은 무엇일까요? 비참하게 얼어 죽는 일밖에 없겠지요. 그것만은 막아야 한다는 생각에 세묜은 입고 있던 외투를 벌거숭이 남자에게 입혀 자기 집으로 데려갔습니다.

새 모피 코트를 만들 양가죽을 기다리던 세묜의 아내 마트료나는 뜻밖의 사건에 뒤통수를 얻어맞은 듯 말문이 막혀 버렸습니다. 양가죽은커녕 얼마 안 되는 돈마저 술값으로 날려버리고 생면부지의 벌거숭이 이방인을 집까지 데려왔으니 울화통이 터지지 않을 아내가 어디 있을까요? 잠들어 있던 화산이 폭발하는가 싶었습니다. 마트료나는 솟구쳐 오르는 분노의 마그마를 억누를 길이 없어 남편을 향해 거침없이 욕설의 용암을 쏟아부었습니다. 그러나 화산의 분출은 잠시 지나가는 태풍과 같았습니다. 마트료나도 남편 세묜처럼 선하고 인정 많은 사람이니까요.

마음이 누그러진 마트료나는 낯선 남자가 먹을 빵과 함께 칼과 숟가락을 식탁에 놓으며 "어서 들어요."라고 다정히 말했습니다.[19] 그녀는 '식탁 모서리에 앉아 한 손으로 턱을 괴고'[20] 낯선 남자의 식사하는 모습을 지켜보았습니다. 문득 그가 불쌍하다는 생각이 들었습니다. 마트료나의 얼굴에는 연민의 물결이 흐르고 있었습니다. 그는 마트료나의 마음에서 발원하여 얼굴까지 흘러가는 연민의 강줄기를 보았습니다. 그래서 그녀를 보며 활짝 웃었지요. 그의 입가에는 환한 미소의 물무늬가 그려지고 있었습니다. 스쳐 가는 순간이지만 어둠 속에서 빛을 발견한 표정이었습니다.

귀족 신사와의 만남과 미하일의 두 번째 웃음

이튿날 아침, 낯선 남자의 표정은 어제보다 밝아 보였습니다.[21] 마음이 어느 정도 안정된 모양입니다. 다소 편안한 분위기 속에서 세묜은 그에게 이것저것을 묻기 시작했습니다. 그의 이름이 '미하일'임을 알게 된 세묜은 그를 조수로 삼았습니다. 세묜은 새로운 조수의 손가락에 실을 감아 매듭을 짓는 법, 실 삶는 법, 가죽 다루는 법, 깁는 법[22] 등을 가르쳐 주었습니다. 미하일은 구두 만드는 방법을 빠른 속도로 터득했습니다. 사흘째부터는 숙련된 장인처럼 능숙한 손놀림으로 구두를 만들 수 있었지요. 그의 솜씨는 세묜을 능가할 정도였습니다. 그는 1년이 지나가도록 묵묵히 일만 했습니다. 농담도 웃음도 외출도 없었습니다. 최상급의 구두를 지어내는 미하일의 능력 덕분에 세묜은 많은 돈을 벌 수 있었습니다. '미하일만큼 멋지고 튼튼하게 구두를 짓는 사람은 없다.'[23]는 소문이 이웃 마을까지 퍼졌습니다. 그의 손으로 지은 구두를 신으려고 사방에서 사람들이 몰려 왔습니다.

미하일의 명성은 평민의 울타리를 넘어 귀족의 세계로 퍼져 갔습니다. 어느 겨울날 기골이 장대한 귀족 신사가 세몬의 가게에 찾아왔습니다. 말 세 필이 끄는 마차를 타고 가게 앞에 도착한 이 신사는 귀족 신분을 뽐내듯 모피 코트를 입고 있었지요. 안하무인眼下無人 태도가 오랜 습관처럼 몸에 밴 남자였습니다. 일을 보고 있던 세몬은 일어나서 정중히 인사했지만, 자기의 집안을 꽉 채울 것 같은 귀족 신사의 우람한 몸집에 주눅이 들고 말았습니다. 지금까지 이런 사람을 본 적이 없었으니까요. 그 신사는 '얼굴이 벌겋고 기름이 흘렀으며 목은 황소만 하였고 온몸은 무쇠로 되어 있는 것'24 같았습니다.

그는 장화를 만들어 달라고 요구하며 독일제 가죽을 내밀었습니다. 오직 그 가죽만을 장화의 재료로 쓰라는 것이었습니다. 그는 몹시 거만한 태도로 세몬에게 말을 내뱉었습니다. 1년 내내 신어도 '모양이 변하지 않고 솔기가 터지지 않는' 장화를 만들어내라고 강요했습니다. 구두를 만드는 사람이라면 누구나 큰 부담을 가질 것입니다. 장화의 질이 자신이 원하는 기준에 못 미친다면 세몬을 "감옥에 처넣겠다."고 윽박지르는 강압적 말투에 세몬은 오금이 저렸습니다. 그가 내민 가죽을 바라볼수록 세몬은 맥이 풀렸지요. 신변까지 위협받는 상황에서 장화 만드는 일을 주저하는 것은 당연했습니다. 망설이던 세몬은 미하일에게 귓속말로 "일을 맡을까?" 하고 물어보았습니다. 미하일은 신사의 요구를 받아들이라는 뜻으로 고개를 끄덕였습니다. 세묜이 신사의 발과 종아리 치수를 재는 동안 그는 구두 가게 사람들을 둘러보다가 미하일을 발견하고는 "저 친구는 누구냐?"고 물었습니다.[25] "우리 집 직공인데, 그가 나리의 구두를 만들 것"이라는 세묜의 대답에 신사는 미하일에게도 강압적인 말투로 명령하였습니다.

"이봐, 자네도 잘 기억해 둬. 1년은 끄떡없도록 만들어야 해."[26]

신사의 말을 듣고 있던 미하일은 그의 얼굴이 아니라 그의 뒤쪽에 있는 무언가를 뚫어지게 바라보고 있었습니다. 아무도 보이지 않았지만 마치 누군가를 응시하는 눈길이었습니다. 미하일의 얼굴에는 먹구름이 걷히듯 웃음이 번져갔습니다.[27] 세묜의 집에 온 후 두 번째 짓는 미소였지요. 마트료나의 얼굴에 흐르는 연민을 읽으면서 잠시나마 미하일의 입가에 번졌던 미소의 물무늬가 되살아나고 있었습니다. 그런데 이게 웬일인가요? 미하일은 귀족 신사가 맡긴 가죽으로 슬리퍼를 만들었습니다. 그가 요구한 것은 굽이 달린 장화가 아닌가요? 세묜은 미하일이 1년 동안 같이 살면서 단 한 번도 실수해 본 적이 없었는데, 공교롭게도 가장 중요한 순간에 어처구니없는 실수를 저질렀다는 생각이 들었습니다. 그는 당황스럽다 못해 화가 날 지경이었습니다. 뒷감당을 어떻게 해야 할지 도무지 감이 잡히지 않은 세묜은 미하일에게 책망하듯 따져 물었습니다.[28]

"지네, 이게 무슨 짓인가? 내 목을 자르려고 그래? 나리는 장화를 주문했는데 자네는 무엇을 만들어 놓았는가?"[29]

만들어 놓으라는 장화는 안 만들고 난데없이 슬리퍼를 만들었다니, 대체 이 사태를 어떻게 수습하면 좋을까요? 이제는 귀족 신사에게 처벌받을 일만 남았습니다. 세묜은 앞날에 대한 두려움과 미하일에 대한 괘씸함이 교차하여 마음이 어지러웠습니다. "왜 그런 어리석은 짓을 했는가?"라고 미하일에게 따져 물을 만했습니다. 그러나 미하일이 그 이유를 말하려던 참에 뜻밖의 사건이 벌어졌습니다. 귀족 신사의 젊은 하인이 가게 문을 열고 들어와서 청천벽력 같은 소식을 전해주었습니다. 집으로 돌아가던 마차 안에서 주인의 심장이 멈추어 싸늘한 주검으로 변했다는 것입니다. 귀족 신사에게 필요한 것은 최고급 장화가 아니라 시신에 신길 슬리퍼였습니다.

미하일은 남은 가죽을 둘둘 말았습니다. 이미 만들어 놓은 슬리퍼 한 켤레를 탁탁 털어서 앞치마에 닦은 다음 젊은 하인에게 건네주었습니다.[30] 미하일은 미래의 사건을 예견하고 대처하는 능력을 갖추고 있었습니다. '슬리퍼' 사건을 경험한 세묜과 마트료나는 미하일이 보통 사람이 아님을 처음 알게 되었습니다. 그렇다면 그는 누구란 말인가요? 귀족 신사의 뒤쪽을 바라보며 입가에 머금었던 미하일의 두 번째 웃음. 그것은 귀족 신사의 죽음을 미리 내다보면서 미하일이 얻은 깨달음을 말해주고 있었습니다. 그는 무엇을 깨달았을까요?

쌍둥이를 키운 여자와의 만남과 미하일의 세 번째 웃음 - 감동적인 사랑 이야기

미하일이 세묜의 집에 온 지 6년이 흘렀습니다. 어느 날 그는 창문에 얼굴을 갖다 대고 창밖에서 걸어오는 누군가를 뚫어지게 바라보고 있었습니다. 그가 6년 동안 단 한 번도 창밖을 내다본 적이 없었기 때문에 세묜은 적잖이 놀랐습니다. 한 여자가 구두 가게를 향해 걸어오고 있었습니다. 양손으로 쌍둥이 여자아이의 손을 잡고 있었습니다. 그중 한 아이는 왼쪽 다리를 심하게 절었습니다. 여자는 현관문을 열어 아이들을 먼저 안으로 들여보낸 뒤에 자기도 따라 들어왔습니다.[31] '봄에 신을 아이들의 구두를 맞추려고'[32] 구둣가게를 방문한 것입니다. 세묜은 지금까지 이렇게 작은 구두를 만들어 본 적이 없지만, 미하일의 솜씨가 뛰어나기에 문제없다고 여자를 안심시켰습니다.

세묜은 아이의 발 치수를 재고 나서 다리를 저는 아이를 가리키며 여자에게 물었습니다. "이 아이는 어쩌다가 이렇게 됐나요? 참 귀엽게 생겼는데 나면서부터 발을 저나요?"[33] 여자는 쌍둥이의 친어머니가 세상을 떠나는 순간에 바닥으로 쓰러지면서 이 아이의 다리를 누르는 바람에 한쪽 다리를 못 쓰게 되었다고 슬픈 사연을 말해주었습니다. 뜻밖의 대답이었습니다. 여자는 고아로 남겨진 쌍둥이를 가련하게 생각하여 자식으로 삼은 것입니다.

"나는 애들의 친어머니도 아니고 친척도 아니에요. 생판 남인데 애들을 양딸로 삼았어요. … 나도 자식이 있었는데 하느님이 데려가셨어요. 그 아이는 가엾은 생각이 들지 않았는데 애들은 정말 가엾어요. … 두 아이가 없는 나의 삶은 생각할 수도 없어요. 무슨 재미로 살아간단 말인가요? 그러니 이 아이들을 어떻게 사랑하지 않을 수 있겠어요? 두 아이는 내 삶을 밝혀주는 촛불이나 다름없어요."[34]

친자식을 잃었는데도 그 아이는 가엾지 않고, 고아들을 자신의 젖으로 키우면서도 고아들은 가엾다고 하네요. '인간답다'가 바로 이런 것이 아닐까요? 이야기를 마치고 눈물을 흘리는 그 여자에게 마트료나는 의미심장한 말을 던졌습니다.

"부모 없이는 살아도 하느님 없이는 살 수 없다는 속담이 참말인 것 같네요."[35]

마트료나가 속담을 인용하여 말한 것인데, 그 속담에는 작가 톨스토이의 기독교 세계관이 오롯이 담겨 있습니다. 젊은 시절에 성적性的 방종으로 타락하여 자신의 '정신적 자아가 동물적 자아에 제압당했던'[36] 톨스토이는 비뚤어진 과거를 뉘우치고 하느님에게 귀의했습니다. 그는 일평생 하느님의 사랑을 베풀며 살기로 결심했습니다. 톨스토이의 참회와 결심을 그의 명저 《참회록》과 《부활》에서 읽을 수 있습니다.[37] 마트료나의 입에서 흘러나온 "부모 없이는 살아도 하느님 없이는 살 수 없다."는 속담은 톨스토이의 신앙고백을 대변합니다.

세묜과 마트료나는 여자와 몇 마디를 더 주고받았습니다. 부부는 여자와 아이들을 배웅하다가 문득 미하일을 돌아보았습니다. 여자가 아이들의 손을 잡고 오기 전부터 그는 창밖을 계속 내다보았고, 그들이 가게 안에 들어와서도 두 아이를 잘 아는 듯 뚫어지게 바라보지 않았습니까? 그런 까닭에 세묜과 마트료나는 미하일의 표정이 궁금해진 것입니다. 아니나 다를까, '무릎 위에 손을 얹고 앉아서 천장을 쳐다보는'38 미하일의 얼굴에는 웃음꽃이 피어나고 있었습니다. 그가 세묜의 집에 온 지 세 번째 짓는 미소였습니다.

세 번의 웃음 속에 숨어 있는 세 문제의 답

세묜도 미하일의 웃음이 세 번째라는 것을 알고 있었습니다. 6년이 흘렀지만 세 번밖에 웃지 않을 만큼 그의 웃음에는 무언가 특별한 의미가 있으리라고 예감했습니다. 이번에는 왜 웃었을까요? 세묜은 그 까닭을 미하일에게 물어보았습니다. 그는 구두를 만들다가 손에 든 재료를 놓고 의자에서 일어나 앞치마를 벗었습니다. 그는 세묜과 마트료나에게 정중히 인사하며 용서를 구했습니다.

"주인 아저씨, 아주머니. 용서해주세요. 하느님께서 용서하셨으니

두 분께서도 부디 용서해 주시기 바랍니다."[39]

보통 사람이 아니라는 것을 알고는 있었지만 미하일의 몸에서 빛이 나는 것을 보고 주인 내외는 깜짝 놀랐습니다. 세묜은 6년 동안 마음속에 켜켜이 쌓인 의문을 하나씩 꺼내놓으며 궁금증을 해소하려 했습니다. 미하일이 마트료나의 저녁 식사 대접을 받고는 밝은 웃음을 지은 이유가 무엇인지, 또 귀족 신사가 장화를 주문했을 때 신사의 뒤쪽을 바라보며 두 번째로 환하게 웃은 까닭은 무엇인지 물어보았습니다. 그리고 바로 조금 전, 여자가 쌍둥이 아이들을 데리고 왔을 때 여자의 이야기를 듣고는 먹구름이 걷히듯 세 번째로 활짝 웃은 이유를 물었습니다. 천사 미하일의 사연을 들어볼까요?

어느 날 그는 하느님에게서 쌍둥이 아이들을 낳은 산모의 영혼을 거두어 오라는 명령을 받았습니다. 미하일은 하느님의 뜻을 거스를 수밖에 없는 난처한 상황에 부딪혔습니다. 갓 태어난 쌍둥이 아이들이 자랄 때까지 "제 손으로 키울 수 있도록 제 영혼을 데려가지 말아 달라."고 울며 애원하는 산모의 소망을 뿌리칠 수 없었던 것입니다. 미하일은 산모를 지상에 남겨두고 하늘나라로 돌아와서 자신이 임무를 완수하지 못한 이유를 하느님에게 직접 아뢰었습니다. 명령을 이행하지 않은 것에 대한 형벌은 이미 정해진 것이나 다름없습니다. 그러나 미하일이 명령을 따르지 않았던 이유에 대해 하느님도 충분히 공감하셨으리라 생각합니다. 하느님도 속으로는 흐뭇한 미소를 지었을 거예요. 천사 미하일이 천사답게 행동했기 때문입니다.

《성경》의 고린도 전서 13장에 기록되었듯이 사도 바울은 "믿음, 소망, 사랑, 이 세 가지는 항상 있을 것인데 그 가운데서 으뜸은 사랑"이라고 했습니다. 이처럼 하느님이 으뜸으로 여기는 '사랑'을 미하일은 산모에게 베풀었습니다. 사랑을 실천한 그의 행동은 하느님에게 박수를 받을만한 일입니다. 그러나 하느님은 산모에게 정해놓은 천명天命을 바꿀 수는 없었나 봅니다. 하느님은 "다시 산모의 영혼을 거두어 오라."는 명령과 함께 세 가지 문제의 해답을 얻어 오라는 과제를 미하일에게 맡겼습니다. 세 가지 문제란 무엇일까요?

'사람의 마음속에는 무엇이 있는가?'
'사람에게 주어지지 않은 것은 무엇인가?'
'사람은 무엇으로 사는가?'

하느님은 이 세 가지 문제에 대해 깨달음을 얻는 날에 미하일이 하늘나라로 돌아오게 될 것이라고 약속했습니다. 벌거벗은 몸으로 교회 앞에 버려진 미하일은 길을 지나가던 세묜의 도움을 받아 가까스로 목숨을 건졌습니다. 그의 아내 마트료나가 차려주는 저녁 식사의 따스한 온기로 얼어붙은 몸과 마음을 녹일 수 있었지요. 마트료나의 손길에서 흐르는 인정과 함께 그의 얼굴에서 생기가 피어나는 것을 바라보던 미하일은, 하느님이 준 첫 번째 말씀의 뜻을 깨달았습니다. 첫 번째 문제, '사람의 마음속에는 무엇이 있는가?'에 대한 답을 얻은 것입니다. 그것은 '사랑'이었습니다.

"사람의 마음속에 있는 것은 사랑이라는 것을 알았습니다."

사랑은 하느님이 사람에게 준 가장 높고 가장 강한 정신입니다. 그 숭고한 힘인 '사랑'이 사람의 마음속에 홍보석처럼 간직되어 있음을 미하일은 마트료나의 손길에서 깨달은 것입니다.

겸손의 토양에서 자라나는 사랑의 나무

두 번째 문제, '사람에게 주어지지 않은 것은 무엇인가?'에 대한 답을 미하일은 귀족 신사와의 만남에서 얻었습니다. 그는 세상을 호령하는 권력을 갖고 있었지요. 러시아에서 가장 많은 돈을 소유한 최고의 재력가이기도 했습니다. 자신의 말 한마디로 모든 사람을 복종시킬 수 있다고 생각하는 안하무인의 생활방식에 길든 사람이었습니다. 그는 교만의 절정에 도달했습니다. 하느님에 대한 신앙보다 권력과 자본을 우상으로 섬겼기 때문입니다. 그는 권력의 바벨탑과 황금의 소돔40 성城을 쌓아나가는 데 인생의 궁극적 가치를 두었습니다. 그는 세묜의 구둣가게에 와서 최고급 장화를 주문했지만, 저택으로 귀가하던 마차 안에서 추풍낙엽처럼 쓰러지고 말았습니다. 불가능이 없는 것처럼 살아온 그 남자도 어쩔 수 없는 '한계'를 지닌 사람이었습니다. 몇 초, 몇 분 후에 무엇이 일어날지 미리 알지 못하는 불완전한 존재가 '사람'임을 똑똑히 일깨워주는 사건입니다. 구듯가게의 문을 열고 밖으로 나가는 순간부터 자신에게 필요한 것은 장화가 아니라 슬리퍼라는 것을 전혀 몰랐으니까요.

물질과 권력과 명예에 사로잡힌 사람은 '교만'의 감옥에 갇혀 있기 마련입니다. 욕망의 올무에 얽매여 창밖에 펼쳐진 겸손의 빛을 보지 못하기 때문입니다. 미하일은 귀족 신사의 죽음을 통하여 사람의 한계를 인정하고 만인에게 겸손할 것을 우리에게 충고합니다.

"사람은 자기 몸에 필요한 것이 무엇인지를 알 수 있는 힘이 주어지지 않았습니다."

철학자 칸트Immanuel Kant도 자신의 저서 《순수이성비판》에서 사람의 오성悟性으로는 사물의 본질인 '물物 자체'를 인식할 수 없다고 말했습니다. 사람이 가진 이성의 힘으로 파악할 수 있는 것은 사물의 본질이 아니라 사물의 바깥으로 발현되는 현상일 뿐이며, 사물의 본질을 완전하게 인식할 수 있는 존재는 오직 하느님밖에 없음을 칸트도 힘주어 말한 바 있습니다. 철학자 야스퍼스Karl Jaspers가 말한 것처럼, 사람은 '한계 상황'의 격랑에 부딪혀 '난파'할 수밖에 없는 연약하고 불완전한 존재입니다. 그러나 난파의 절망을 딛고 한계 상황의 파고를 뛰어넘으려는 '초월'의 의지를 가질 것을 야스퍼스는 강조했습니다. 미하일의 시각으로 야스퍼스의 철학을 읽는다면 사람의 한계를 극복하려는 초월의 의지는 어디에서 생겨난다고 할 수 있을까요? 전능하고 완전한 '포괄자包括者'이신 하느님에게 사람의 모든 것을 맡기는 절대의탁絶對依託의 신앙에서 초월의 의지가 솟아난다고 미하일은 말할 것입니다. 칸트와 야스퍼스의 눈길로 미하일과 귀족 신사의 만남을 바라본다면, 교만의 척박한 땅을 겸손의 비옥한 토양으로 바꾸는 것이 사람의 한계를 극복하는 길임을 깨닫게 됩니다.

사람은 오직 사랑에 의해서만 살아간다

미하일이 '사람은 무엇으로 사는가?'라는 세 번째 문제에 대한 답을 얻은 것은 그가 세몬의 집에서 일한 지 '6년째가 되는 어느 날'이었습니다. 고아로 남겨진 쌍둥이를 친자식처럼 길러낸 여자가 그 아이들을 '가엾게 생각하며 흘리는' 눈물을 보면서 미하일은 하느님의 세 번째 말씀의 뜻을 깨달았습니다. '모든 사람은 자신에 대한 걱정으로 살아가는 것이 아니라 사랑으로 살아간다.'는 보석 같은 답을 얻은 것입니다. 천사의 모습으로 변한 미하일 등에 날개가 돋아나 미하일은 하늘로 올라갔습니다.

그가 해결한 세 가지 문제는 수학능력평가 시험의 수학 문제보다 훨씬 더 어려워 보입니다. 그는 이 세 가지 문제를 어떻게 풀었을까요? 그는 책을 읽으면서 지식을 쌓은 끝에 답을 얻은 것이 아닙니다. 책 속의 지식보다 더 중요한 지식이 있습니다. 그것은 각양각색의 사람들과 만나고 부대끼며 대화를 나눠 얻은 깨달음입니다. 곧 살아있는 지식입니다. 세묜과 마트료나, 거만한 귀족 신사, 쌍둥이를 친자식처럼 키운 여자와 만난 뒤에야 비로소 미하일은 어려운 문제를 풀었습니다. 그가 만남에서 얻은 해답은 '사람은 오직 사랑에 의해서만 살아간다는 것'이었습니다. 그가 하늘나라의 뜨락으로 귀향하면서 세묜과 마트료나에게 전한 마지막 말을 들어보겠습니다.

"사랑으로 살아가는 사람은 하느님 안에 사는 사람이며, 하느님도 그 사람 안에 살아가십니다. 하느님은 곧 사랑이기 때문입니다."

미하일은 이렇게 몸으로 겪은 사랑의 의미를 확신에 찬 목소리로 증언합니다. 미하일의 말은 《성경》의 요한1서 4장 16절에 기록된 말씀이기도 합니다. 지금도 사회의 그늘에서 쓰디쓴 눈물을 흘리고 있는 불우한 사람들에게 구체적 행동으로 사랑을 실천하는 사람만이 '하느님의 자녀'라는 것입니다. 보답이나 대가를 바라지 않고 가난한 자의 굶주린 배를 채워주며, 병든 자의 아픈 몸을 치유해주고, 천대받는 자의 친구가 되는 실제 행위가 '사랑'입니다. 톨스토이의 소설 《사람은 무엇으로 사는가》를 읽으면 천상병 시인의 시 '귀천歸天'의 마지막 연이 떠오릅니다.

나 하늘로 돌아가리라.
아름다운 이 세상 소풍 끝내는 날,
가서, 아름다웠더라고 말하리라.

시의 화자를 미하일이라고 가정해볼까요? 하늘로 돌아간 미하일은 하느님 앞에 서서 사람의 세상이 '아름다웠더라고' 고백할 것입니다. "네가 사람의 세상을 아름답다고 확신하는 까닭이 무엇이냐?"라는 하느님의 질문에 미하일은 다음과 같이 대답할 것입니다.

> "사람은 하느님의 형상대로 지어져 마음속에 하느님의 사랑을 간직한 채 오직 사랑에 의해서만 살고 있었습니다. 세상 소풍 끝내는 날, 제가 친구들에게 받은 가장 아름다운 선물은 '사랑'이었습니다. 사랑보다 더 아름다운 추억의 빛은 없을 것입니다."

후마니타스로 바로 본 세상과의 질문

Q1. 여러분이 미하일처럼 길에 버려진 위급한 상황에 놓인 사람을 본다면 어떻게 행동할까요?

Q2. 인간의 마음을 보석상자라고 한다면 그 상자에 든 보석 중 가장 빛나는 보석은 무엇이라고 생각하나요?

Q3. 여러분이 생각하는 가장 아름다운 인생이 무엇인지 이야기해 보세요.

Humanities lecture

·4강·

이루어질 사랑은 내면의 진실에서 시작된다

제인 오스틴의 《오만과 편견》과
영국의 근대사회 이야기

제인 오스틴(Jane Austen, 1775~1817)

단 한 권으로 세계인의 마음을 사로잡은 제인 오스틴

제인 오스틴은 1775년 영국의 스티븐턴에서 목사 조지 오스틴의 딸로 태어났다. 11세에 초등학교를 그만둘 정도로 몹시 가난했다. 그러나 그때부터 제인 오스틴은 한 번 잡은 책은 손에서 놓지 않을 정도로 독서광이 되었다. 책의 숲으로 들어가서 문학적 상상력을 키웠다. 읽기는 쓰기의 뿌리가 되었다. 12세인 1787년, 가족 관계를 이야기하는 편지 형식의 소설을 써서 작가의 길을 걷기 시작했다. 30세인 1805년, 아버지가 세상을 떠난 후 이전보다 더 고통스러운 가난의 역경에 시달렸다. 자택 없이 친척 집을 전전하며 떠돌이 생활을 하다 보니 원고지를 만질 수도, 펜을 들 수도 없었다. 1809년 초턴에 정착한 이후 문학의 혼魂불을 되살려 그곳에서 타계할 때까지 독신으로 지내며 창작열을 불살랐다. 영국 BBC가 실시한 '지난 천 년간 영국 최고의 문학가는 누구인가?'라는 설문조사에서 윌리엄 셰익스피어 다음으로 2위를 차지했다.

대표 작품으로 《분별력과 감수성》(1811), 《오만과 편견》(1813), 《맨스필드 파크》(1814), 《에마》(1815), 《노생거 수도원》(1817), 《설득》(1817) 등이 있다.

영문판 《오만과 편견》 표지. 여주인공 엘리자베스 베넷과 남주인공 피츠윌리엄 다아시의 모습을 디자인했다.

상대방의 내면에 대한 무지가 편견을 낳는다

제인 오스틴 소설의 가장 큰 특징은 가족의 이야기를 풀어나가면서 영국 사회의 모습을 폭넓게 관찰하는 것입니다. 이는《오만과 편견》에서 더욱 선명하게 나타납니다. 소설의 스포트라이트는 영국 하트퍼드셔주의 롱본에 사는 베넷 씨 가족을 비춥니다. 귀족도, 하층 민중도 아닌 중류층 가정입니다. 한 해 동안 버는 돈이 2천 파운드 안팎이니 많지도 적지도 않은 수준입니다. 베넷 씨 부부는 딸을 다섯 두었습니다. 아버지는 딸들에게 재산을 상속하고 싶은데 그들에겐 재산을 물려받을 권리가 없었습니다. 이 소설이 발표된 해가 1813년입니다. 그때 영국 사회에서는 여성에게 상속권이 없었습니다. 상속권은 남성에게만 있어서 베넷 가문의 재산은 그의 조카이자 딸들의 사촌인 콜린스에게 돌아가도록 정해져 있었습니다.

본격적인 이야기는 '찰스 빙리'라는 이름의 부유한 미혼 남자가 롱본의 인근 지역 '네더필드'로 이사 오면서 시작됩니다. 빙리는 상류층에 속한 남자로 그가 네더필드 저택에 살기 시작하면서 '빙리'라는 이름이 롱본 사람들의 화제가 되었습니다. 특히 베넷 부인이 가장 큰 관심을 가졌습니다. 좀 더 정확히 말한다면 빙리가 아닌 그가 소유한 재산에 촉각을 곤두세운 것이지요. 맏딸 제인과 둘째 딸 엘리자베스와는 다르게 그들의 어머니는 사람을 바라보는 기준이 언제나 '돈'과 사회적 지위였습니다. 돈으로 사람의 존재 가치를 판단하고 평가하는 것이 너무나 자연스럽습니다. 셋째 딸 메리, 넷째 딸 키티, 막내딸 리디아가 어머니의 성격을 많이 닮았습니다.

빙리의 연간 수입이 무려 4~5천 파운드에 이른다는 정보를 전해 들은 베넷 부인은 몸이 달아올랐습니다. 딸 중에 누구든지 빙리의 아내가 된다면 베넷 가문도 상류 사회에 진입할 길이 열린다고 생각했으니까요. 머릿속에 청사진이 그려진 베넷 부인은 적극적으로 움직이기 시작합니다. 어떻게 해서든지 빙리와 가까이 지내려고 단계별 계획을 세우고 구체적 행동 지침을 마련합니다. 독자들은 이런 어머니의 이해타산적 모습을 읽으면서 "속물이 따로 없네!"라는 반응을 보일 수 있습니다. "딸들을 생각하는 어머니가 그럴 수도 있는 거야."라며 긍정적으로 생각하는 독자들도 있을 것입니다.

하지만 빙리와 가까이 지내고 싶다고 해서 그것이 뜻대로 이루어지는 것은 아니지요. 상대방의 호감을 얻으려면 만남이 자연스러워야 합니다. 베넷 부인이 딸들을 혼인시키려는 의도를 품었지만, 그 의도가 노골적으로 드러나면 오히려 역효과를 일으키겠지요. 약삭빠른 베넷 부인은 그것을 잘 알고 있기에 남편과 빙리의 자연스러운 만남을 유도합니다. 남편에게도 빙리와 자연스럽게 친해지라고 거듭 강조합니다. 부인의 열망에 부응하여 남편과 빙리는 상대방의 집을 서로 방문합니다. 그러나 베넷 부인이 그토록 간절히 원하는 딸들과 빙리의 만남은 이루어지지 않았습니다. 부인은 초조해졌고, 때를 기다리다 못해 자신의 의도대로 일을 서두르기 시작합니다.

'저 남자를 하루빨리 우리 집 사위로 삼아야겠다.'는 욕망의 전광電光이 베넷 부인을 사로잡은 모양입니다. 다급해진 부인은 빙리를 정식으로 가족 식사 자리에 초대합니다.[41] 그러나 무슨 일이든 의도가 지나치면 계획대로 잘 풀리지 않는 경우가 허다하지요. 일이 꼬일수록 의도를 가진 사람이 안달을 내는 경우를 흔히 볼 수 있습니다. 베넷 부인의 상황이 이에 알맞는 듯합니다. 잔뜩 기대한 빙리와의 식사 자리가 무산되고 말았습니다. 빙리는 다음 날에 예정된 런던 방문 일정을 이유로 '영광스러운 초대를 받아들일 수 없게 되었다.'[42]고 답장을 보냅니다. 어쩔 수 없는 상황이라 해도 베넷 부인의 실망은 이만저만이 아니었지요.

런던에서 돌아온 빙리는 네더필드 저택에서 성대한 무도회를 열었습니다. 영국 사회에서 무도회는 예부터 상류층이 주최하는, 베넷 부부 같은 중류층에서는 개최할 엄두조차 못 내는 행사지요. 들어가는 비용이 엄청나기 때문입니다. 그러나 빙리가 무도회를 개최한다는 소식을 들은 베넷 부인은 또 한 번의 기회가 찾아왔다며 마음이 들떴습니다. 빙리의 재력이 더욱 실감 나게 느껴졌습니다. 이번이야말로 기회를 놓쳐서는 안 되겠다는 의욕이 용솟음쳤습니다.

딸들의 어머니가 기대한 대로 무도회는 근사하고 화려했습니다. 그런데 이번 무도회에서는 빙리와 함께 그의 두 여동생과 큰 여동생의 남편, 빙리의 절친도 보였습니다.[43] 절친의 이름은 '피츠윌리엄 다아시'입니다. 무도회에 참석한 젊은 여자들의 눈길은 빙리뿐 아니라 다아시에게 쏠렸습니다. 왜 그랬을까요? 우선 외모가 빼어나고 신사다운 품위가 풍겨 나왔으니까요. 눈에 띌 정도로 '멋지고 훤칠한 몸매와 잘생긴 이목구비, 고상한 태도로 금방 방 안 사람들의 주목을'[44] 받았습니다. 빙리의 절친이므로 상류 사회의 일원일 것이라는 추측과 함께, 그의 재력도 무도회 참석자들의 관심을 집중시켰습니다.

두 눈이 휘둥그레질 만큼 엄청난 정보가 여자들의 입에서 입으로 바람의 메시지처럼 빠르게 날아다녔습니다. 여자들이 모여 있는 곳곳에서 그 정보에 관한 수군거림이 한동안 끊이지 않았습니다. 춤과 음악보다 여자들의 가슴을 더 들뜨게 만든 정보는 무엇일까요? 그것은 피츠윌리엄 다아시가 1년 동안 벌어들이는 수입이 1만 파운드나 된다는 소식입니다.[45] 일단 빙리와 다아시의 재력을 비교해보겠습니다. 빙리의 1년 수입은 4~5천 파운드에 이릅니다. 그에 비해 다아시의 1년 수입은 1만 파운드에 달하니 빙리를 두 배나 능가하는 재력을 가진 것이지요. 아직은 소문이지만 다아시가 빙리의 절친이라는 점에서 사실일 가능성이 매우 큰 정보입니다. 사람들이 모인 여기저기에서 수군거리는 소리가 이어질 만합니다.

한편 빙리와 딸들의 만남으로 혼인의 물꼬를 터보겠다며 무도회에 참석한 베넷 부인은 희망의 불씨를 댕겼습니다. 빙리의 눈길이 딸들에게 머물거나 꽂히기를 잔뜩 기대하는 베넷 부인에게 반가운 장면이 포착되었습니다. 딸들의 혼사를 염두에 둔다면 어머니로서 당연히 맏딸을 먼저 시집 보내고 싶겠지요. 베넷 부인의 바람대로 빙리의 마음을 빼앗은 딸은 장녀 제인이었습니다. 제인에게 계속 눈길이 머물던 빙리는 제인과 두 번이나 춤을 추면서[46] 자신의 솔직한 감정을 노출합니다. 두 사람의 감정은 시간이 흐를수록 점점 더 짙어갑니다. 그러나 제인 오스틴의 소설《오만과 편견》을 영화에 견주어본다면 그들은 주연이 아닌 조연입니다. 주연은 누구일까요? 빙리의 절친인 피츠윌리엄 다아시와 제인의 바로 아래 동생인 엘리자베스 베넷입니다.

앞에서 얘기했듯이 베넷 가문의 재산을 상속받을 사람은 딸들의 사촌인 목사 콜린스입니다. 그런데 실제 상속이 이루어질 때까지 가문의 재산을 관리할 장본인은 캐서린 영부인입니다. 다아시는 바로 캐서린의 조카지요. 무도회에 모습을 드러낸 다아시의 외모와 태도는 상류 사회의 일원으로 손색이 없었습니다. 소설의 남주인공이자 영화의 남우 주연다운 풍모입니다. 상대역을 맡을 엘리자베스 베넷도 소설의 여주인공이자 영화의 여우 주연에 어울리는 외모와 품위를 지녔습니다. 하지만 두 사람의 첫 만남은 제인과 빙리의 만남과 달랐습니다. 엘리자베스 베넷에게 비친 피츠윌리엄 다아시의 '첫인상'은 그다지 좋지 않았습니다. 아니었습니다.

무도회에는 예법이 있지 않습니까? 남자가 그곳에 참석한 여자들 한 사람 한 사람에게 정중히 인사하면서 적어도 한 번씩 "춤을 추실까요?"라고 요청하는 것이 무도회의 관례입니다. 다아시가 빙리의 두 여동생과 잘 아는 사이라고 해도 그들하고만 춤을 추는 것은 무도회의 판을 깨는 행동으로 보일 수 있습니다. 그는 빙리의 여동생들과 한 번씩 춤을 추면서도 엘리자베스와 다른 자매들에게는 단 한 번도 춤을 청하지 않았습니다. 그런 행동으로 엘리자베스의 기분은 몹시 상할 수밖에 없었습니다. 다아시 근처에 앉아 있던 엘리자베스가 그와 빙리의 대화를 들었기 때문입니다. 어떤 대화였을까요? 여러분의 이해를 돕기 위해 두 남자의 대화를 희곡 형식으로 바꿔 보겠습니다.

빙리 : 자, 다아시, 춤을 추어야지. 자네가 혼자 이렇게 멍하니 서 있는 것이 보기 싫네. 춤추는 게 훨씬 좋을 걸세.

다아시 : 안 추겠네. 내가 춤을 얼마나 싫어하는지 알잖나. 아주 친한 파트너가 아니면 말이야. 이런 무도회에서는 춤추기가 어렵군. 자네 누이들한테는 벌써 파트너가 있고, 다른 여자하고 춤춘다는 건 나한테는 벌이나 마찬가지야.[47]

엘리자베스의 기분을 상상해보세요. 두 남자 바로 가까이에서 이런 대화를 들었으니 자존심이 뭉개질 대로 뭉개졌을 것입니다. 다아시가 '거만하고 남들을 무시하는'[48] 좋지 못한 남자라는 것이 드러난 셈입니다. 무도회에 참석한 여자들은 다아시의 '오만한 태도로 인해 혐오감'[49]을 느꼈습니다. 무도회에 등장하자마자 그에게 집중된 관심은 온데간데없었습니다. 다아시는 어느새 '너무나 역겹고 불쾌한 인물로 전락했고 자기 친구와 비교될 가치조차 없는 인물'[50]로 무도회의 여자들에게 공공의 적이 되고 말았습니다. 더욱이 다아시의 표정을 보세요. 빙리처럼 친근하고 부드러운 표정이 아닙니다. 품위는 엿보이지만 아주 딱딱해 보입니다. '불필요한 행동은 하지 않겠다.'는 마음이 뚜렷합니다. 다아시가 대단한 재력과 빼어난 외모를 겸비한 까닭에 엘리자베스의 눈에 비친 그의 오만한 인상은 더욱 오만하게 보였습니다.

두 사람이 서로 매력을 느낀 것은 사실입니다. 그러나 다아시의 표정과 태도에서 배어 나오는 차가움이 엘리자베스의 마음의 비망록에 '오만'이라는 두 글자를 뚜렷이 새겨놓고 말았네요. 실제로 다아시는 이 세상의 어느 남자보다 따뜻한 인정人情을 가진 사람입니다. 그는 상류층의 일원이지만 중류층과 하층 민중을 단 한 번도 무시한 적이 없는 겸손한 인격자입니다. 누군가에게 도와달라는 요청을 받고 마땅히 도와야겠다는 생각이 들면 이해관계와 상관없이 최선을 다해 배려의 손길을 내미는 신사 중의 신사! 그가 피츠윌리엄 다아시입니다.

엘리자베스가 그를 오만한 사람으로 간주할 수밖에 없던 이유를 알아볼까요? 그 이유는 두 가지로 압축됩니다. 다아시의 성격이 너무나 순수하다 보니 진심에서 우러나오지 않는 말과 행동은 아예 할 줄 모른다는 것입니다. 당연히 다른 남자에 비해 말수도 적고 웃음도 적을 수밖에요. 겉모습이 차갑다 못해 오만하게 느껴지는 한 가지 이유로 작용하는 것입니다. 엘리자베스가 그를 오만한 사람으로 단정할 수밖에 없던 두 번째 이유는 첫 번째 이유보다 더 분명해집니다. 그토록 순수하고 진실한 다아시의 내면 속으로 엘리자베스가 들어가 본 적이 없는 까닭에 그의 생각과 마음을 아직 잘 모른다는 것입니다. 두 사람 사이에 필요한 것은 깊이 있는 대화가 아닐까요?

'편견'이라는 어둠의 장막을 헤치고 두 사람을 사랑의 꽃밭으로 안내할 햇살의 길은 진솔한 대화입니다.

너의 마음을 읽으려는 나의 주체적 의지가 우선이다

다아시에 대한 오해와 편견이 사라지려면 대화가 이어져야 합니다. 그러나 대화를 가로막는 방해꾼이 도사리고 있네요. 위험하면서도 비인간적인 방해꾼, 그의 이름은 조지 위컴입니다. 직업 군인이자 장교인 그는 다아시나 빙리와는 완전히 다른 사람입니다. 인간성을 비교해본다면 앞의 두 사람은 안팎이 같은 진실한 신사이지만 위컴은 이중인격자입니다. 자신의 목적을 이루기 위해서라면 누구도 망설이지 않고 도구로 이용합니다. 위컴의 인생 목적은 오로지 '돈'입니다. 돈을 많이 벌기 위해 온갖 편법과 술수를 서슴없이 사용합니다.

위컴은 '사랑'이라는 위선의 가면을 쓰고 여자를 농락합니다. 여자를 차례로 바꿔가면서 성적 쾌락을 즐기고 자신을 믿는 여자를 속여 재산을 가로채려 합니다. 한마디로 말하면 그는 고등 사기꾼입니다. 자신의 노력으로 얻은 돈이 아니기 때문에 그 돈을 쉽게 탕진해버립니다. 그러다 보니 빚은 눈덩이처럼 불어났겠지요. 그 빚을 청산하기 위해 또다시 다른 여자를 사냥감으로 선택합니다. 위컴은 비인간적 악순환의 굴레 속에서 살아갑니다. 그런데 엘리자베스가 왜

하필이면 이렇게 위선적인 사람에게서 다아시에 대한 판단과 평가를 들어야 한단 말입니까?

다아시의 거만해 보이는 태도 때문에 엉켜 버린 관계의 실타래가 이번에는 위컴의 기만 때문에 단단히 꼬여 버립니다. 위컴과 다아시는 유년 시절부터 아주 잘 아는 사이입니다. 위컴의 아버지가 다아시 가문의 재산과 펨벌리 저택을 관리하던 집사였으니까요.[51] 위컴은 다아시의 선친이 자신의 대부로서 자신을 '끔찍이 사랑하여 (그분에게) 증여권이 있던 직위 중 최상의 것을 (위컴이) 물려받도록 유언을 하셨다.'[52]고 엘리자베스에게 말합니다.

"그분은 저를 위해 넉넉한 수입을 남겨주실 생각이셨고 실제로 그렇게 해놓았다고 믿으셨죠. 그러나 그 자리가 났을 때 그것은 다른 사람의 차지가 되었답니다."[53]

위컴은 다아시가 선친의 뜻을 저버리고 그분의 유언마저 무시하는 파렴치한인 것처럼 엘리자베스에게 허위 사실을 유포합니다. 다아시가 선친의 유언을 '단순한 조건부 권고 사항 정도로 취급하여'[54] 위컴이 '무절제하고 무분별한 생활을 했다.'[55]고 그를 음해한 후에 선친이 보장한 자리를 '다른 사람에게 주어버렸다.'[56]는 것입니다. 다아시가 자신의 인격과 인생을 왜곡하고 자신에게 부당한 피해를 입혔다면서 피해자 코스프레로 일관하는 위컴. 그러나 다아시의 사람됨을 날조한 장본인은 위컴이었습니다. 안타깝게도 위컴의 연극에 속아 그를 향한 연민과 함께 다아시에 대한 분노의 감정이 끓어오르는 엘리자베스. 이 어처구니없는 상황을 어떻게 수습해야 하나요?

"세상에, 너무 충격적이네요! (다아시 씨가) 만천하에 망신을 당해 마땅하군요."[57]

다아시와 엘리자베스 사이를 가로막고 있는 편견의 장벽은 위컴의 농간 때문에 더욱 높아지고 단단해집니다. 엘리자베스는 실수를 저지릅니다. 그는 조지 위컴의 인격을 잘 알고 있지 않습니다. 다아시의 인간성에 대한 것만큼이나 위컴에 대해서도 그다지 아는 바가 없기는 마찬가지입니다. 그런데도 어떻게 위컴의 말을 덮어놓고 믿어버린다는 말입니까? 엘리자베스는 위컴의 '마음 씀씀이를 칭찬하면서 속으로 그런 마음씨를 내보일 때의 그의 모습이 어느 때보다도 훨씬 더 잘나 보인다고 생각했다.'고 합니다. 참으로 심각한 상황입니다.

아직 결말을 모르는 독자들은 걱정이 앞서기도 할 거예요. 다아시에 대한 위컴의 혹평을 듣는 순간 엘리자베스는 '혹시나 했더니 역시 내 판단이 맞았구나!' 하면서 일방통행의 마음길을 달려가고 있었습니다. 생각의 일방통행을 제어하는 의심의 차단막이 없었습니다. 엘리자베스가 다아시와 깊이 대화를 나눠보지 않았다는 점에서 아쉬움이 매우 큽니다. 그는 어째서 위컴 같은 제삼자의 판단과 평가를 단지 참고사항 정도로 여기지 않았을까요?

편견 때문에 닫힌 관계의 문을 여는 열쇠는 '나와 너'의 대화입니다. 그러면 나와 너의 대화로 소통의 길을 열 수 있는 비결은 무엇일까요? '대화의 철학' 또는 '만남의 철학'으로 알려진 사상가 마르틴 부버의 말을 들어볼까요? 그의 저서《나와 너》에 따르면 나와 너 사이에 소통의 길을 지속해서 열어나가는 비결은 제삼자의 판단과 평가가 아닙니다. 그 비결은 내가 너와 함께 대화를 나누면서 너의 모든 말에 '온 존재를 기울여 응답하는 것'[58]입니다. 온 정성을 다해 '너'의 마음을 읽으려는 '나'의 주체적 의지가 너와 나를 사랑의 꽃길로 이끄는 믿음직한 가이드가 됩니다. 소설의 후반부에 접어들수록 상대방의 내면의 화원花園 속으로 들어가려는 엘리자베스와 다아시의 발걸음이 기대됩니다.

이루어질 사랑은 내면의 진실에서 시작된다

첫눈에 끌려 사랑에 빠진 빙리와 제인. 두 사람의 사랑에도 장애가 생깁니다. 공교롭게도 그 장애물을 조성한 사람은 다름 아닌 다아시였습니다. 내면의 깊이를 중요하게 생각하는 다아시는 빙리의 두 여동생과 뜻을 같이하여 베넷 가문에 대한 부정적 평가를 퍼뜨립니다. 절친 빙리에게 베넷 가문은 어울리지 않는다는 인식을 심어준 것입니다. 빙리와 잘 맞지 않는 집이라고 다아시가 속단하게 된 가장 큰 이유는 무엇일까요?

다아시가 위컴처럼 허위 사실을 수면으로 끌어올려 빙리와 제인 사이를 갈라놓은 것은 아닙니다. 그의 판단에도 어느 정도 일 리가 있습니다. 가족 중에서 첫 번째로 다아시의 눈 밖에 난 사람은 베넷 부인이었습니다. 앞에서 얘기한 것처럼 베넷 부인은 지성의 흔적이라곤 전혀 찾아볼 수 없는 속물로 다아시의 뇌리에 각인되었습니다. 대인관계에서 상대방의 재산과 지위에만 신경 쓰는 태도가 역력했으니까요. 셋째 딸 메리, 넷째 딸 키티, 막내딸 리디아도 내면의 깊이가 전혀 없는 천박한 여자로 다아시의 내면에 새겨졌습니다. 베넷 가문의 사람들은 중류층에다가 지성과 교양이 부족하므로 빙리 가문과 가족이 되는 것을 꿈꾼다면 그것은 분수를 모르는 일이라고 생각한 것입니다.

빙리의 두 여동생은 오빠를, 다아시는 절친을 아낀다는 태도에서 그런 판단을 내렸습니다.[59] 그러나 다아시 역시 편견에서 완전히 자유로운 사람은 아닙니다. 베넷 가문에 대한 그의 편견은 무엇일까요? 그가 저속한 인간으로 본 사람들이 베넷 부인과 딸 셋이라면, 그들의 아버지와 제인과 엘리자베스는 속물의 범주에서 벗어난 사람입니다. 특히 맏딸과 둘째 딸의 입에서 흘러나오는 말을 들어보면 그들은 교양과 품위를 갖춘 인물임을 알게 됩니다. 물론 다아시도 그것을 잘 알고 있습니다. 그런데도 베넷 가문을 빙리와 전혀 어울리지 않는 가문으로 속단한 것은 온당한 태도일까요? 베넷 가문에 대한 다아시의 생각이 편견의 올무에 묶여 있다는 느낌이 듭니다.

엘리자베스의 사촌인 콜린스. 그는 목사답지 못한 목사입니다. 하느님의 사랑을 베푸는 일에 인생의 모든 것을 걸어야 할 성직자가 돈과 지위에만 집착하면서 살아가기 때문입니다. 소유욕이 매우 강한 남자입니다. 엘리자베스를 아내로 차지하고 싶은 욕심에 사로잡혀 청혼을 해보지만, 독자들의 예상처럼 보기 좋게 거절당합니다.[60] 콜린스는 '꿩 대신 닭'이라는 생각으로 엘리자베스의 친구 샬럿 루카스에게 청혼합니다. 샬럿은 그의 청혼을 수락합니다. 엘리자베스처럼 남자의 인격과 정신적 깊이를 중요하게 여기는 사람이 아니기 때문입니다. 샬럿은 콜린스의 '지위와 재산만을 보고'[61] 그가 자신에게 청혼하도록 의도적으로 '계획'[62]을 세웠습니다. 그와 혼인하면 평생 염려 없이 살 수 있다고 판단했겠지요. 계획대로 결혼 '목적을 달성'[63] 하여 만족스러워했습니다.[64] 18~19세기 영국 사회에서 여성이 경제 운영의 주체가 될 수 없는 한계는 충분히 이해됩니다. 그러나 샬럿이 남성의 경제력만 보고 인생의 중대사를 결정한 것은 매우 아쉬운 처사입니다. 남성의 인격과 내면의 깊이를 배우자 선택의 기준으로 정해놓은 엘리자베스와 달라도 너무나 다릅니다.

우리의 남녀 주인공은 언제쯤 정겨운 대화를 나누게 될까요? 엘리자베스는 콜린스와 샬럿의 신혼집을 방문합니다. 콜린스는 목사인지라 혼인 후 헌스퍼드의 목사관[65]에 살고 있었습니다. 이웃의 로징스[66] 저택에는 다아시의 이모 캐서린 영부인이 살고 있었지요. 영부인은 콜린스의 후견인으로서 그에게 부여된 베넷 가문의 상속권을 관리하고 있었습니다. 뜻밖에도 다아시가 큰아버지의 차남을 데리고 이모의 로징스 저택을 방문하게 되었습니다. 그가 도착한 다음 날 아침, 콜린스는 후견인의 조카에게 문안 인사차 서둘러 로징스를 방문했습니다. 그런데 다아시는 콜린스의 문안 인사를 받고 그를 따라 자신의 사촌인 대령과 함께 목사관으로 건너오고 있었지요.[67] 우연히 다시 만나는 엘리자베스와 다아시! 두 사람 사이에 부드러운 대화의 물꼬가 트일까요?

다아시는 그녀의 어머니와 동생들이 저속하다고 생각되어 베넷 가문에 대해 좋지 않은 인상을 느꼈지만, 한편으로는 남몰래 그녀에 대해 호감을 품고[68] 연정을 키워 왔습니다. 베넷 가문에 대한 거부감과 별개로 엘리자베스에게만큼은 '가슴에서 우러나오는 사랑의 감정을 오랫동안 품어 왔던'[69] 것입니다. 그의 사랑 고백을 들어볼까요?

> "애를 써보았지만 소용이 없습니다. 그래 봤자 안 될 것 같습니다. 제 감정을 억누를 수가 없습니다. 제가 당신을 얼마나 열렬히 사모하고 사랑하는지 말씀드리지 않을 수 없습니다."[70]

그는 자신에게 찾아온 기회를 꽉 붙잡으려 했습니다. 억누를 수 없을 만큼 자신의 사랑은 강하고 변함없으니 청혼을 받아달라고 말하는 다아시.[71] 그의 사랑 고백에 엘리자베스는 '너무 놀라 아무 말도 할 수가 없었지만'[72] 그렇다고 해서 청혼을 받아들일 수는 없었습니다. 남몰래 사랑하고 있었다는 충격적인 사실에 '무심할 수는 없었으나'[73] 가슴 한구석에 그에 대한 불신이 켜켜이 쌓여 있기 때문입니다. 다아시와의 혼인은 결코 용납할 수 없는 사건이었습니다. 그때까지도 엘리자베스의 뇌리에는 그에 대한 오만한 인상이 깊이 박혀 있었으니까요. 게다가 사기꾼이나 다름없는 위컴의 농간에 속아 다아시를 인격이 형편없는 사람으로 단정 지은 상태가 아닙니까? 믿지 않아야 할 위컴의 말을 철석같이 믿고는 다아시를 '비인간적이고 저열한 사람'[74]으로 낙인찍었으니 엘리자베스로서는 청혼을 뿌리칠 수밖에 없습니다. 청혼을 거절하는 이유를 다아시가 물어보자, 엘리자베스는 이 순간을 기다렸다는 듯 언니 제인과 관련한 중요한 사실을 폭로합니다.

> "사랑하는 언니의 행복을 짓밟아버린, 아마도 영원히 짓밟아버린 장본인의 청혼을 어떻게 받아들일 수가 있겠어요?"[75]

엘리자베스는 빙리와 제인이 서로 좋아한다는 것을 의심하지 않습니다. 그런 까닭에 두 사람 사이를 갈라놓아 '모두를 뼈아픈 불행으로 몰아넣은'[76] 다아시의 행동을 비판한 것입니다. 엘리자베스의 입에서 흘러나오는 말은 당당하면서도 품위 있었습니다. 그러나 친구를 위해 자신이 할 수 있는 일을 다 했을 뿐이라며 애써 담담하게 대답하는[77] 다아시의 표정을 보세요. 그렇게 대응해서 어떻게 사랑하는 여자의 마음을 얻는다는 말입니까? 남자의 너무나 솔직한 성품이 이런 경우에는 오히려 역효과를 낳는 듯합니다. 엘리자베스는 다아시를 싫어하는 또 다른 이유를 직접 털어놓습니다. 언니를 '세상의 웃음거리'[78]로 만든 이유 다음으로 엘리자베스가 괘씸하게 생각하는 이유는 무엇일까요? 앞서 위컴에게 들었던 다아시의 비인간적 행동이겠죠? 엘리자베스의 가차 없는 질책을 들으며 표정이 점점 굳어지는 다아시. 두 사람의 싸늘한 대화를 들어보겠습니다.

"몇 달 전에 위컴 씨 이야기를 듣고 당신이 어떤 사람인지 훤히 알게 됐어요. 그 문제에 대해선 무슨 말씀을 할 수 있으시죠? 있지도 않은 우정을 들먹이며 변명하실 건가요? 아니면 어떤 거짓 설명을 가지고 사람들을 기만하실 건가요?"[79]

'어처구니가 없다'는 말은 이런 경우를 두고 하는 것일 거예요. 있지도 않은 우정을 들먹이며 진실을 왜곡한 사람은 다아시가 아니라 위컴이니까요. 다아시에 대한 엘리자베스의 인식이 제삼자의 간계로 날조되어 있는데도 그것을 모르는 것이 안타까울 따름입니다. 청혼을 거절당한 것보다 다아시의 마음을 더욱 복잡하게 만든 것이 있습니다. 엘리자베스가 위컴을 잘못 알고 있는 상황, 바로 그것입니다. 위컴의 사람됨을 잘 알고 있는 다아시로서는 그가 간교한 혀로 엘리자베스를 감쪽같이 속이는 현장이 거울 보듯 선명히 그려지고 있었습니다. 셰익스피어의 희곡 《오셀로》에서 오셀로가 간교한 이아고의 흉계에 속아 순결한 아내 데스데모나를 부정한 여자로 단정한 사건이 떠오릅니다. 이아고도 혀를 내두를 정도의 사기꾼 위컴! 엘리자베스는 그가 놓은 간계의 덫에 걸려들어 '편견'이라는 어둠의 함정 속에 함몰하고 말았다는 생각이 다아시의 머릿속을 가득 메웠습니다.

하지만 다아시의 훌륭한 인간성은 이때부터 진가를 발휘합니다. 당장이라도 위컴에게 달려가서 멱살을 잡고 욕을 퍼붓거나 주먹질을 할 수도 있는 상황이지만, 다아시는 사려 깊은 사람이었습니다. 그가 제일 먼저 해야 할 일은 엘리자베스를 간계의 덫에서 풀어주고 편견의 함정에서 꺼내주는 것이었습니다. 청혼을 거절당하고 매서운 비난을 받은 다음 날 아침, 다아시는 마음속 진실을 편지에 담아 오솔길을 산책 중이던 엘리자베스에게 건네줍니다.[80] 이모의 로징스 저택에서 아침 8시에 쓴 것으로 적힌 다아시의 편지.[81] 그 속에 담긴 낱말 하나하나는 사랑의 강물을 이루는 진실의 물결이었습니다.

빙리와 제인 사이를 갈라놓은 것에 대해서는 '어머니와 세 여동생의 무교양無敎養'[82]이 가장 큰 이유였음을 편지에서 사실대로 이야기했습니다. 그러면서 다른 이유를 또 밝혔습니다. 빙리가 제인을 '가장 좋아하는'[83] 것은 확실하지만, 다아시가 보기에 제인은 빙리와 '동일한 감정을 가지고 있는 건 아니라는 확신을 갖게 되었다'[84]는 것입니다. 제인이 빙리에게 마음을 준 것이 아닌 데다가 제인의 어머니와 여동생들이 가진 결점까지 더해진다면 빙리가 '너무나 불행할 거라고 생각되었기에 그러한 결혼으로부터 친구를 구해내기 위해 자신은 가만히 있을 수 없었다.'[85]고 솔직한 생각을 털어놓았습니다.

그러나 다아시가 가장 중요하게 여긴 것은 위컴과 관련된 '진실을 밝히는'[86] 일이었습니다. 다아시의 부친은 위컴의 부친을 몹시 신뢰하고 아꼈는데 그 신뢰가 아들에게도 이어졌다고 하는군요. 그분은 위컴을 언제나 자애로운 마음으로 보살폈다고 합니다. 그러나 부친이 세상을 떠난 후 보여준 위컴의 인생은 그분의 애정과 신뢰를 완전히 배반하는 작태의 연속이었다고 합니다.

편지 내용에 따르면 조지 위컴은 본인이 원하기만 하면 얼마든지 교구 목사가 될 수 있는 조건을 보장받았습니다. 다아시의 부친은 성직聖職 자리가 나는 즉시 위컴을 임명하라고 아들에게 유언을 남겼으니까요. 하지만 성직자의 길을 걷지 않기로 '최종적으로 결심한'[87] 사람은 바로 위컴 자신이었습니다. 처음부터 다아시가 그 길을 의도적으로 가로막은 것은 아니었습니다. 위컴은 지금 당장 돈을 소유하려는 욕심 때문에 다아시의 부친에게 물려받은 유산 1천 파운드를 포함한 3천 파운드의 거액을 '법학 전공'이라는 구실을 내세워 다아시에게서 가져간 것입니다.[88] 다아시는 위컴의 인성으로 볼 때 목사 자격이 없다고 판단하여 그가 스스로 성직을 포기한 것을 다행스럽게 여기고 법학 전공 자금을 주었습니다. 여기까지의 사연만 보더라도 위컴은 좋은 사람이 아닙니다. 자신을 아껴준 다아시 부친의 뜻을 저버리고 성직을 걷어찬 후에 법학 공부를 가장하여 눈앞의 돈을 거머쥐는 데 집착했으니까요. 공부는커녕 '나태와 방탕'[89]으로 3천 파운드를 허비하고 말았으니 파렴치한 인간으로 비난받아 마땅합니다. 이어지는 편지의 사연은 엘리자베스를 점점 더 혼란스럽게 만듭니다. 위컴의 실체가 발가벗겨지고 진실의 민낯이 드러납니다.

성직을 단념한 대가로 받은 학자금을 유흥으로 탕진해버린 조지 위컴. 그의 법학 공부는 방탕한 삶을 위한 구실에 지나지 않았고, 제대로 해본 적도 없는 일이었습니다. 그런데 이번에는 '법률 공부가 잘 안 맞는다'[90]는 또 다른 거짓말을 앞세워 두둑한 수입을 얻기 위해 자신이 이미 걷어찬 목사직을 요구했다고 하는군요. 포기한 성직자의 자리가 하루아침에 자신에게 잘 맞는 직업이 되었나요? 잘 맞는다고 장담한 법률 공부도 돈이 떨어지면 '잘 안 맞는' 일로 변하는군요.[91] 사기술이 드러나고 말았습니다. 이것을 똑똑히 목격하고 있는 다아시가 어떻게 위컴을 목사로 임명할 수 있다는 말입니까?

올바른 인성을 가진 사람이라면 이렇게 교활하고 방탕한 인물이 성직을 더럽히는 것을 당연히 막아야만 합니다. 드러난 위컴의 인성과 앞뒤 상황으로 볼 때 다아시가 위컴의 성직 임명을 거부한 것은 정당한 처사입니다. 그런데도 위컴은 다아시가 선친의 유언을 저버리는 배신을 서슴지 않았다고 그를 매도하였습니다.[92] 엘리자베스는 그 '매도'[93]에 감쪽같이 속은 것입니다. 기나긴 편지의 글을 따라갈수록 충격의 파장이 커집니다. 위컴의 방탕한 삶에서 빼놓을 수 없는 것은 플레이 보이의 생활이었습니다. 상대 여성을 사랑하지도 않으면서 자신과 사랑에 빠진 것으로 믿게 했습니다. 자신은 성적 쾌락만 즐기면서 또다시 돈을 챙기기 위해 여성을 이용하는 사기 행각의 실체가 편지에서 낱낱이 밝혀졌습니다.

위컴은 스스로 내팽개친 성직을 자신에게 줄 것을 다아시에게 강요하다 거절당하자 그의 여동생 조지애나를 복수의 제물로 삼았습니다. 조지애나를 유혹하여 사랑에 빠진 것으로 착각하게 만든 후, 아무도 추적하지 못할 먼 곳으로 데려가려고 했습니다. 3만 파운드나 되는 조지애나의 재산을 가로채는 것이 목적이었지요.[94] 다아시의 여동생이 몸도 정신도 경제도 망가져야만 만족할만한 복수를 한 것이라고 믿었나 봅니다. 위컴과 조지애나의 '계획된 도피행이 있기 하루 이틀 전에'[95] 다아시가 우연히 여동생을 방문하지 않았다면 위컴의 잔인한 복수 계획은 성공했을지도 모릅니다.

엘리자베스가 처음 다아시의 편지를 읽었을 때는 그의 말을 '가장 비열한 거짓말'[96]로 여겼습니다. 그의 오만한 이미지가 아직도 지워지지 않았지만, 편지를 다시 읽을수록 물결처럼 흘러가는 다아시의 목소리에 마음이 젖어 듭니다. 다아시, 빙리, 위컴 등 그동안 만난 사람들과 나눈 대화와 사건을 기억의 퍼즐로 맞춰 봅니다. 머릿속에서 되살아나는 말과 행동을 하나씩 짚어볼수록 편지에서 들려주는 다아시의 말이 진실에 부합하고 위컴의 말은 '모순'[97] 투성이일 가능성이 크다는 쪽으로 생각의 가닥을 잡아갑니다. 다아시를 나쁜 사람으로 간주하고 위컴을 좋은 사람으로 속단했다는 생각에 이르자, '선입관을 따르고 이성을 쫓아낸 것'[98]을 스스로 질책합니다.

편지에서 느껴진 다아시의 인간미와 함께 엘리자베스의 인간미도 하모니의 전주곡을 울립니다. 다아시는 이미 엘리자베스에게 사랑을 고백하고 청혼까지 했을 만큼 엘리자베스를 간절히 원했고, 엘리자베스도 다아시에게 이성의 매력을 느낀 것은 분명합니다. 그러나 다아시의 가슴에서 엘리자베스의 가슴으로 흘러갈 사랑의 물길을 가로막은 장벽은 엘리자베스의 편견이었지요. 이제 그 편견의 어둠을 지워버릴 진실의 빛이 다아시의 마음에서 엘리자베스의 마음으로 걸어가고 있습니다. 이루어질 사랑은 내면의 진실에서 시작됩니다.

편견의 장벽을 허무는 사랑의 힘

자신을 돌아볼 시간을 가진 엘리자베스는 외삼촌 가드너 씨 내외와 함께 영국 북부의 '더비셔'로 여행을 떠납니다. 작가 제인 오스틴은 이 부분에서 해설자가 됩니다. '더비셔'라든가 '그곳으로 가는 길에 있는 명승지에 관해 설명하는 것이 이 소설의 목적이 아니라 더비셔의 작은 한 부분만이 지금의 관심사'[99]라고 독자들을 안내합니다. 더비셔의 작은 한 부분은 어디일까요? 그곳은 외숙모인 가드너 부인이 과거에 살던 곳이고, 지금도 지인들이 조금 남아 있는 '램턴이라는 작은 읍'[100]입니다. 그중에서도 제인 오스틴이 독자들의 눈과 귀를 이끌려고 하는 곳은 '램턴에서 5마일 안쪽에 있는'[101] 펨벌리 하우스입니다. 이 집의 주인은 누구일까요? 엘리자베스의 오해와 편견이 사라지기를 기다리고 있는 피츠윌리엄 다아시입니다.

가드너 부인은 펨벌리 하우스를 하루빨리 보고 싶어 했습니다. 램턴에서 가장 아름다운 숲을 가진 저택이니까요.[102] 그러나 엘리자베스는 마음이 내키지 않았습니다. 여행을 다니면서 이름난 저택을 많이 구경했기 때문에 싫증도 나거니와[103] 무엇보다도 방문을 꺼리는 이유는 그 집 주인이 다아시이기 때문입니다. 언니 제인과 빙리를 헤어지게 한 것도 속상한 일이지만, 다아시가 '무교양'이라고 지목한 어머니와 세 여동생이 그의 말대로 교양 없는 속물인 것도 틀린 말은 아니기에 자존심이 상했습니다. 게다가 위컴에게 속아서[104] 다아시를 나쁜 사람으로 몰아붙인 자신의 잘못을 부인할 수 없는 지경에 이르렀으니 그의 집에서 그를 만난다는 것은 생각만 해도 '끔찍한 일'[105]이었습니다.

그러나 제인 오스틴이 암시한 것처럼 소설의 목적은 바로 이곳에서 남녀 주인공이 마침내 만나는 것입니다. 내키지는 않지만 외숙모의 제안을 따른 것이 다행이라고 생각할 정도로 엘리자베스는 펨벌리 하우스를 품은 풍경에 매료되었습니다. 지금까지 본 저택들과 비교할 수 없을 정도로 아름다워 이내 자신의 마음이 사로잡히는 것을 느꼈습니다. 엘리자베스가 자연을 얼마나 사랑하며 소중히 여기는지를 느껴보세요.

"자연의 묘미가 이토록 살아 있는 곳, 혹은 자연의 아름다움이 서툰 취향 탓에 훼손당하지 않고 이토록 살아 있는 곳은 한 번도 본 적이 없었다. 일행은 모두 열렬히 찬탄하여 마지않았다. 그리고 그 순간 그녀는 느꼈다. 펨벌리의 안주인이 된다는 것이 대단한 일일 수도 있다는 것을!"[106]

세상에서 가장 아름다운 자연을 만난 엘리자베스! 자연의 빛과 향기가 그의 마음을 끌어당기면서 묘한 부러움과 아쉬움이 교차합니다. '펨벌리의 안주인'이 될 여자가 부러워지다가도 다아시의 청혼을 받아들였다면 자신이 안주인이 될 수도 있었다는 아쉬움이 느껴지기도 했지요.[107] 펨벌리 하우스 안으로 들어가 방과 가구를 둘러보던 엘리자베스와 가드너 씨 부부는 하녀장下女長 레이놀즈 부인에게서 집 주인 다아시가 부재중이며 "내일 친구분들을 여럿 모시고 오실 것"[108]이라는 말을 듣습니다. 다아시가 오지 않는다기에 오늘만큼은 조금 편안한 마음으로 머물 수 있다고 생각했지만, 뜻밖에도 다아시는 그날 펨벌리에 도착했습니다. 그는 '마구간 쪽으로 난 길에서 불쑥 앞으로 나와'[109] 엘리자베스와 마주쳤습니다. 엘리자베스가 화들짝 놀란 것은 당연하겠지요.

다아시의 표정에서는 차가움을 찾아볼 수 없었습니다. 그는 '부드럽고 정중한'[110] 말투로 엘리자베스와 가드너 씨 부부를 맞이했습니다. 진심이 느껴지는 따뜻한 환대였습니다. 다아시가 도착하기 전에 엘리자베스는 하녀장 레이놀즈 부인에게서 그의 사람됨에 관해 들었지요. '지주로서도 주인 나리로서도 그렇게 훌륭하신 분이 없을'[111] 정도로 존경할만한 신사이며 '소작인이나 하인 치고 그를 좋지 않게 말하는 사람은 없을'[112] 만큼 인격자라는 것입니다. 하녀장의 말이 다아시의 표정과 태도를 대변하고 있었습니다.

그런데 펨벌리 하우스에 머물던 셋째 날 아침에 엘리자베스는 언니 제인에게 두 통의 편지를 받았습니다. 제인은 청천벽력 같은 소식을 전해 들었습니다. 그것은 막내 여동생 리디아의 슬픈 근황이 있습니다. 제인은 조지 위컴이 리디아를 데리고 잠적해버렸다고 말해줍니다.[113] 다아시의 여동생 조지애나에게 시도한 수법과 비슷하지 않나요? 조지애나의 경우엔 위컴의 도피 행각이 이루어지기 전에 오빠에게 고백하여 다행히 불상사를 막을 수 있었으나, 이번에는 불행하게도 위컴의 사기 프로젝트가 성공을 거두고 말았네요. 엘리자베스는 이미 다아시의 편지에서 위컴의 이런 기만적 술수를 어느 정도는 알고 있었으므로 제인이 전해준 리디아의 비상사태를 믿을 수밖에 없었습니다.

엘리자베스의 여동생 리디아는 다아시에게 '무교양'의 인간으로 지목된 사람입니다. 동생이 교양 없는 속물로 그에게 낙인찍힌 것은 기분 나쁜 일이지만, 그의 판단이 틀린 것도 아니기에 엘리자베스는 더욱 자존심이 상했습니다. 그러나 이제는 자존심 문제가 아니라 베넷 가문에 망신살이 뻗칠 일이 터지고 말았습니다. 다아시의 안목을 증명하듯 리디아는 위컴의 '사기'를 분별하지 못한 채 자신의 몸과 마음을 모두 그에게 내던졌습니다. 그는 낭비벽 때문에 브라이턴과 메리턴에 잔뜩 빚을 남기고[114] 도피를 선택할 수밖에 없었습니다. 낭비벽뿐 아니라 엄청난 액수의 노름빚도 그를 파산 지경으로 몰아넣었습니다.[115] 그는 리디아가 그의 사랑을 받고 있다는 착각에 빠지도록 속였습니다. 리디아를 전혀 사랑하지 않는데도 적당히 이용하다가 재력을 가진 새로운 여자를 만나 '한밑천을 잡는'[116] 즉시 리디아를 버릴 계산이었지요.

다아시는 이런 불상사에 대한 책임이 자신에게 있다고 생각했습니다. 위컴의 사람됨을 진작 엘리자베스에게 알려주었더라면 그가 리디아에게 접근하는 것을 막을 수 있었겠지요. 또 다아시가 사랑하는 엘리자베스가 터무니없는 편견의 올무에 얽매이지도 않았겠지요. 그러나 더 늦기 전에 최악의 결과는 막아야 한다는 의무감이 다아시를 지배하게 되었습니다. 막강한 재력을 가진 신사 다아시는 돈을 인간다운 방식으로 사용합니다. 사랑하는 여인이 동생 때문에 슬픔의 수렁에서 허우적대는 것을 방관할 수 없어 자신의 재력을 포승줄 삼아 위컴을 리디아에게 묶어 둡니다. 그러면서도 그 모든 선행을 엘리자베스가 알 수 없도록 엘리자베스의 외삼촌인 가드너 씨의 선행으로 위장해놓습니다. 신세를 졌다는 부담을 주지 않기 위해 선한 위장술을 펼치는 다아시. 이보다 더 속 깊은 남자가 있을까요?

다아시는 위컴의 모든 채무를 변제하고 장교 직위를 돈으로 사서 그에게 줍니다. 사기꾼이자 난봉꾼인 위컴이 그토록 커다란 은혜를 받아들이는 조건은 리디아와의 혼인이었습니다. 엘리자베스와 그 가족을 불행의 검은 손에서 구해내기 위해 다아시는 상종하고 싶지 않은 사람을 구제한 것입니다. 엘리자베스는 외숙모 가드너 부인의 편지를 받고 다아시의 감동 어린 선행을 알게 됩니다. 그전까지는 외삼촌의 은덕인 줄 알았던 것이 다아시의 크나큰 선물이었다니!

다아시를 오만한 남자로 알고 있던 편견의 장벽이 허물어집니다. 남과 여, 여와 남의 상호 관계를 단절시키는 선입관의 성벽城壁을 무너뜨린 힘은 무엇일까요? 진실의 눈을 가진 사랑이 아닐까요? 다아시를 향한 엘리자베스의 고백이 그것을 말해줍니다.

"당신은 예절이라든가, 경의라든가, 괜스러운 친절 같은 것이 지긋지긋했던 거예요. 언제나 당신의 인정만 받으려고 말을 건네고 바라보고 생각하는 여자들에게 염증이 나 있었어요. 제가 그런 여자들하고 너무나 달랐기 때문에 당신은 정신이 번쩍 나서 흥미가 생겼던 것이죠. 당신이 진정으로 상냥한 분이 아니었다면, 그 때문에 절 미워했을 거예요. 스스로를 감추려고 애쓰는 가운데서도, 당신의 감정은 늘 고귀하고 정당했어요. 마음속으로는 당신에게 잘 보이려고 기를 쓰는 사람들을 철저히 경멸했던 거지요. 자 어때요, 설명하는 수고를 제가 덜어주었지요. 정말이지 이모저모 따져보아도 아주 합리적인 설명이라는 생각이 들어요. 분명히 당신은 저한테 무슨 좋은 점이 있는지 몰랐어요. 그렇지만 사랑에 빠지면 그런 것을 생각하는 사람은 없을 거예요."[117]

후마니타스로 바로 본 세상과의 질문

Q1. 사람에 대한 편견은 왜 생겨난다고 생각하나요?

Q2. 상대방이 진실한 사람인지 그렇지 못한 사람인지 어떻게 알 수 있을까요? 분별할 수 있는 지혜와 방법은 무엇이라고 생각하나요?

Q3. 엘리자베스와 다아시에게서 발견되는 '인간다움'의 미덕이 있다면 무엇일까요? 이야기를 나눠보세요.

Humanities lecture

· 5강 ·

인간의 가장 위대한 행동은 사랑이다

빅토르 위고의 《레 미제라블》과
프랑스 민중의 이야기

빅토르 위고(Victor Marie Hugo, 1802~1885)

민중의 동반자, 빅토르 위고

빅토르 위고는 프랑스의 대문호이자 국민 작가로 알려져 있다. 브장송에서 태어난 그는 유년 시절 이후 파리 시민으로 살았다. 이곳에서 시인으로 유명세를 얻기 시작한 뒤 낭만주의 문학의 선봉장으로 활동하였다. 눈에 보이는 현실을 초월하려는 낭만주의의 고유한 경향은 기존의 현실에 대한 비판의식을 낳았다. 이것이 민중을 향한 사랑과 결합하여 더 나은 현실과 사회를 이룩하려는 혁명의식으로 발전하였다. 《적(赤)과 흑(黑)》의 작가 스탕달처럼 공화주의를 갈망한 빅토르 위고는 모든 프랑스인이 평등과 자유를 누리는 정치적 유토피아를 꿈꾸었다. 이처럼 진보 성향을 보였기에 1851년 나폴레옹 3세에 의해 수립된 '제2의 제정(帝政)' 체제에서 박해를 받을 수밖에 없었다. 그 결과 국외로 추방당하여 영국 해협의 섬에서 무려 19년 동안 쓸쓸하게 살았다. 그러나 위고는 이 기간을 자신의 일생에서 가장 창조적인 시기로 바꿔 놓았다. 그때 불후의 명작《레 미제라블》을 포함한 그의 대표작을 해산했기 때문이다. 비스마르크가 이끄는 프로이센 군대에 의해 나폴레옹 3세의 황제체제가 무너진 1870년. 마침내 위고는 오랜 유배 생활을 마치고 파리로 개선하였다. 그를 환영하기 위해 구름떼처럼 모여든 프랑스 민중은 마치 오랫동안 헤어져 있던 아버지를 영접하러 나온 자녀와 같았다. 빅토르 위고의 대표 작품으로《레 미제라블》(1861)을 비롯하여《에르나니》(1830),《파리의 노트르담》(1831)이 있다.

프랑스어판《레 미제라블》표지. 빅토르 위고의 초상과 테나르디에 부부에게 착취당하는 코제트의 모습으로 장정을 꾸몄다.

용서와 사랑의 변주곡

"나의 사전事典에는 불가능이 없다."고 외치며 유럽 대륙을 호령하던 보나파르트 나폴레옹. 패배를 모르던 그는 러시아 정복에 실패하고 말았습니다. 그의 사전에 '불가능'이라는 낱말을 직접 기록하였는지 궁금해집니다. 만약에 그가 사전을 새롭게 작성했다면 '불가능'이라는 글자가 그의 트라우마가 되었을까요? '워털루 전투'에서 패배한 뒤 그는 몰락의 길을 걷습니다. 1815년! 프랑스 역사상 최초의 황제체제였던 나폴레옹의 제1제정帝政이 막을 내립니다. 비록 나폴레옹이 황제 통치 시대를 열었다고 해도 '프랑스 대혁명' 이전의 왕정王政 시대와 비교해볼 때 평민의 권익을 키워준 것은 눈에 띄는 정치적 성과입니다. 그러나 그가 실각[118]한 후 프랑스 정국[119]은 왕정 복귀를 눈앞에 두고 있었습니다. '왕정복고'[120]라는 암울한 시대에 접어든 것입니다. 소설《레 미제라블》의 시간적 배경은 이처럼 프랑스 사회에 왕정복고의 먹구름이 드리우던 때입니다. 평민과 하층민중의 삶이 예전보다 더욱 열악해지던 때입니다.

1815년 10월의 어느 날[121] 소설의 스포트라이트는 행색이 몹시 초라한 중년 남자를 비춥니다. 46세에서 48세쯤 되어 보이는[122] '장발장'이라는 사내입니다. 그는 프랑스의 조그만 도시 디뉴로 들어오고 있었습니다.[123] 무려 19년이나 옥살이를 하다가 형기를 마치고 이제 막 출소했습니다. 도대체 어떤 죄를 지었기에 그토록 소중한 젊은 시절을 감옥에서 보낸 걸까요? 배고픔에 눈물 흘리는 조카

일곱의 허기진 배를 채워주려고 빵집의 유리창을 부수고 빵 한 덩이를 훔친 것입니다.[124] 그 죄목으로 19년 동안 감옥의 쇠창살에 청춘을 묶어두어야만 했습니다. 대한민국의 어느 제과점은 장 발장이 빵을 훔친 사건에서 아이디어를 얻어 '장 발장 빵 훔쳐 간 집'이라고 빵집 이름을 지었더군요.

'유전무죄 무전유죄'라는 말을 들어보았지요? 돈이 있으면 죄가 없고 돈이 없으면 죄가 있다는 뜻인데, 재판관들이 '법'을 부자들에게 유리하게 적용하고 가난한 자들에게는 불합리하게 적용하는 현상을 말합니다. 21세기 대한민국 사회에서도 대기업을 운영하는 재벌은 아무리 무거운 죄를 짓더라도 자본의 권력을 앞세워 구속 영장을 비껴갑니다. 기소되더라도 집행유예 판결을 받는 경우가 허다합니다. 그와 반대로 서민들은 억울한 일을 당하고도 돈이 없어 징역형을 감당하는 경우가 비일비재합니다. '주권은 국민에게 있고 모든 권력은 국민으로부터 나온다.'[125]는 민주주의 사회에서도 돈의 힘이 법을 지배하고 있습니다. 하물며 군주와 귀족이 평민과 하층 민중을 지배하던 200년 전 왕정 시대에는 법이 지배계층의 권익을 수호하는 무기 역할을 했다고 볼 수 있습니다. 평민과 하층 민중이 법률의 공정한 적용을 받는다는 것은 불가능한 일이었지요. 장 발장이 고작 빵 한 개를 훔치고 19년간 옥살이를 한 것도 당시에 '법'이 얼마나 타락했으며 사회가 얼마나 부조리했는지를 분명히 보여줍니다.

오랜만에 눈동자에 담아본 세상의 햇빛이 장 발장에겐 그다지 따뜻하지 않았습니다. 햇빛이 밝을수록 그것은 장 발장의 소외감을 더욱 자극할 뿐이었습니다. 19년 전이나 지금이나 세상은 달라지지 않았습니다. 신분이 낮고 돈이 없는 사람을 반겨줄 곳은 아무 데도 없었습니다. 게다가 전과자여서 더욱 냉대를 받았습니다. 여관에서도, 선술집에서도, 교도소에서도 하룻밤 묵는 것을 거절당했습니다. 절망의 밑바닥으로 떨어진 탄식 소리가 그의 양식이 되었습니다. 비탄의 눈물이 그의 음료가 되었습니다. 삶의 돌파구를 찾을 수 없는 막다른 골목에 몰린 장 발장. 그의 메마른 두 손은 하늘을 우러러 희망의 별빛을 만져볼 수 있을까요?

그런데 하늘의 복이란 이런 것을 의미하는 것일까요? 지상에 내려온 하느님의 사자使者처럼 털끝만큼의 의심도 없이 장 발장을 반겨주는 사람이 있었습니다. 미리엘[126] 신부였습니다. 그는 디뉴의 주교로서 많은 사람의 존경을 받는 인물이었습니다. 주교 또는 부주교의 위치에 오른 성직자 중에는 제후 및 귀족과 결탁하여 민중을 압제하는 자가 적지 않았습니다. 그러나 미리엘은 그런 부류의 종교인과는 다른 사람이었습니다. "주교관 옆의 작은 집"[127]에서 청빈하게 살고 있었습니다.

이번에도 쫓겨나지 않을까 마음 졸이던 장 발장은 자신을 결박한 두려움의 올무에서 풀려났습니다. 감옥에서 나온 후에 사람들에게 도움을 청할 때마다 "'나가, 개 같은 녀석!'이라는 말만 들어 왔던"[128] 장 발장을 미리엘 신부는 '당신'[129]이라고 불러주었습니다. 모든 집에서 문전박대를 당했던 장 발장에게 그는 좋은 음식과 함께 편안한 침대를 제공했습니다. 모멸당하는 일에 익숙했던 그가 태어나서 처음 받아본 인격적인 대우[130]였습니다.

"자, 그쪽으로 앉아 불을 쬐시오. 곧 저녁 식사가 준비될 것이오. 그리고 당신이 식사하는 동안 잠자리도 준비될 것이오."[131]

미리엘 신부는 장 발장을 형제로 받아들였습니다. 그의 얼굴에서는 선행을 베풀었다는 만족감을 읽을 수 없었습니다. 인간으로서 마땅히 할 일을 했을 뿐이라는 표정이었습니다. 그러나 장 발장은 자신을 믿어주는 신부의 후의[132]를 배반하고 말았습니다. 남은 인생에 대한 걱정의 짐이 장 발장의 어깨를 짓눌렀나 봅니다. 그는 은그릇을 훔쳐 도주합니다. 귀족에게도 매우 탐스러워 보이는 은그릇이 가난뱅이 부랑아에게는 어떻게 보였을까요? 은그릇만 손에 넣으면 몇 년 동안 걱정 없이 살아갈 수 있을 것이라는 계산이 머릿속을 꽉 채운 것입니다. 베풀어준 사랑을 망각한 채 미리엘 신부의 집을 빠져나간 장 발장은 얼마 못 가서 헌병들에게 붙들려 압송되었습니다. 그들은 신부에게서 은그릇을 선물 받았다는 장 발장의 말을 믿을 수 없어 사실을 확인하려 했습니다.

"네가 인간이야? 애초에 이런 부랑아를 믿고 재워주는 게 아니었는데, 내가 큰 실수를 했네. 장병 나리들! 우리 집의 은그릇을 훔쳐 간 인간이 맞으니까 지체 말고 철창 속에 가두시오. 이런 불한당에게는 나라의 법이 얼마나 엄한지 보여줄 필요가 있소."

미리엘 신부의 입에서 이런 말들이 쏟아져 나올 것만 같았습니다. 가톨릭의 주교는 헌병들이 '각하'[133]라고 부를 정도로 귀족과 동등한 신분입니다. 지체 높은 사람이 장 발장처럼 신분이 낮은 사람을 신뢰하고 도와주었건만 오히려 뒤통수를 맞았다고 생각해보세요. 괘씸한 마음에 험한 말을 퍼붓는 것도 충분히 예상할 수 있습니다. 그러나 그의 입에서 흘러나오는 말은 장 발장의 예상을 완전히 빗나간 천사의 언어였습니다. 직접 들어볼까요?

> "아아, 오셨군요! 다시 만나 참 반갑소. 그런데 어떻게 된 일이오? 나는 촛대도 드렸는데. 그것도 다른 식기와 마찬가지로 은으로 만들었으니 200프랑은 나갈 것이오. 왜 식기와 함께 가져가지 않았소? … 이봐요 젊은이, 가기 전에 여기 당신의 촛대가 있으니 가져가구려."[134]

신부의 말은 거짓이었습니다. 그러나 이 거짓말은 한 남자의 죄를 용서하는 선한 거짓말이었습니다. 한 남자의 인생을 위기에서 구하는 거룩한 거짓말이었습니다. '벽난로로 가서 두 개의 은촛대를 가져와 장 발장에게'[135] 안겨주는 신부의 손은 하느님의 손을 닮았습니다. 하느님의 본질이 '사랑'이라는 것을 믿고 있는 신부는 하느님의 마음으로 그분의 사랑을 장 발장에게 전해준 것입니다. 헌병들을 돌려보낸 후에 신부는 그에게 다가가 마지막 당부의 말을 들려줍니다.

"잊지 마시오. 결코 잊어서는 안 되오. 당신은 정직한 사람이 되기 위해 이 은식기를 쓰겠다고 내게 약속한 일을."[136]

그 약속을 신부에게 들려준 적이 없는데 어째서 신부는 이런 말을 하는 걸까요? 헌병들을 따돌린 거짓말은 장 발장의 죄를 용서할 뿐만 아니라 그의 감옥행을 면하게 해 준 고마운 거짓말임을 누가 모르겠습니까? 그러나 "정직한 사람이 되기 위해 이 은식기를 쓰겠다고 약속했다."는 신부의 말은 장 발장을 다소 어리둥절하게 만들었습니다. 그가 완전히 다른 사람으로 변화하기를 갈망하는 마음이 담겨 있었기 때문입니다. 장 발장의 생각을 읽어 볼까요?

"도대체 '나' 같은 가난뱅이 전과자가 뭐길래 신부님은 이렇게까지 나의 인생에 대해 신경을 쓰는 거지?"

곧이어 '힘을 주어 엄숙한 말투로 이어지는'[137] 신부의 말은 장 발장의 영혼과 인생을 전면적으로 변혁시키는 것이 자신의 사명임을 밝히는 놀라운 발언이었습니다. 장 발장의 뇌리에 가해지는 충격의 강도가 점점 더 강해집니다.

"장 발장, 나의 형제여! 당신은 이제 악과는 인연이 먼 착한 사람이오. 당신의 영혼을 위해 내가 값을 치렀소. 나는 당신의 영혼을 암담한 생각과 절망에서 구출하여, 그것을 하느님께 바치려는 것이오."[138]

은그릇뿐 아니라 은촛대까지 선사하는 궁극적 의도가 밝혀졌습니다. 장 발장을 '악'에서 멀어진 선한 사람으로 변화시키기 위해서입니다. 그의 영혼을 하느님께 바쳐 하느님의 사람으로 살아가게 하려는 것이 미리엘 신부의 새로운 소망이 되었습니다. '하느님의 사람'이란 어떤 사람일까요? 신부가 장 발장에게 보여준 바로 그 사랑. 공감하고 용서하는 사랑. 보답과 대가를 바라지 않고 아낌없이 베푸는 조건 없는 사랑. 그 '사랑'을 실천하는 자가 하느님의 사람이 아닐까요? 장 발장이 하느님의 사람이 되어 하느님의 본질인 '사랑'을 차별 없이 베푸는 길을 걸어가도록 미리엘 신부는 사랑의 가이드 역할을 한 것입니다.

'당신의 영혼을 위해 내가 값을 치렀다.'는 말에서 알 수 있듯이 미리엘은 하느님의 용서와 사랑으로 장 발장의 죗값을 갚아줍니다. 장 발장은 '용서와 사랑'을 빚 진 자가 되었습니다. 빚을 졌다면 마땅히 갚아야 하지요? 장 발장은 미리엘과 만난 후 빚 갚는 인생을 살아갑니다. 타인의 죄가 아무리 클지라도 넓은 가슴으로 포용하여 미리엘에게 진 '용서의 빚'을 갚습니다.

정의는 사랑의 토대 위에 세워지는 집이다

감동적인 깨달음을 얻고 제2의 인생을 개척한 장 발장. 그는 '마들렌'이라는 이름으로 개명합니다. 당시 프랑스에서는 전과자가 직업을 갖는 것이 금지되어 있었기 때문에 '장 발장'이라는 이름으로는 사회 활동을 할 수 없었습니다. 마들렌으로 변신한 장 발장은 인생의 전반전과 전혀 다른 후반전의 주인공이 됩니다. 미리엘 신부의 말대로 그의 영혼은 하느님께 바쳐졌으니 하느님의 가르침대로 살아가는 지상의 성인聖人이 됩니다. 그는 프랑스 북부 지역에서 불쌍한 사람들을 헌신적으로 도우며 살아갑니다. 《성경》에 기록되었듯이 '이웃을 자기 몸처럼 사랑하는'139 것이 마들렌 시장의 생활방식이었습니다.

선한 행위가 거듭될수록 마들렌 시장의 명망은 높아집니다. 유명해질수록 위험도 커질 수밖에 없습니다. 그만큼 얼굴이 자주 노출되니까요. 장 발장이라는 이름과 그의 얼굴을 기억하는 사람을 만난다고 가정해보세요. 어떤 상황을 예상할 수 있을까요? "아니, 너 장 발장 아냐?" 마들렌의 얼굴에서 장 발장의 옛 모습을 떠올리며 그의 정체를 밝히려 든다면 지극히 위험한 상황이 될 수 있습니다. 전과자가 신분을 위조하여 시장으로 살아왔다는 사실이 밝혀진다면 또다시 철창 신세를 지는 것은 불 보듯 뻔한 일입니다. 그런데 이러한 위기의 막다른 골목으로 장 발장을 몰아넣을 수 있는 사람이 등장합니다. 자베르 경감입니다. 그는 마들렌 시장의 얼굴에서 전과자 장 발장의 어두운 자취를 떠올립니다.

시간이 흐를수록 자베르는 의심의 포위망을 좁혀 갑니다. 마들렌 시장의 정체를 장 발장이라고 확신한 자베르는 그를 체포하기로 결심합니다. 그러나 다른 사람을 장 발장으로 오인하여 감옥에 보냅니다. 얼굴이 꼭 닮은 남자가 장 발장 대신 억울한 옥살이를 하게 된 것입니다. 마들렌 시장으로서는 매우 다행스러운 일이었습니다. 그러나 장 발장의 시절과 전혀 다르게 살아가는 그가 이 사건을 자신의 방패막이로 이용한다면 마들렌으로 변신한 의미가 없을 것입니다. 그는 새로운 갈등의 풍파에 부딪힙니다.

"죄 없는 한 남자가 나 때문에 감옥에서 소중한 인생을 허비해야 하는가?"

빵 한 개 때문에 19년간 옥살이를 하는 동안 억울함의 의미를 뼈저리게 체험했던 장 발장은 길을 다닐 때마다 자기 대신 투옥된 그 남자가 눈에 밟혔습니다. 마침내 마들렌 시장은 스스로 장 발장임을 밝히고 그 남자에게 자유를 되찾아줍니다. 깨끗한 양심의 그릇 속에 넘치는 이타적 사랑이 훌륭한 행동을 낳은 것입니다. 일단 감옥행을 선택했지만 철창 안에 있으면서도 잊을 수 없는 한 가지 약속이 그의 머릿속을 꽉 채웠습니다. 누구와 맺은 약속일까요? 약속의 당사자는 시장직을 수행하던 시절에 만난 '팡틴'이라는 젊은 여자였습니다. 공장에서 온갖 착취에 시달리며 병을 앓고 있던 팡틴을 마들렌 시장은 사심 없이 돌보아 주었습니다. 팡틴은 작가 빅토르 위고가 소외당하는 민중의 표상으로 제시한 인물입니다.

장 발장의 몸은 감옥에 있지만, 그의 마음은 감옥 밖에서 약속을 지키는 날을 손꼽아 기다렸습니다. 어떤 약속이었을까요? 병약해진 팡틴은 임종 직전에 어린 딸 코제트를 잘 돌봐 달라는 유언을 장 발장에게 남깁니다. 그 유언을 받아들여 굳게 맹세하였으니 꼭 지켜야만 하는 엄숙한 약속이 된 것입니다. 약속을 지키기 위해 탈옥을 결심하는 장 발장. 이타적 사랑을 실천하려고 시도하는 탈옥이기에 마땅히 하느님도 장 발장의 탈출을 기뻐했을 것입니다. 또 그동안 모아둔 재산을 가난한 사람들을 돕는 일에 쓰려고 감행하는 탈출이기에 탈옥은 하느님을 감동하게 했을 것입니다.

다시 세상으로 나온 장 발장은 자신의 프로젝트를 실행합니다. 사익을 얻기 위한 프로젝트가 아니라 존엄성을 가진 인간의 생명을 살리기 위한 선행입니다. 물론 장 발장은 자신이 선한 행동을 하고 있다는 생각을 추호도 한 적이 없습니다. 뿌듯한 만족감을 얻으려고 시작한 일이 아니기 때문입니다. 인간으로서 마땅히 해야 할 일을 하는 것이니까요.

탈옥한 장 발장은 팡틴의 딸 코제트를 만나러 갑니다. 그때까지 코제트는 여관 주인 테나르디에 부부의 하녀로서 일하고 있었습니다. 그들은 인간성을 땅바닥에 내동댕이친 속물 중의 속물이었습니다. 겉으로는 팡틴에게서 코제트를 위탁받아 양육하고 있었지만, 안으로는 노동력을 착취하고 인격을 짓밟았습니다. 외부 사람들에게 코제트가 하녀로 알려지지는 않았지만, 아이의 고백을 듣는다면 누구나 하녀라고 간주할 만합니다. 테나르디에 부부는 팡틴에게 아이의 양육비를 꼬박꼬박 받아 호주머니를 두둑하게 불리면서도 아이를 소모품처럼 악용해왔습니다. 하느님의 징벌 리스트가 있다면 그들의 이름이 반드시 등재되어야만 합니다.

장 발장은 사악한 부부의 두 눈이 휘둥그레질 정도로 거액을 안겨주고 코제트를 넘겨받습니다. 그날 이후 장 발장은 코제트를 양녀로 삼았습니다. 장 발장의 행동을 테나르디에 부부의 행동과 비교해보면 피와 살을 가진 인간이 이렇게 180도 다를 수 있을까 그저 놀라울 따름입니다. 코제트가 장 발장의 양녀인 것은 형식일 뿐이었습니다. 안으로는 친아버지에게서 받을 수 있는 사랑보다 더 큰 사랑을 받았으니까요. 사랑의 빚을 갚아야만 한다는 장 발장의 간절한 마음이 코제트를 향한 헌신의 길을 열어놓은 것입니다.

한 가정의 가장이 된 장 발장은 코제트에게 사랑을 쏟으며 행복의 꽃밭을 가꿉니다. 그러나 마냥 행복하지는 않았습니다. 탈옥한 현행범으로 수배 중이었기 때문에 불안과 염려를 떨쳐버릴 수 없었습니다. 마들렌 시장으로 지내던 시절에 그의 정체를 밝혀낸 자베르 경감. 그가 장 발장의 탈옥을 가볍게 여길 리 없습니다. 이번에야말로 장 발장을 잡아 영원히 사회와 격리하기 위해 저승사자처럼 추적합니다. 코제트와 함께 드넓은 파리에서 사는 장 발장을 찾기는 쉽지 않은 일이었습니다. 그러나 몰이꾼들을 동원하여 사방에서 사냥감을 가운데로 몰아넣는 사냥꾼처럼 체포의 그물망을 촘촘하게 짜서 장 발장을 코너로 몰고 갑니다.

다행히도 장 발장은 코제트를 데리고 수도원으로 몸을 숨깁니다. 조선 시대에 의금부나 포도청의 추적을 피해 도주한 사람들이 가장 많이 몸을 숨기던 곳이 어디였을까요? 흔히 '절'이라 부르는 산속의 사찰이었지요. 유럽의 수도원도 조선의 사찰처럼 인적이 드문 곳에 있으므로 일단 그곳에 피신하면 찾아내기가 쉽지 않습니다. 장 발장은 코제트와 함께 수도원에서 여러 해를 보냅니다. 불안과 평화가 공존했습니다. 하느님의 사랑 속에서 평화를 느낀다는 것은 목마른 자의 갈증을 해갈시키는 생수 같은 것이었습니다.

어느덧 코제트는 성숙한 여인이 됩니다. 자베르의 추적이 잠잠해졌다고 판단한 아버지와 딸은 수도원을 나와 도시로 돌아옵니다. 평범한 시민으로 생활하던 중에 코제트는 피 끓는 청년 마리우스를 만납니다. 피가 끓다뇨? 무엇 때문일까요? 마리우스는 혁명주의자였습니다. 왕정 체제를 공화주의 체제로 변혁하려는 신념을 가진 청년이었습니다. 왕과 귀족이 민중을 지배하는 불평등한 사회가 아니라 모든 사람이 신분의 차등 없이 자유를 누리는 사회를 갈망한 것입니다. 이렇게 혁명 정신으로 불타오르던 마리우스도 사랑의 포로가 되고 말았습니다. 큐피드의 화살이 마리우스와 코제트의 가슴에 꽂혔나 봅니다. 두 사람의 사랑 열기는 좀처럼 식을 줄 몰랐지요.

마리우스가 정열적인 사랑 속에 흠뻑 빠졌다고 해도 혁명을 포기한 것은 아닙니다. 아니 포기할 수 없는 청년이라고 말해야겠지요. 그의 확고한 신념과 정의로운 정신이 코제트를 반하게 만든 매력이기도 합니다. 마리우스가 젊음을 바친 공화주의 혁명을 프랑스 역사에서는 '6월 봉기'라 부릅니다. 작가 빅토르 위고가《레 미제라블》에서 매우 중요한 사건으로 묘사한 6월 봉기의 역사적 의의와 가치를 알아볼까요?

영화 〈레 미제라블〉에서 펼쳐지는 1832년 '6월 봉기'의 장면

6월 봉기는 1832년에 일어납니다. 공화주의를 갈망하는 프랑스 국민이 일으킨 진보적 정치혁명이었습니다. 봉기를 왜 혁명이라고 부르나요? 이런 궁금증이 생길 거예요. 마땅히 혁명이라 부를 수 있고 또 그렇게 불러야만 한다는 것이 제 생각입니다. 이 사건은 1830년에 일어난 '7월 혁명'의 연장선이었기 때문입니다. 6월 봉기보다 2년 먼저 일어난 7월 혁명에 대해 알아보겠습니다.

왕정복고 시대의 불평등한 사회구조를 참을 수 없던 평민들은 '프랑스 대혁명'을 통해 이룩한 공화주의 사회를 재건하려고 했습니다. 그들은 1830년 7월에 왕정 체제 전복을 시도했습니다. 그들의 노력으로 독재를 일삼던 샤를 10세가 쫓겨났습니다. 전제군주를 몰아낸 것만으로 7월 혁명이 성공을 거두었다고 말할 수 있을까요? 그렇지 않습니다. 혁명 세력이 갈망하는 공화주의 사회는 돌아오지 않았으니까요. 왕정복고 시대는 끝났어도 신분 차별이 없는 평등한 시민사회는 도래하지 않았습니다. 루이 필리프를 '프랑스 국민의 왕'으로 세우고 공화주의 체제가 아닌 '입헌군주제'를 수립한 것입니다.

왕정복고 시대와 비교해 볼 때 국왕의 독재는 완화되었지만, 여전히 국왕이 나라를 다스리는 사회인 데에는 변함이 없었습니다. 그렇다면 7월 혁명은 실패한 혁명이 아닐까요? 누구보다 혁명의 주체세력인 공화주의자들이 그렇게 생각하였습니다. 7월 혁명의 결과물은 입헌군주제였으니까요. 좌절을 맛본 공화주의 세력은 2년 동안 재기를 노리다가 마침내 1832년 6월 5일 파리에서 다시 공화주의 혁명을 일으킵니다. 우리가 알고 있는 '6월 봉기'입니다. 입헌군주제를 백지로 만들고 프랑스 땅에 영원한 공화주의 사회를 건설하기 위해 들불처럼 어둠의 장막을 불사르며 일어선 것입니다. 불행하게도 바로 다음 날인 6월 6일, 의로운 봉기는 루이 필리프의 명령을 받고 출격한 대규모 군대에 의해 진압되었습니다. 2년을 사이에 두고 이어진 공화주의 혁명이 연거푸 실패의 쓴잔을 마시고 말았습니다.

공화주의자인 마리우스가 6월 봉기의 선봉에 서서 활약하는 동안 장 발장과 자베르 사이에 잊을 수 없는 사건이 일어납니다. 자베르는 혁명대의 일원들에게 붙들려 처단당할 위기에 처합니다. 풍전등화의 순간에 자베르는 가까스로 목숨을 건집니다. 누군가에게 도움을 받은 것입니다. 자베르의 생각으로는 도저히 이해할 수 없는 도움의 손길이었습니다. 자신으로 인해 고초를 겪는 장 발장이 구원자가 될 줄이야! 자베르가 알고 있는 장 발장은 하루라도 더 빨리 수갑을 채워 감옥에 보내야 할 범죄자입니다. 자베르의 눈에는 장 발장의 존엄성과 인격이 보이지 않습니다. 장 발장의 잘못을 유발한 사회적 원인 같은 것에는 관심조차 없습니다. 자베르의 기억 파일 속에는 장 발장이 국법을 어긴 중죄인이라는 사실만 입력되어 있을 뿐입니다. 그런데 사회의 쓰레기로 여긴 장 발장이 생명의 은인으로 다가오다니, 이 기구한 상황을 어떻게 받아들여야 할까요? 대립의 인간관계를 역전시키는 두 사람의 대화를 들어볼까요?

> 장 발장은 권총을 겨드랑이에 끼고 자베르를 쏘아보았다. 말은 하지 않았지만 그 시선은 이런 뜻을 담고 있었다. '자베르, 바로 나다!'
>
> 자베르는 말했다.
>
> "복수하시오."
>
> 장 발장은 안주머니에서 단도를 꺼내어 칼집을 뽑았다.
>
> "단도로군!" 자베르가 외쳤다. "역시 그게 더 잘 어울릴 거야."
>
> 장 발장은 자베르의 목에 걸었던 밧줄을 자르고, 손목을 묶었던 밧줄도 잘랐다. 그리고 몸을 굽혀 발목을 묶었던 끈도 끊어버렸다. 그는 천천히 몸을 일으키면서 말했다. "이제 당신은 자유요."
>
> 자베르는 그리 쉽게 놀라는 인간이 아니었다. 그러나 그가 아무리 자제력이 뛰어나다 해도 이 순간의 충격만은 숨길 수가 없었다. 그는 꼼짝 않고 멍청히 서 있었다.[140]

목과 손목이 밧줄에 묶여 죽음의 순간만 기다리고 있던 자베르. 그의 앞에 서 있는 장 발장이 권총을 사용하지 않고 "단도를 꺼내어 칼집을 뽑는" 순간까지도 그는 장 발장의 복수를 당연한 것으로 받아들였습니다. "역시 그게 (권총보다는) 더 잘 어울릴 거야."라는 자베르의 말처럼 복수는 예정된 사건 같았습니다. 그러나 반전이 일어났습니다. 자베르의 목을 찌를 것으로 예상하던 장 발장의 단도가 목의 밧줄을 자르는 자유의 도구가 되었습니다. 자베르의 발목을 벨 것으로 예감되던 장 발장의 단칼은 발목의 끈을 끊어버리는 구원의 수단이 되었습니다.

장 발장은 티끌만큼의 조건도 없이 자베르를 용서하였습니다. 미리엘 신부를 통하여 받은 하느님의 사랑이 원수까지 용서하는 기적을 낳은 것입니다. 미리엘 신부의 말대로 장 발장의 영혼은 하느님께 바쳐진 영혼이었나 봅니다. "너희 원수를 사랑하고 너희를 박해하는 사람을 위하여 기도하라."[141]는 하느님의 가르침이 장 발장의 마음속에 씨앗으로 심겨 있다가 자베르에 대한 용서로 열매를 맺었습니다.

장 발장에게 복수가 아닌 자유를 선물 받은 자베르. 빅토르 위고의 말처럼 그는 "자제력이 뛰어난" 사람이었지만 망치로 머리를 맞은 것보다 더 큰 충격에 사로잡혔습니다. "꼼짝 않고 멍청히 서 있었다."는 작가의 말이 그것을 증명합니다. 충격으로 얼어붙은 두 발을 가까스로 한 걸음씩 옮기는 동안 자베르는 자신이 걸어왔던 경관의 길을 되돌아봅니다.

그는 잘못된 인생의 길을 걸어왔다고 깨닫기 시작합니다. 프랑스 사회에서 국법을 어기고 범죄자로 철창 신세를 지는 사람들은 대부분 권력이 없고 돈도 없는 가난한 민중이라는 것을 어렴풋이 헤아리게 됩니다. 장 발장이 조카들의 굶주린 배를 채워주기 위해 빵을 훔친 것처럼 가족의 생계와 자신의 생존을 위해 어쩔 수 없이 법을 어길 수밖에 없는 가련한 사람들! 그들의 형상이 자베르의 눈앞에 아른거립니다.

자베르에게는 그들의 궁핍한 처지와 비참한 상황을 이해하려는 노력이 손톱만큼도 없었습니다. 사회의 부조리가 그들을 범죄의 사각지대로 몰아넣은 근본 원인임을 돌아볼 여유가 한순간도 없었습니다. 오로지 경찰 직무에만 충실했을 뿐이었습니다. 국법을 어긴 자들을 체포하고 단죄하는 것이 자베르가 아는 유일한 정의였습니다. 그러나 자신이 믿어온 정의는 진정한 정의가 아니라는 생각이 점점 확신으로 굳어집니다. 자베르의 마음속에 흐르는 자신과의 대화를 엿들어 볼까요?

> "자베르! 너는 단 한 번이라도 누군가의 죄를 용서한 적이 있니? 자베르! 너는 단 한순간이라도 가련한 자의 삶에 보탬이 된 적이 있니?"

장 발장이 열어준 자유의 길을 따라 피신하면서도 양심을 두들기는 가책의 방망이질에 괴로워하는 자베르. 그는 사회적 약자들에 대한 무관심과 무자비로 이어져 온 자신의 인생이 오히려 정의를 등진 길이었음을 깨닫습니다. 범죄 원인을 단 한 번도 그들의 처지에서 헤아려보려고 노력한 적이 없었으니까요. 그들의 억울한 사정을 파헤쳐보려고 움직인 적이 없었으니까요.

장 발장의 용서에 감동한 자베르도 그에게 처음이자 마지막 선물을 안겨줍니다. 혁명대의 일원으로 국왕의 군대에 맞서 투쟁하던 마리우스가 상처를 입어 곤경에 처합니다. 다행히도 장 발장이 마리우스를 부축하여 지하 수로를 따라 탈출구를 찾아보지만 몸을 숨길 만 한 안전한 곳이 보이지 않았습니다. 이 절박한 순간에 자베르의 손길이 움직입니다. 경찰로서 수십 년 근무했기 때문에 도시 구조를 시민들보다 훨씬 더 잘 알고 있었지요. 퇴로가 보이지 않는 코너에 몰려서 생명을 위협받던 마리우스와 장 발장은 자베르의 도움으로 위험을 벗어납니다. 장 발장에게 진 사랑의 빚을 갚고 불우한 사람들을 돕는 새로운 인생길의 출발점에 선 자베르 경감. 그런데 장 발장에게서 받은 감동의 충격이 그의 양심을 송두리째 뒤흔들었나 봅니다. 국법을 집행하는 기계처럼 살아온 자신의 인생에 대한 죄의식이 너무나 깊었나 봅니다. 그는 파리의 '센' 강에 몸을 던져 생을 마감합니다.

자살은 슬프고도 안타까운 일입니다. 그러나 그의 자살에서 긍정적 의미를 찾을 수 있습니다. 자베르의 마음 깊은 곳에 잠든 순수함이 깨어났기 때문입니다. 여러분은 어떻게 생각하나요? 아무리 무거운 죄를 지었다 해도 자신의 잘못을 참회할 때 인간의 마음은 강물 속 금빛 모래알처럼 투명해집니다. 자베르는 이렇게 맑은 마음을 간직한 채 센 강에 잠들고 말았습니다. 아쉬워 한숨을 내쉬는 독자들이 적지 않을 것입니다. 장 발장의 친구가 되어 가련한 사람들의 짐을 덜어주는 제2의 인생길에 동행할 수도 있었으니까요.

빅토르 위고의 소설《레 미제라블》을 읽으면서 진정한 '정의'의 의미를 이해하게 됩니다. 사회적 약자들이 인격을 존중받으면서 기본권을 보장받을 수 있도록 법과 권력으로 그들을 돕는 것이 진정한 정의가 아닐까요? 장 발장이 마들렌 시장의 권력으로 민중을 도운 것처럼 말입니다. 정의란 바로 이런 것임을 자베르가 뒤늦게나마 깨달은 것은 다행입니다. 정의는 사랑의 토대 위에 세워지는 집이고, 사랑은 정의를 실현하는 힘이라는 것을….

후마니타스로 바로 본 세상과의 질문

Q1. 여러분에게 '불쌍한 사람'으로 느껴지는 이들은 누구인가요?

Q2. 그들이 불쌍하게 사는 이유는 무엇이라고 생각하나요?

Q3. 불쌍한 사람이 많지 않은 사회가 되려면 어떤 노력과 방법이 필요할까요?

Humanities lecture

· 6강 ·

내가 이겨야 할 적은 욕망이다

윌리엄 셰익스피어의 《맥베스》와
칸트의 도덕철학 이야기

윌리엄 셰익스피어(William Shakespeare, A.D. 1564~1616)

영국의 대문호, 윌리엄 셰익스피어

영국의 국민 작가로 알려진 윌리엄 셰익스피어. 그는 잉글랜드 중부에 있는 스트랫퍼드 어폰 에이번에서 태어났다. 유복한 가정환경에서 성장한 그는 열 살 무렵부터 다양하고 깊이 있는 교육을 받았다. 성서, 고전, 문학, 라틴어, 문법, 수사학, 논리학 등을 골고루 학습하여 박학다식한 지식, 말하기 능력, 글쓰기 능력, 상상력을 겸비한 인재가 되었다. 그는 시인으로서 천부적 능력을 보여주기도 했지만, 세계문학사에서 독보적 위치를 점유한 분야는 희곡과 연극이었다. 그의 희곡과 연극은 무엇보다 등장인물의 성격과 개성을 매우 뚜렷하게 묘사하여 성격극의 원조가 되었다. 그를 근대 희곡의 아버지로 평가하는 이유가 바로 그것이다. 셰익스피어의 대표작은 4대 비극으로 알려진《햄릿》,《오셀로》,《맥베스》,《리어왕》이다. 그밖에 사랑의 비극으로 유명한《로미오와 줄리엣》, 희극《베니스의 상인》도 세계인의 사랑을 받는 작품이다.

영문판《맥베스(Macbeth)》의 표지 장정. 맥베스가 자신의 권력욕을 지극하는 세 명의 마녀와 대면하는 장면이다.

내 안의 욕망을 어떻게 다스릴 것인가?

희곡《맥베스》의 주인공 맥베스. 그는 스코틀랜드의 장군으로서 국왕에게 신임을 받는 인물입니다. 왕좌를 위협하는 반란이 일어났을 때 맥베스는 친구인 뱅코와 함께 반란군을 진압합니다. 위풍당당한 모습으로 개선하던 중에 두 사람은 세 명의 마녀를 만납니다. 그들은 조금도 머뭇거리지 않고 맥베스를 향해 "코도의 영주시다!"라고 외칩니다. "왕이 되실 분이다."라는 찬양까지 곁들입니다.

마녀1: 맥베스를 환영하라! 글래미스 영주시다!
마녀2: 맥베스를 환영하라! 코도의 영주시다!
마녀3: 맥베스를 환영하라! 왕이 되실 분이다.[142]

신비로운 여인들의 입에서 흘러나오는 예언에 귀가 솔깃해질 수밖에 없습니다. 그들의 예언을 곰곰이 헤아려볼까요? 첫 번째 단계는 맥베스가 영주의 자리에 오른다는 얘기입니다. 국왕의 신임이 두터우니 나라의 땅 중에서 가장 넓은 땅을 영지領地로 하사받아 주인으로 다스린다는 것입니다. 제왕 다음의 권력을 움켜쥔다는 말을 들었을 때 어느 누가 반갑지 않겠습니까? 그러나 두 번째 단계는 반가운 정도가 아니었습니다. 맥베스의 영혼이 하늘의 지붕까지 솟아오를 정도로 충격적인 예언이었습니다. 맥베스의 미래가 영주에 머무르는 것이 아니라 제왕의 옥좌를 예약한 것이라니 이보다 더 놀라운 소식이 있을까요?

세 마녀의 예언은 뱅코에게 향합니다. 그에게는 "왕은 아닐지라도 왕을 낳을 분"143이라고 예언합니다. 맥베스도 왕이 되고 뱅코의 자손도 왕이 된다면 두 사람의 가문 사이에 무언가 불길한 징조가 보입니다. 맥베스는 세 마녀의 예언대로 곧 영주가 됩니다. 그는 '미래의 왕'이 될 것이라는 예언도 이루어질 가능성이 크다고 판단했습니다. 그럴수록 제왕의 권좌를 차지하려는 탐욕이 독버섯처럼 자라납니다. 맥베스의 부인도 남편을 스코틀랜드의 국왕으로 올려놓고 자신이 왕비가 되려는 욕망에 사로잡힙니다. 탐욕의 동반자가 된 맥베스 부부는 왕좌를 빼앗기 위해 호시탐탐 기회를 엿봅니다.

마침내 올 것이 왔습니다. 덩컨 왕과 그의 아들 맬컴이 맥베스의 성을 찾아옵니다. 우호가 깃든 방문이었습니다. 맥베스를 충신이라고 생각했으니까요. 이보다 더 좋은 기회가 없다고 생각한 맥베스는 덩컨 왕이 잠든 틈을 노려 그를 살해합니다. 맥베스의 칼날을 피해 잉글랜드로 도주한 맬컴 왕자는 부왕의 살해에 연루되었다는 누명을 쓴 까닭에 스코틀랜드로 돌아올 수 없었습니다. 맥베스가 쳐놓은 모함의 덫에 걸려든 것입니다. 왕자를 궁지에 몰아넣은 맥베스는 국왕의 친척이라는 명분을 내세워 왕위에 오릅니다. 사실은 왕위를 찬탈한 것이지요. 셰익스피어의 가장 유명한 비극《햄릿》에서 햄릿 왕자의 숙부 클로디어스가 간악한 흉계를 꾸며 친형인 국왕을 독살하고 옥좌를 빼앗은 상황과 비슷합니다.

그도록 갈망하던 왕관을 차지한 맥베스. 그러나 마음속에서는 불안감이 커집니다. 뱅코가 왕을 낳을 것이라는 마녀들의 예언이 머릿속에 맴돕니다. 그는 뱅코 부자父子에게 왕위를 위협받는 트라우마에 시달립니다. 화근을 뿌리 뽑아야겠다고 결심한 뒤 부자를 제거하기 위해 자객을 보냅니다. 결국 뱅코의 목숨을 빼앗는 데는 성공했지만, 그의 아들 플리언스를 제거하는 데는 실패했습니다. 무거운 죄를 짓고는 마음 편히 못 사는 법이지요. 뱅코를 죽인 후 줄곧 유령에게 쫓기는 맥베스. 그는 두려움을 떨쳐버리지 못해 마녀들을 찾아가 자신의 확실한 미래를 알려달라고 부탁합니다. 마녀들은 혼령들의 입을 통해 맥베스의 앞날을 알려줍니다.

혼령1: 맥베스! 맥베스! 맥더프를 조심하라. 파이프 영주를 조심해.[144]

(…)

혼령2: 여자에게 태어나서 맥베스를 해칠 사람 절대 없을 테니까.[145]

혼령3: 버남의 큰 수풀이 던시네인 언덕으로 맥베스를 대적하여 다가오기 전에는 (맥베스는) 절대 정복 안 될 테니.[146]

파이프 영주 맥더프를 조심하라는 경고는 맥더프가 맥베스의 왕좌뿐 아니라 생명까지 위협하는 인물임을 암시합니다. 그런데 여자의 모태가 낳은 남자 중에 "맥베스를 해칠 사람 절대 없을 것"이라는 예언은 그를 어느 정도 안심시키는 발언이기도 합니다. 맥더프를 경계하라고 말하면서도 여자가 낳은 사내 중에 맥베스를 해칠 남자가 없다니? 다소 모순된 얘기처럼 들립니다. 그러나 혼령2의 예언 속에는 그 누구도 예감하지 못한 비밀이 담겨 있습니다. 그 비밀은 나중에 이야기하기로 하지요.

우선 혼령3의 예언은 맥베스가 절대 정복되지 않는다고 장담하면서도 일종의 단서를 달고 있습니다. "버남의 큰 수풀이 던시네인 언덕으로 맥베스를 대적하여 다가오는" 일이 일어난다면 맥베스가 정복될 수도 있다는 것입니다. 이 정복의 가능성은 혼령2의 예언 속에 숨겨진 어떤 비밀과 결합하여 맥베스를 향한 맥더프의 공격을 현실로 만들어버립니다.

덩컨 왕에게 충성한 파이프 영주 맥더프는 맥베스의 탐욕과 계략이 왕을 죽음으로 몰고 갔다는 것을 감지합니다. 그는 맥베스가 자신을 공격하기 전에 잉글랜드로 도피한 멜컴 왕자에게 갑니다. 맥더프와 왕자의 연합을 반역으로 규정한 맥베스는 맥더프의 아내와 자식을 처단합니다. 권력에 대한 집착과 탐욕이 살인의 도미노를 불러일으킵니다. 맥베스의 내면에서 깨어난 '욕망'이라는 괴물은 실제로 맥베스를 괴물로 만들어버렸습니다. 칼로 일어난 자는 칼로 망한다는 속담이 있지 않습니까? 권력의 노예가 되어 살육을 일삼는 국왕이 나라를 오래도록 다스릴 수 있을까요? 결국 귀족 세력은 맥베스에 대한 충성과 지지를 철회합니다. 맥베스의 아내는 잇따른 살인으로 인한 죄책감에 사로잡혀 몽유병과 "환영에 시달리다가"[147] 자살을 택합니다.

맬컴 왕자를 지지하는 잉글랜드 군대가 그를 왕위에 올리기 위해

스코틀랜드를 공격합니다. 맥베스에게 반기를 들던 귀족 세력도 잉글랜드 군대에 합세합니다. 연합한 양쪽의 군인들은 혼령3의 예언대로 "버남의 큰 수풀"로 위장하여 "던시네인 언덕"으로 이동합니다. 맥베스를 공격하기 위한 것입니다. 이때 여자가 모태로 낳은 사내 중에는 맥베스를 해칠 남자가 결코 없을 것이라는 혼령2의 예언 속에 감춰진 비밀이 드러납니다.

혼령1이 맥더프의 공격을 조심하라고 맥베스에게 경고했지요. 그러나 맥더프도 어머니의 모태에서 나온 아들입니다. 이렇게만 생각한다면 맥더프는 절대 맥베스를 제거할 수 없습니다. 그러나 전쟁터에서 맥베스를 만난 맥더프는 그에게 직접 비밀을 털어놓습니다. 자신이 해산의 고통 속에서 태어난 사내가 아니라 제왕절개를 통해 세상에 나왔다는 것입니다. 맥더프는 맥베스를 해치지 못할 남자들 그룹과 관련이 없다는 사실이 드러나고 말았습니다. 세 마녀가 내세운 세 혼령의 예언이 차례대로 맞아떨어진 셈입니다. 지지 세력을 잃어버린 탐욕의 화신 맥베스는 예외적인 남자 맥더프의 공격에 비참한 죽음을 맞이합니다. 맥베스의 최후 현장으로 가 볼까요?

맥더프: 불사신아 절망해라. 네가 항상 섬겨왔던 수호신이 말할 거야, 맥더프는 때 이르게 제 어미의 자궁을 찢고 나왔노라고.

맥베스: 그 말하는 혓바닥은 염병에나 걸려라, 그것이 내 기백을 꺾어놓았으니까. 그리고 이중의 뜻으로 우리를 속이는 사기꾼 악마들은 아무도 믿지 마라, 우리가 들을 때는 약속을 지키다가 희망하면

깨버린다. — 난 너와 안 싸운다.

맥더프: 그렇다면 항복해라, 비겁한 놈. 살아남아 이 세상의 구경거리 되어라. 우린 너의 그림을 희귀한 괴물처럼 장대에 매달고, 그 밑에 '폭군을 보시오.' 이렇게 쓸 테다.

맥베스: 항복하진 않겠다. 나이 어린 멜컴의 발밑 땅에 입 맞추고 잡놈들이 욕 퍼붓는 놀림감은 안 될 거다. 던시네인 언덕으로 버남 숲이 오기는 했지만 대적하는 네놈이 (모태로 낳은) 여자 소생이 아니긴 하지만 난 끝까지 해보겠다. 이 도전의 방패를 내 몸 앞에 던진다. 덤벼라, 맥더프. 그리고 "멈춰"라고 하는 놈은 지옥에나 떨어져라! (싸우며 모두 퇴장. 경종. 싸우며 다시 등장하고 맥베스가 살해된다.)[148]

맥더프의 말처럼 탐욕 때문에 '희귀한 괴물'로 추락하고 광기 어린 폭군으로 인생을 마감한 맥베스. 그는 덩컨 왕을 살해하고 그 죄를 아들 맬컴에게 덮어씌웠습니다. 왕의 자리를 유지하기 위해 친구 뱅코의 목숨을 빼앗고 자신에게 반기를 든 애국자 맥더프의 가족도 잔인하게 살육했습니다. 그는 불의를 양식으로 먹고 불법을 음료수로 마시는 괴수로 변하였습니다. 그는 자신이 뿌려놓은 탐욕의 씨앗을 징벌의 열매로 거두었습니다. 자업자득 또는 사필귀정이라고 말할 수 있겠지요? 맥베스의 파멸은 자신의 욕망을 다스리지 못한 결과입니다. 욕망을 제어하지 못할 때 '나'는 나에게 가장 큰 적이 될 수 있습니다. 욕망의 한도를 넘어설 때 내 안의 '나'는 언제든지 인생을 실패의 가시밭길로 이끌 수 있습니다.

2015년에 개봉된 저스틴 커젤 감독의 영화 〈맥베스〉.
주연 배우 마이클 패스벤더가 맥베스 역을 맡아 열연했다.

이성의 명령을 들어야 할 양심의 귀
- 칸트의 '정언명령'에 비추어 보는 맥베스의 인생

셰익스피어의 희곡과 연극을 성격극의 원조라고 평가하는 이유 중 한 가지는 주인공의 갈등이 매우 자주 구체적으로 나타난다는 점입니다. 맥베스를 포함하여 4대 비극의 주인공인 햄릿, 오셀로, 리어왕은 모두 갈등의 소용돌이 속에 던져집니다. 맥베스는 어떤 갈등을 겪었을까요? 그도 처음부터 사악한 인간은 아니었지요. 지나친 욕망이 그를 타락의 늪에 빠뜨린 것입니다. 파멸의 순간에 이를 때까지 맥베스는 마음속에서 전쟁을 치릅니다. 그 전쟁은 진실과 거짓의 대결, 정의와 불의의 충돌, 선과 악의 싸움입니다.

그는 세 마녀가 내미는 욕망의 손길에 이끌려 거짓과 불의와 악의 편에 섭니다. 하지만 진실과 정의와 선善의 외침에도 귀를 기울입니다. 선과 정의와 진실을 완전히 배반할 수 없기 때문에 심한 갈등을 겪는 것입니다. 왕좌를 차지하고 지키려는 욕망이 커질수록 갈등의 전쟁터에서 혼란에 휘말립니다. 연극에서 대사를 주고받는 상대역의 배우에게는 들리지 않고 관객에게만 들리는 극중 인물의 혼잣말을 '방백'이라고 하지요? 갈등의 회오리에 휩쓸리는 맥베스의 방백을 들어보겠습니다.

> (…) 난 코도 영주이다. 좋다면, 왜 내가 끔찍한 모습을 띤 유혹에 빠져들어 머리칼이 쭈뼛하고 안정된 내 심장이 정상을 벗어나 갈비뼈를 두드리지? 눈앞의 공포보다 끔찍한 상상이 더 무서운 법이다. 살인은 아직도 환상에 지나지 않건만 그 생각이 내 온몸을 거세게 뒤흔들어 심신의 기능이 억측으로 소멸되니 없음밖에 있는 것은 아무것도 없구나.[149]

맥베스는 탐욕의 '유혹에 빠져들어' 악의 마수가 이끄는 대로 '살인'의 어둠 곁으로 다가섭니다. 그러나 그 과정에서도 선과 진실을 외면할 수 없는 내면의 갈등을 위와 같이 고백합니다. 장군이자 코도의 영주로서 권력과 함께 군대의 힘을 갖추고 있으므로 왕관이 탐나는 것도 이해는 갑니다. 하지만 정당한 왕위 계승 절차를 무시하고 편법과 계략으로 국왕의 생명을 빼앗는 살인 행위는 절대 용납할 수 없는 악행입니다. 그것을 맥베스 자신도 잘 알고 있습니다. 그도 양심을 가진 인간이니까요. 맥베스의 방백에서 불의와 악의 편에 서는 것을 주저하는 갈등이 느껴집니다.

선과 악 사이에서 맥베스가 정신적 고통을 겪는 과정을 셰익스피어는 매우 자세하게 묘사합니다. 그만큼 주인공의 성격과 개성을 현실감 있게 부각하는 것이지요. 덩컨 왕이 맥베스의 성을 방문했을 때 그는 암살 기회를 포착하지만, 그의 마음을 강타하는 갈등의 폭풍에 매우 힘겨워합니다. 계속되는 맥베스의 방백을 들어볼까요?

> (…) 그러나 이런 경우 우린 항상 이승의 심판을 받게 된다. 즉 유혈을 가르치면 배운 자가 되돌아와 교사教唆[150] 한 자 괴롭히고, 공평한 정의의 법관은 우리가 탄 독배를 스스로 마셔보라 종용한다. 이중의 신뢰로 그는 여기 머문다. 첫째로 난 그의 친척이며 신하로서 그 행위를 극구 반대해야 하고, 다음으로 주인인 내 자신이 칼을 들게 아니라 자객을 막아야 할 것이다.[151]

맥베스는 세 마녀의 첫 번째 예언대로 코도의 영주가 되었습니다. 스코틀랜드의 국왕이 될 것이라는 두 번째 예언도 굳게 믿었습니다. 마침내 그는 아내와 함께 덩컨 왕을 시해하기로 모의합니다. 그러나 비인간적 프로젝트를 실행하기가 그렇게 쉬울까요? 그 일이 절대 쉽지 않다는 것이 맥베스의 방백에서 드러납니다. 악행을 저지르면 반드시 심판이 따라온다는 권선징악의 교훈이 머릿속에 떠오릅니다. 자신에게 닥칠 불행을 미리 걱정하는 모습입니다. 하수인에게 살인 '교사敎唆'를 시키는 경우에는 그것을 빌미로 협박에 시달리거나 교사를 받은 자에게 똑같은 일을 당할 수 있다는 두려움이 밀려옵니다. 왕을 시해하려는 음모가 발각되면 자신이 높이 치켜든 칼날이 징벌의 부메랑으로 돌아올 수도 있으니 불안해질 수밖에요.

자신의 신변에 닥칠 위험뿐 아니라 덩컨 왕과의 인간관계도 맥베스의 갈등을 부추깁니다. 그는 덩컨과 아주 가까운 사이입니다. 국왕의 친척이면서도 국왕의 가장 큰 신뢰를 받는 신하이니까요. '이중의 신뢰'를 받고 있다는 맥베스의 표현이 적절합니다. 그러므로 자신을 철석같이 믿고 있는 국왕을 해치는 데 주저하는 것은 당연합니다. 이미 시해 계획을 세웠다고 해도 이것을 '극구 반대해야 한다'고 뒤로 물러서는 맥베스. 그는 양심을 가진 사람입니다. 덩컨 왕을 향해 '자신이 칼을 들게 아니라' 누군가가 왕의 목에 칼을 들이댄다 해도 그것을 필사적으로 '막아야 하는' 것이 신하 본연의 임무임을 헤아려보는 맥베스. 그는 분별력도 갖추고 있는 사람입니다. 그의 인간성을 여러분은 어떻게 생각하나요? 본래부터 그가 밑바닥 인간은 아니었다는 것이 드러납니다.

이렇게 내면의 갈등이 심하다는 것은 맥베스의 이성이 그의 양심을 압박한다는 방증입니다. 독일의 철학자 칸트가 말한 '정언명령'152의 거울에 맥베스의 마음을 비쳐 볼까요? 맥베스의 이성이 양심을 향해 계속 명령을 내립니다. 다음과 같은 명령이 아니었을까요?

"네가 인간이라면 인간다움을 저버리지 않는 보편타당한 법칙[153]에 따라 행동하라! 네가 인간답다고 생각하는 마땅히 옳은 일을 해야만 한다!"[154]

맥베스의 마음속에는 또 하나의 귀가 있습니다. 바로 양심의 귀입니다. 이 귀가 닫히지 않았습니다. 그는 이성의 목소리를 들을 줄 아는 사람입니다. 그러면 여기에서 잠시, 맥베스가 아내와 함께 세운 덩컨 왕의 시해 계획과 조선의 10대 임금 연산군을 몰아낸 중종반정中宗反正[155]을 비교해볼까요?

조선 역사에서 연산군 같은 폭군은 마땅히 폐위되어야 할 임금이지요. 여러 차례 사화史禍를 일으켜 죄 없는 생명을 무참하게 앗아갔으니까요. 백성을 돌보는 일에는 전혀 신경 쓰지 않고 주색잡기[156]에만 빠져 있었으니까요. 따라서 역사책에 기록된 '중종반정'이라는 사건은 충분히 정당성을 인정받을 수 있습니다. 그러나 맥베스가 덩컨 왕을 시해하고 왕좌를 차지하려는 계획은 눈을 씻고도 정당성을 찾아보기 힘듭니다. 덩컨 왕은 백성의 존경을 받는 덕망 높은 군주이기 때문입니다.

덩컨 왕이 그동안 선한 정치를 해왔다는 것을 잘 아는 맥베스. 그가 국왕에 대한 시해 계획을 철회해야만 한다고 스스로 이성적 판단을 내릴 수밖에 없는 이유를 들어보겠습니다. 이것은 그가 덩컨 왕에게 내린 정치적 평가입니다.

(…) 게다가 덩컨 왕은 너무나 겸손하게 왕권을 행사하고 그 권좌가 너무나 깨끗하여, 그 덕행은 이 크게 저주받을 암살에 맞서서 나팔 혀 단 천사처럼 그를 변호할 것이며, 연민은 벌거숭이 갓난아기 모습으로 돌풍에 걸터앉아, 아니면 천사처럼 형체 없는 기류의 말 등에 올라앉아 이 끔찍한 행위를 만인 눈에 띄게 하여 눈물은 바람을 잠재우리.157

맥베스가 말하는 덩컨 왕의 인품은 국왕의 자격에 어울립니다. '너무나 겸손하다'는 것입니다. 그는 왕좌를 어떤 자리라고 생각할까요? 권력을 휘두르는 것이 아니라 백성을 돕는 자리로 여깁니다. 그런 까닭에 덩컨은 '겸손하게 왕권을 행사하는' 임금으로 살아왔습니다. 겸손하게 왕권을 행사한다는 것은 어떤 정치를 말할까요? 백성의 고통을 덜어주고 백성의 행복지수를 높이기 위해 권력을 선하게 사용하는 것을 뜻합니다. 맹자의 말을 빌려 얘기한다면 덩컨 왕은 '민심民心을 천심天心'으로 받드는 왕도정치王道政治의 모델에 가깝습니다.

맥베스가 덩컨 왕의 정치를 이렇게 높이 평가한다면 암살을 머뭇거릴 수밖에 없습니다. 맥베스의 이성의 거울에 덩컨의 덕행을 비추어 보니 암살 계획은 '저주받을' 만행으로 판단됩니다. 게다가 암살당한 덩컨 왕의 장례식에 수많은 백성이 모여들겠지요. 그의 '덕행'을 기리며 흘리는 군중의 '연민'이 눈물바다를 이루어 궁전의 뜨락을 범람합니다. 그 모습이 맥베스의 머릿속에 떠오르니 암살을 위해 움직이려던 다리의 오금이 저릴 수밖에요. 모든 백성이 암살

자의 민행에 '맞서' 국왕을 '변호하는' 거대한 변호인단을 구성한다고 생각해보세요. 이것이 맥베스의 트라우마가 될 것은 불 보듯 뻔한 일입니다.

암살을 실행하기 전에 덩컨 왕의 공덕을 곰곰이 생각해보는 맥베스. 암살을 집행한 후에 쓰나미처럼 밀어닥칠 백성의 슬픔과 분노를 찬찬히 헤아려보는 맥베스. 백성의 반응에 따라 자신에게 향할 부정적 '기류'를 냉철히 진단해보는 맥베스. 여러분도 그가 욕망과 감정에만 치우친 인물이 아니라는 것을 느끼죠? 맥베스는 사려분별력을 갖춘 이성의 소유자입니다. 다시 한번 칸트의 '정언명령'을 얘기해볼까요? 맥베스가 국왕에 대한 시해 프로젝트를 세우고 나서 갈등에 시달리는 것은 그의 이성이 계속해서 양심을 향해 "인간답게 행동하라."고 명령하기 때문입니다. 맥베스의 양심이 살아 있기에 이성의 목소리에 귀를 막지 않는 까닭입니다.

선과 악, 진실과 거짓, 정의와 불의 사이에서 갈등의 씨름을 이어가던 맥베스는 드디어 결론을 내리는 듯합니다. 그의 양심은 마침내 이성의 명령에 인간다운 복종을 하는 듯합니다. 암살 계획을 철회하는 것이 만인을 위한 인간다운 행위라는 이성의 당부를 받아들이려고 합니다. 그래서 맥베스는 왕비가 되려는 야망으로 시뻘겋게 달아오른 아내에게 다음과 같이 말합니다.

> 이 일을 더 이상 추진하지 맙시다. 그는 최근 나에게 영예를 내렸고,
> 온갖 사람들의 금빛 찬사를 받았는데 새롭게 반짝이는 지금이 입을

때라 빨리 벗고 싶진 않소.158

맥베스는 아내에게 암살을 추진하지 말자고 설득합니다. 프로젝트를 포기하는 이유도 매우 이성적입니다. 덩컨 왕이 자신에게 영주의 '영예'를 선사하고 이에 따라 백성에게 '금빛 찬사'의 옷을 입게 되었으니 이보다 더 큰 것을 바란다면 지나친 욕심이라는 것입니다. 국왕에게 감사할 줄 알고 영주의 지위에 자족할 줄 아는 맥베스. 그도 아직은 이성적 분별력을 잃지 않았습니다. 그러나 만인의 존경을 받는 위인으로 역사책에 남을만한 인물이 만인의 지탄을 받는 악인으로 추락하는 경우를 종종 보게 됩니다. 여러 가지 원인이 있겠지만 그중 한 가지는 사악하고 탐욕스러운 사람의 조언을 받아들여 이성의 명령을 저버리는 것입니다. 맥베스가 바로 이 원인 때문에 추락하는 인물이지요. 그가 이성의 명령을 외면하게 한 욕망의 화신은 누굴까요? 그의 아내입니다.

세 마녀의 유혹적 예언을 직접 들은 사람은 맥베스이지만, 그 예언 내용을 간접적으로 전해 듣고 자신의 욕망을 키울 사람은 아내였습니다. 맥베스의 아내는 세 마녀도 혀를 내두를만한 비인간적 악행의 자극제 역할을 톡톡히 해냅니다. 결국 이성의 명령에 순응할 것처럼 보인 맥베스의 양심은 이성으로부터 등을 돌립니다. 맥베스는 아내가 내미는 사악한 탐욕의 손길을 꼭 붙잡습니다. 욕망의 끝을 모르는 아내의 유혹에 자신의 이성을 저당 잡힌 맥베스. 불행의 길목으로 급선회한 부부의 대화를 들어볼까요?

맥베스: 우리가 실패하면?

맥베스 부인: 실패해요? 용기를 꽉 붙들어 요지부동 만들면 실패하지 않아요. 덩컨이 잠잘 때(종일 힘든 여행으로 곤하게 그쪽으로 빠져들겠지만) 침실 시종 두 명을 포도주 폭음으로 쭉 뻗게 만들게요. 그러면 두뇌의 감시원인 기억력은 연기로 화하고 이성을 담아야 할 그릇은 증류기가 됩니다. 술에 전 인간들이 돼지 잠에 푹 빠져 죽은 듯이 누웠을 때 무방비인 덩컨에게 당신과 또 내가 못할 일이 뭐겠어요? 엄청난 시역[159] 죄를 만취한 시종들이 떠맡게 되도록 뒤집어씌우면 어때요?

맥베스: 사내애만 낳으시오! 당신의 그 담대한 기질은 남성만을 빚어내기 때문이오. 그 방에서 졸고 있는 두 침실 시종에게 핏자국을 남기고 그들의 단검 쓰면 그자들의 소행으로 받아들이지 않겠소?

맥베스 부인: 누가 감히 달리 받아들여요, 우리가 그 죽음에 요란한 비탄으로 아우성을 칠 터인데?

맥베스: 결정을 내렸소, 이 무서운 모험 위해 온 힘을 모으리다. 자, 가장 고운 모습으로 세상 사람 현혹하고 알고 있는 못된 것은 가면으로 가립시다.[160]

이성과 양심 사이에서 표류하던 맥베스는 아내의 유혹을 뿌리치지 못한 채 이성의 명령을 거부하고 맙니다. 마침내 맥베스는 암살 계획을 실행하기로 결정합니다. 덩컨 왕을 시해하려면 침실을 지키는 시종 두 명을 따돌리거나 그들을 이용해야 합니다. 맥베스 부부는 미리 준비한 포도주로 시종 둘을 만취하게 한 후 그들이 곯아떨어진 사이에 덩컨 왕을 예리한 칼로 살해하기로 모의합니다. 그러고는 시종들이 왕을 시해한 것처럼 꾸미기 위해 그들의 몸과 '단검'에 '핏자국'을 남겨 놓기로 했습니다. 죄를 시종들에게 '뒤집어씌우고', 자신들의 비인간적 얼굴을 '고운 모습'으로 위장하며, 자신들의 악행을 위선의 '가면으로 가리는' 범죄 프로젝트가 시작된 것입니다.

그 후 맥베스는 덩컨 왕을 제거하고 왕위에 오른 뒤에도 동료인 뱅코와 귀족 맥더프 가족을 살해하는 등, 광기 어린 살육 파티를 벌입니다. 그는 부인이 뿌린 유혹의 향기에 취해 부인과 다를 바 없는 탐욕의 괴수로 변해갑니다. 양심의 귀를 막고 이성의 명령을 듣지 않는 타락의 길을 걷습니다. 이성과 양심 사이에 이어져 있는 '인간다움'의 길을 완전히 이탈하고 맙니다.

우리는 살육의 노선을 밟기 전의 맥베스를 기억하고 있습니다. 그의 인간적 모습이 지워지지 않을 거예요. 사려분별의 힘을 잃지 않고 꾸준히 이성의 목소리에 귀를 기울이던 맥베스. 그는 이성과 양심 사이를 표류하며 선과 악 사이에서 갈등하는 인간의 고뇌를 보여주었습니다. 그런 까닭에 덩컨 왕의 아들인 맬컴 왕자를 왕위에 올리려는 맥더프의 칼에 죽음을 맞이하는 맥베스의 파멸이 안타깝습니다. 그에게도 얼마든지 회심의 기회가 있었기 때문입니다.

연극 무대에서 《맥베스》의 막이 닫혀도 우리가 닫지 않아야 할 것이 있습니다. 그것은 우리 내면에 살아 있는 양심의 문입니다. 칸트의 정언명령이 생각나죠? 우리는 각자의 마음속에서 '네가 인간이라면 마땅히 인간답게 행동하라.'는 이성의 목소리에 양심의 문을 열어놓고 인간다운 행동으로 응답하려는 의지를 키워야겠습니다. 자신의 욕망을 채우기 위해 다른 사람을 수단으로 이용하지 않으려는 의지를…. 다른 사람을 존엄성을 가진 '인간'으로 존중하려는 의지를….

후마니타스로 바로 본 세상과의 질문

Q1. 욕망을 갖는다는 것이 모두 나쁜 것은 아닙니다. 가슴에 욕망을 품어야만 인생의 꿈을 이룰 수 있지요. 그러나 인간을 인간답지 못하게 하는 욕망도 있습니다. 그런 비인간적 욕망이 무엇인지 이야기해 보세요.

Q2. 윌리엄 스미스 클라크는 "소년이여, 야망을 가져라. 돈을 위해서도 말고 이기적인 성취를 위해서도 말고, 사람들이 명성이라 부르는 덧없는 것을 위해서도 말고 오직 인간이라면 갖추어야 할 모든 것을 얻으려는 그런 야망을 가지라!"고 말했습니다. 아주 유명한 말입니다. '인간다운 야망을 가지라'는 뜻으로 클라크의 말을 이해할 수 있습니다. 인간다운 야망이란 무엇일까요?

Q3. 여러분이 덩컨 왕을 살해하려는 맥베스의 계획을 포기하도록 만들고 싶다면 무슨 말로 그를 설득할 수 있을까요? 그의 악행을 멈추게 할만한 지혜로운 충고를 편지에 담아서 낭독해 볼까요.

Humanities lecture

7강

좀 더 솔직하게 살자!

보카치오의 《데카메론》과
르네상스 이야기

조반니 보가치오(Giovanni Boccaccio, 1313~1375)

르네상스 문학의 대표자, 보카치오

이탈리아의 피렌체 근처 체르탈도에서 태어난 조반니 보카치오. 그는 단테 및 페트라르카와 더불어 르네상스 문학을 대표하는 작가로 유명하다. 보카치오의 문학에 가장 큰 영향을 끼친 작가는 단테였다. 그는 단테의 문학을 흠모하였다. 단테의 문학작품을 애독할 뿐만 아니라 단테의 문학을 연구하여 단테에 관한 전기를 저술하였고 단테의 정신세계를 강의하였다. 시인이자 인문주의자인 페트라르카와의 교류도 보카치오의 문학에 적지 않은 영향을 미쳤다. 보카치오가 인간의 본성과 그 '본성'에서 나타나는 인생의 다양한 모습을 탁월하게 묘사할 수 있었던 것은 '인간' 본연의 모습을 탐구한 인문주의자 페트라르카의 영향 때문이었다. 페트라르카처럼 보카치오도 문학작품의 창작과 고전 연구를 병행하였다. 14세기 르네상스 시대에 '고전 연구'는 인문주의자들의 가장 중요한 활동이었다. 그러나 페트라르카의 문학 창작이 '시'에서 빛을 발한 것과 다르게 보카치오는 산문에서 천재성을 발휘하였다. 그의 대표작 《데카메론》은 근대 서양 산문문학의 효시가 되었다.

영문 번역판 《데카메론》의 표지.

광활한 지역의 꽃밭에서 피어나는 다양한 이야기의 꽃잔치 - 《데카메론》의 인문주의적 성격

보카치오가 《데카메론》을 쓰기 시작한 때는 1349년입니다. 종이의 밭에 글의 씨앗을 뿌린 지 4년이 지난 1353년, 마침내 '작품'이라는 결실을 수확했습니다. '데카메론'의 뜻을 알아볼까요? 이 낱말은 본래 그리스어로 열흘을 뜻합니다. 열 명이 열흘 동안 나눈 흥미로운 이야기를 모아서 독자에게 들려주는 소설입니다.

이야기는 보카치오가 활동하던 당대의 현실 상황에서 시작됩니다. 작가가 집필을 시작하기 1년 전인 1348년, 르네상스 문화의 중심지 '피렌체'에 페스트[161]가 번져갑니다. 젊은 남자 세 명과 젊은 여자 일곱 명, 모두 열 명이 성 마리아 노벨라 교회에서 우연히 만납니다. 여자 중 가장 연장자인 팜피네아가 귀가 솔깃한 의견을 내놓습니다. 일단 목숨을 지키는 것이 가장 급한 일이므로 페스트의 위협에서 벗어나 안전한 곳으로 피신하여 병마가 물러갈 때까지 여러 날을 함께 지내자는 제안이었습니다. 반대하는 사람도, 반대할 이유도 없었습니다. 치명적인 질병의 칼날에서 멀어질 뿐 아니라 재미있는 이야기를 함께 나누다 보면 두려움도 잊을 수 있으니까요. 흔쾌히 찬성한 10인은 다음날 피렌체 근교의 별장에 모여 2주 동안 함께 생활합니다.

페스트의 공포를 떨치고 따분함도 잊기 위해 남녀 열 명은 열흘 동안 매일 한 사람씩 한 가지 이야기를 풀어놓기로 약속합니다. 이야기는 재미있어야만 했습니다. 그렇지 않으면 공포도 이겨낼 수 없고 지루함도 면할 수 없을 테니까요. 열 사람이 날마다 한 편씩 이야기를 들려주다 보니 열흘 동안 모두 백 편의 이야기가 쏟아져 나왔습니다. 이야기의 꽃잔치라 불러도 손색없을 것입니다.《데카메론》의 머리말에서 밝힌 보카치오의 말을 직접 들어보겠습니다.

"이 100편의 이야기는 무서운 흑사병이 온 거리에 퍼졌을 때 존경할만한 일곱 명의 여성과 세 명의 젊은 남성이 한자리에 모여 열흘 동안 나눈 이야기들입니다. 혹여 우울증에 사로잡힌 여성들이 읽는다면 즐거움과 좋은 충고를 얻으실 것이고, 피할 일과 따라야 할 일이 무엇인지 배우실 수 있을 겁니다. 그렇게 하다 보면 괴로운 마음도 덜어지겠지요."[162]

보카치오의 말처럼 이 작품 속에 담긴 이야기들은 '즐거움'과 함께 인생의 발전에 필요한 '충고'와 교훈을 선사합니다. 내용상으로 뛰어난 작품임을 알 수 있습니다. 10인의 남녀가 풀어놓는 이야기는 폭넓고 다양합니다. 우선 지역적 면모를 살펴보겠습니다. 100편의 이야기는 그들의 본향인 이탈리아와 남유럽에만 치우쳐 있는 것이 아닙니다. 유럽 대륙의 모든 지역과 페르시아를 포함한 동방 지역까지 망라합니다. 광활한 유라시아의 이야기가 드넓게 펼쳐지는 것이지요. 이번에는 인물의 면모를 살펴볼까요? 이야기에 등장하는 인물은 도둑, 농부, 직공, 요리사, 의사, 졸병, 예술가, 판사, 시장, 수

1916년 영국 화가 존 윌리엄 워터하우스의 그림 〈데카메론 이야기〉. 피렌체 근교의 별장에서 10일 동안 젊은 남녀 10인이 날마다 각자 한 가지의 이야기를 들려주는《데카메론》의 한 장면이다.

도원장, 수도사, 기사, 귀족, 추기경, 교황 등입니다. 하층 민중부터 중류층을 포함하여 상류 계층에 이르기까지 모든 신분과 직업의 인물을 포괄합니다.

첫째 날과 아홉째 날에는 자유로운 주제로 이야기를 나누고 나머지 날에는 주제가 정해집니다. 둘째 날 이야기 주제는 인간 상호 간의 갈등과 사회와의 불협화음에서 비롯되는 개인의 고뇌를 극복하고 해피엔딩을 맞이하는 사람들의 인생입니다. 이 둘째 날의 이야기에는 페스트의 위협에 시달리는 남녀 10인의 불안한 심리와 미래에 대한 희망이 교차합니다.

셋째 날 이야기 주제는 오랜 노력과 기다림 끝에 열망하던 것들을 마침내 얻게 되는 사람들의 인생입니다. 둘째 날 이야기와 마찬가지로 희망의 메시지를 전해줍니다. 넷째 날의 이야기 주제는 슬프고도 불행한 사랑 이야기입니다. 다섯째 날 이야기 주제는 남녀 간의 아름답고 행복한 러브 스토리로, 이야기꾼으로 변신한 10인의 남녀가 피 끓는 청춘의 주인공임을 뚜렷이 보여주는 대목입니다. 여섯째 날 이야기 주제는 인생의 막다른 골목에 몰린 사람들이 임기응변의 재치와 지혜로 아슬아슬한 고비를 넘기고 일상의 평온을 되찾는 것입니다. 일곱째 날과 여덟째 날 이야기 주제는 연인이나 부부 사이에 위선과 기만으로 서로를 속이고 속는 것입니다. 20세기 영국의 극작가 피터 셰퍼Peter Shaffer의 희곡《블랙 코메디Black Comedy》를 연상시키는 내용이지요. 마지막 열 번째 날 이야기 주제는 인간다운 성품에서 우러나오는 고귀한 행동의 주인공들이 펼치는 체험담입니다.

스승이자 친구인 페트라르카처럼 보카치오도 인문주의자로서 고전 연구에 열정을 쏟았습니다. 르네상스 시대에 인문주의자들이 고전을 연구하려고 한 궁극적 목적은 무엇일까요? 그들은 스스로 '고전'이라 부르는 그리스와 로마 시대의 문학 작품들 속에 후마니타스가 담겨 있다고 믿었습니다. 라틴어 후마니타스를 우리말로 옮기면 '인간다움'이라는 뜻입니다. 이 인간다움의 의미를 이해하고 탐구하기 위해 고전의 숲을 섭렵했습니다. 그리스의 음유시인 호메로스가 전파한 것으로 알려진 서사시《일리아스》와《오디세이아》, 소포클레스의《오이디푸스 왕》을 비롯한 그리스 비극 작품, 베르길리우스의《아이네이스》를 비롯한 로마의 서사시 등의 위대한 고전의 광맥에서 '인간다움'이라는 보석을 캐낼 수 있다고 인문주의자들은 믿었습니다.

페트라르카가 '인간다움의 연구'라는 말로써 인문주의 시대를 열었던 것처럼 보카치오도 페트라르카와 함께 인문주의의 길을 동행하면서 인간다움의 재생에 힘을 기울였습니다. 페트라르카와 보카치오는 인간다움의 의미를 각각 운문 형식의 시와 산문 형식의 소설로 독자에게 널리 알렸습니다. 마지막 날의 이야기가 등장인물의 고귀한 행동에 초점을 맞추고 있는 것도, 문학작품을 통하여 인간다움의 메시지를 세상에 전하려는 인문주의자들의 열망을 말해줍니다.

구전된 민담이 창작의 예술작품으로 거듭나다
- 르네상스 시대의 민중 문학적 예술작품 《데카메론》

《데카메론》에서 흘러나오는 백 가지 이야기는 보카치오의 순수 창작물일까요? 그렇지 않습니다. 백 편 중 보카치오의 상상력으로 탄생한 것은 열 편에 불과합니다. 그렇다면 90%의 이야기는 누가 제공했을까요? 여기에서 잠시 호메로스의 서사시《일리아스》와 보카치오의 소설《데카메론》의 형성 배경을 비교해볼까요?

기원전 13세기 미케네 왕국 시절부터 생겨난 그리스와 트로이의 전쟁 이야기가 민담 형태로 전해져 오다가 기원전 9세기 음유시인 호메로스에 의해《일리아스》의 이야기로 만들어졌습니다. 이 서사를 호메로스가 또다시 민간 지역에 전파하여 기원전 2세기에 이르기까지 민중의 입에서 입으로 무수한 변형과 가공의 과정을 거치게 됩니다. 이 과정을 통해 더욱 발전된 민담 형태로 자리 잡은 것이《일리아스》입니다. 보카치오의《데카메론》도《일리아스》처럼 민담의 전승이라는 자연발생적 흐름을 따르고 있습니다.

보카치오는 고대부터 중세를 거쳐 르네상스 시대까지 전해져온 유럽과 동방의 수많은 민담을 수집하고 정리하였습니다. 그는 탁월한 상상력으로 민담을 개작하는 단계를 밟아 나갔습니다. 동방 지역을 대표하는 문학작품《아라비안나이트》와 고려 시대의 문학적 역사책《삼국유사》가 모두 백성의 이야기인 민담과 설화를 토대로 탄생했지요.《데카메론》도 민중의 이야기기에서 문학 소재를 빌려와서 인간 본연의 모습을 재생하는 '민중 문학적 예술작품'을 창조한 것입니다.

민담에 바탕을 둔 문학작품이라고 해도 백 편이 비슷하지 않고 제각기 서로 다른 패턴을 지닙니다.《데카메론》이 근대문학의 원조로 평가받는 이유도 여기에 있습니다. 각각의 이야기가 그 자체로 단편소설 같은 느낌을 줍니다. 그만큼 백 가지 이야기가 독립된 구조로 되어 있지요. 작품을 읽는 사람들은 한결같이 '참으로 다양하다'는 반응을 보일 수밖에 없습니다. 그러면서도《데카메론》은 백 개의 단편을 관통하는 감동의 파이프라인으로 연결되어 있습니다. '아, 이것이 바로 인생이구나!' 하고 말할 수 있는 집합 속에 단편이 공존하고 있습니다. "인간이란 어떤 존재인가?"라는 물음에 대한 다양한 응답을 끌어낼 수 있는 단편소설들이 유기적으로 통일성을 이루고 있는 장편소설. 그것이 《데카메론》입니다.

《데카메론》, 귀족의 위선 문화를 극복하다
- 인간다움Humanitas의 문학적 결정체 《데카메론》

5세기 이후 약 1천 년의 세월을 중세로 본다면, 중세 사회는 봉건제도와 가톨릭이 사회 전체를 움직이는 권위적 위계 사회였다고 말할 수 있습니다. 그런 까닭에 영국의 존 로크, 프랑스의 볼테르와 장 자크 루소 등 17~18세기 유럽의 계몽사상가들은 중세를 '암흑기'라고 혹평했습니다.[163] 중세 시대에는 군주와 귀족과 종교인이 서로 결탁하여 지배계층을 형성했습니다. 그들은 평민과 하층 민중을 지배하기 위해 '도덕'이라는 명분을 만들어냈습니다. 평민과 하층 민중에게 자신들의 도덕적 규례를 명령하듯이 강요하면서 도덕을 통치 이데올로기로 활용했습니다.

민중이 '나리'라고 부르는 지배계층은 겉으로는 매우 도덕적으로 생활하는 것처럼 보였습니다. 그러나 그들의 일상생활을 주의 깊게 들여다보면 인간다운 도덕을 저버리는 행위가 허다했습니다. 농업에 종사하던 민중을 농노農奴로 삼아 그들의 노동력과 품삯을 가혹하게 착취하는 것이 지배계층의 경제생활이었습니다. 이것이 도덕적인 삶인가요? 유부남이자 유부녀인 귀족의 구성원들끼리 배우자 몰래 밀회를 즐길 뿐만 아니라 파트너를 수시로 바꾸어 성적 쾌락을 탐닉하는 경우가 적지 않았습니다. 이것이 윤리적인 삶인가요?

귀족들의 성생활性生活은 남녀 간의 진실한 사랑이 결핍된 문란함으로 타락해 있었습니다. 이처럼 도덕을 배반하는 인생을 거리낌없이 살아가면서도 하인들 앞에서는 다음과 같이 입버릇처럼 말하곤 했지요.

"이봐, 자네들! 사람은 도덕적으로 살아야 해! 암, 그렇게 살아야만 사람이라고 말할 수 있지."

귀족들은 도덕이 무엇인지를 하인들 앞에서 구체적으로 설명하지 못하면서 오로지 '도덕'이라는 낱말만 강조하는 모순에 빠져 있었습니다. 사랑 없는 본능적 성생활, 수탈, 착취 등으로 얼룩진 타락한 삶은 그들이 강조하는 도덕을 무색하게 만들었습니다. 모순의 극치가 아닐까요? 성직자를 위한 전용 매음굴이 따로 있을 정도로 위선적인 성직자가 많았습니다. 《데카메론》이 발표되자마자 귀족과 성직자들은 입을 모아 "데카메론은 도덕을 저버린 음란한 책이야."라며 비난을 퍼부었습니다. 그러나 작가의 눈으로 볼 때 그들의 비판은 이중인격의 태도일 뿐이었습니다.

《데카메론》에서 묘사되는 성행위에는 귀족과 성직자들의 위선을 풍자하려는 의도가 있습니다. 그것과 좀 더 차원 높은 의도가 깃들어 있습니다. '성性'은 사랑의 감정에서 우러나오는 순수함의 발현이라는 것을 알려주려는 작가의 의도가 분명히 존재합니다. 《데카메론》의 문학적 렌즈로 바라볼 때 마땅히 비난받아야 할 대상은 귀족과 그들의 비도덕적 생활입니다. 도덕적인 척을 하면서도 마음과 행위로는 도덕의 세계에 등 돌리는 것이 그들의 실체였으니까요. 오족하면 보카치오가 자신에게 쏟아지는 비난에 대해 이렇게 응수했을까요?

"이 세상을 살아가는 부인들이 평소 그들의 생활에서 좀 더 도덕적인 이야기들을 주고받았다면 나도 (그들이 원하는 대로 그들이 바라는) 좀 더 도덕적인 이야기를 썼을 거예요."

귀족들에 대하여 보카치오는 못마땅함을 숨기지 않습니다. 그들이 민중 앞에서는 안 그런 척하면서도 자기들끼리 모여 있을 때는 성적으로 매우 문란한 이야기를 화제 삼아 그것을 실제로 옮긴다는 것입니다. 보카치오는 본능적 욕망과 성생활을 "쉬쉬하면서 숨기지 말고 민중 앞에서 좀 더 솔직하라."고 귀족들에게 충고합니다. 그런 까닭에 《데카메론》은 인간 본연의 성적 욕구를 솔직하게 보여줄 수밖에 없었던 것입니다. 이와 동시에 귀족의 성문화에서 매우 부족한 진실한 사랑의 감정을 성행위와 결합해 아름다운 언어로 승화했지요. 《데카메론》을 '인간 본성의 문학적 결정체'라고 호평할 수 있는 이유가 여기에 있습니다.

중세의 세계관을 극복하는 근대문학의 원조
- 《데카메론》이 비추는 근대사회의 서광

르네상스의 꽃이 찬란하게 피어나던 이탈리아의 도시 피렌체. 그곳은 중세의 어두운 그림자가 아직 걷히지 않은 모순의 도시였습니다. 인문주의가 발흥한 곳이지만 중세의 봉건 문화와 낡은 시대의 가치관에 물든 사람들이 여전히 사회를 움직이고 있었습니다. 그들 중 상당수가 타락한 귀족과 성직자였습니다. 그들은 피렌체의 경제를 지배할 정도로 갑부였지만, 과잉 소유와 과잉 소비에 오염되어 있었지요. 그러다 보니 육체의 쾌락을 즐기는 일이라면 절제를 잃어버렸습니다. 음란과 문란과 방탕이 그들의 일상생활이었습니다. 그들은 정신적 가치를 잃어버린 물욕物慾과 육욕肉慾의 노예로 타락해 있었습니다.

보카치오는 1348년 피렌체에 창궐한 페스트를 문학적 상징으로 활용하고 있습니다. 《데카메론》에서 페스트는 부패와 타락의 상징입니다. 페스트는 비인간적 사회에 대한 하느님의 경고와 징벌을 상징하기도 합니다. 보카치오가 제시한 문학적 상징에는 당시의 사회에 대한 작가의 인식이 담겨 있습니다. 사회 변화와 개혁을 갈망하는 작가의 비전이 읽힙니다. 이러한 시각으로 바라볼 때 《데카메론》은 객관적인 현실 인식의 토대 위에 비판의식의 벽돌을 쌓고 개혁의식의 기둥을 세운 문학의 집입니다. 봉건적 신분질서에 순응해온 중세 문학의 전형을 탈피하여 근대문학의 출발점을 형성한 작품, 그것이 《데카메론》입니다.

중세의 문학 작품들은 정형적 운율의 틀에 언어와 문자를 가두다 보니 문학의 장르가 주로 시에 한정되는 경향을 보여주었습니다. 그러나 《데카메론》은 정형적 운율에서 언어를 해방하여 자유로운 리듬을 창조했습니다. 화려한 미사여구를 동원하는 전통적 수사의 틀을 깨뜨렸습니다. 《데카메론》에서 보카치오가 사용한 언술 방식[164]

은 중세의 문체와 표현방식에서 벗어난 산문 형식을 갖추었습니다. 《데카메론》은 산문문학의 출발점이자 소설의 시초가 되어 인류 문학을 중세에서 근대로 이끌었습니다.

보카치오가 중세 문학과 전혀 다른 혁신의 깃발을 높이 치켜든 것은 문학을 통하여 중세를 떠나보내고 새로운 시대인 '근대'를 맞이하려는 비전의 표출이었습니다. 중세의 문학 작품들은 지배계층의 위선을 숨겨줄 뿐만 아니라 민중을 효과적으로 지배할 수 있는 그럴듯한 명분과 이데올로기를 만들어 주었습니다. 따라서 보카치오의 깨어 있는 눈으로 볼 때는 중세의 문학 작품들이 봉건적 신분질서를 강화해주는 정치적 임무를 수행하고 있었던 것입니다.

'새 술은 새 부대에 담아라.'는 예수 그리스도의 말처럼 새 시대의 새 문화 풍토를 새 언어에 담아낸 작가 보카치오. 비판의식의 칼날이 번득이던 그의 언어는 문학의 형식뿐 아니라 내용 면에서도 중세와 결별하는 길을 걸어갔습니다. 도덕적 교훈 위주로만 전개되는 내용을 거부하고 자연스럽게 우러나오는 개인 감정을 솔직하게 그려내어 인간 본연의 모습을 재생한 것입니다. 도덕과 윤리의 틀에서 인간의 개성과 감정을 해방하여 본성에 충실한 인간의 삶을 형상화하는 것이 새 시대에 어울리는 새 문학이었습니다. 결국 '인간이란 본래 어떤 존재인가?'라는 인문주의의 물음에 대하여 명쾌히 응답할 수 있는 문학을 창조하는 것이 보카치오의 사명이었다고 말할 수 있습니다.

새 시대의 서광瑞光을 비출만한 문학 내용은 권위적 사회질서에 구속되어 있던 개인을 신분의 높고 낮음에 상관없이 '자유로운 인간'으로 그려내는 것이었습니다. 개인의 감정뿐 아니라 생각과 사상까지 아무런 제약 없이 자유롭게 풀어내고 강물처럼 막힘없이 흘러가게 하는 이야기였습니다. 그러므로 새 시대의 새 문학은 지배계층의 위선을 비판하는 데 그치지 않았습니다. 봉건적 신분질서를 해체하고 평등한 시민사회를 열어가려는 혁명적 시민의식을 표방했습니다. 어니스트 헤밍웨이의 소설 제목 '무기여 잘 있거라!'를 패러디하여 말해 볼까요? 보카치오의 《데카메론》은 문학의 형식과 내용, 양면에서 낡은 유럽 사회 전반을 향해 "중세여 잘 있거라!"를 선포한 근대의 영접자이며 근대의 증인이었습니다.

후마니타스로 바로 본 세상과의 질문

Q1. 전 세계에서 유행하는 전염병을 '팬데믹'이라 부르는데, 인류에게 엄청난 시련을 주고 있는 '코로나'도 팬데믹의 일종입니다. 《데카메론》이 발표되던 시대의 팬데믹은 무엇이었을까요?

Q2. 인간의 본성과 동물의 본성은 어떻게 다를까요? 그 차이에 관하여 이야기해 보세요.

Q3. 보카치오를 비롯한 르네상스 시대의 인문주의자들은 창작과 저술 활동으로 '인간다움'을 재생하려고 했습니다. '인간다움'이란 무엇일까요? 어떻게 살아가는 것이 인간다운 삶이라고 생각하나요?

Humanities lecture

8강

나는 누구인가?

소포클레스의 《오이디푸스 왕》과
그리스 비극 이야기

소포클레스(B.C 496~406)

그리스 비극의 원조 소포클레스

기원전 496년 아테네 근처 콜로누스에서 태어난 소포클레스. 그는 아이스킬로스, 에우리피데스와 함께 그리스의 3대 비극 작가 중 한 사람이다. '디오니소스 축제'에서 해마다 비극 경연 대회가 열리는데, 기원전 468년 이 대회에서 선배 작가 아이스킬로스를 제치고 첫 우승을 차지하였다. 비극 경연 대회에서 총 18회 우승을 차지하여 최다 우승 기록을 보유하였다. 기원전 5세기는 아테네의 정치 · 학문 · 예술이 조화를 이룬 문화의 융성기였다. 소포클레스는 아테네 문화의 주역이자 주도자였다. 특히 페리클레스의 민주 정치를 지지하고 '델로스 동맹'의 리더 10인 중 1인으로 활동하여 정치 발전에도 이바지하였다. 120편 이상의 희곡 가운데 대표적 비극으로 《오이디푸스 왕》, 《안티고네》, 《콜로누스의 오이디푸스 왕》이 있다.

'테베의 3연극'인 《오이디푸스 왕》, 《콜로누스의 오이디푸스》, 《안티고네》를 엮은 영문판 소포클레스 희곡집

스핑크스의 수수께끼를 푸는 비극의 영웅 오이디푸스
- 테베에서 코린토스로, 다시 테베로

그리스의 여러 왕국 중 하나인 테베. 오이디푸스는 테배의 왕 라이오스와 왕비 이오카스테 사이에서 태어났습니다. 혹시 '신탁神託'이란 말을 들어보았나요? 신이 예언자를 통해 자기 뜻을 전하거나 앞으로의 일을 미리 알려주는 것을 신탁이라고 합니다. 호메로스의 서사시《일리아스》와《오디세이아》를 비롯하여 그리스 비극 작품을 읽으면 심심찮게 신탁을 만납니다. 비극의 대표작으로 알려진《오이디푸스 왕》에서도 신탁이 빠질 수 없겠지요. 오이디푸스의 아버지 라이오스 왕도 신탁을 들었습니다. 태양신 포이보스[165]를 섬기는 예언자에게서 너무나 끔찍하고 충격적인 소식을 듣게 됩니다. 아들의 손에 죽임을 당할 것이라는 얘기였습니다. '내가 제대로 들은 것이 맞나?' 하고 자신의 귀를 의심할만한 메시지였습니다.

상상하기조차 싫은 미래의 사건을 놓고 고민에 빠진 라이오스 왕. 그는 왕비 이오카스테에게 아이의 발목을 쇠꼬챙이로 꿰어 깊은 산중에 버리라고 말합니다. 결국 아이를 죽이라는 얘기죠. 아무리 친아들이라 해도 어른이 되어 자신의 목숨을 가져간다는데 가만히 있을 아버지는 드물겠지요. 고대 그리스 사람들은 신탁을 철석같이 믿었으니까요. 게다가 라이오스는 테베의 왕으로서 최고 권력을 손에 쥔 사람입니다. 권력은 부자 사이라도 나눠 갖지 않는다는 옛말이 있지 않습니까? 조선의 21대 임금 영조가 아들 사도세자를 뒤주에 가둬 죽게 만든 사건이 '권력'의 괴물 같은 속성을 말해줍니다.

라이오스 왕의 마음은 복잡했을 것입니다. 아들이 늠름한 청년으로 성장한 후에 아들을 따르는 신하들이 점점 더 늘어나서 세력이 강대해진다면 자신의 권좌가 위협받을 수 있으니까요. 자신의 귀로 직접 들은 신탁의 내용을 고려한다면 아들이 딴마음을 먹고 쿠데타를 일으켜 아버지를 제거하는 미래가 머릿속에 그려지는 것입니다. 라이오스는 한 나라의 임금이기 때문에 아들이 아버지의 목숨을 앗아간다는 예언을 이러한 정치적 판단 외에 달리 해석할 수가 없었겠지요.

한편 이오카스테 왕비 역시 신탁의 내용을 의심할 수 없는 까닭에 갓난아이를 하인에게 넘겨주면서 남편이 말한 대로 '없애 버리라'[166]고 명령합니다. 자기 손으로 아들을 직접 죽일 수는 없었으니까요. 그러나 하인은 아이를 죽이지 않았습니다. 여기서부터 신탁의 예언대로 스토리는 전개됩니다. 라이오스 왕가의 하인이자 목동으로 살아가던 그는 평소에 알고 지내던 또 다른 목동에게 아이를 넘겨줍니다. 아이가 너무나 가여웠으니까요.[167] 하인은 그 목동에게 아이를 '양자로 기르라'[168]고 당부하였습니다. 그에게 아이를 맡긴 특별한 이유가 있었습니다. '그의 고향인 다른 땅으로 데려가리라'[169]는 생각에서였습니다. 아이가 테베 땅에 남아 있다가 라이오스 일족의 눈에 띄어 비참한 죽음에 이르는 것을 막기 위한 지혜로운 방법이었습니다.

하인에게서 아이를 넘겨받은 목동의 고향은 어디일까요? 다른 나라 '코린토스'입니다. 오이디푸스는 그의 품에 안겨 코린토스로 가게 됩니다. 《신약성서》에 수록된 고린도 전서와 고린도 후서가 기억납니까? 고린도서는 사도 바울이 고린도 교회의 신자들에게 보낸 편지입니다. 그 '고린도'가 그리스 지명 코린토스입니다. 테베 땅을 벗어난 오이디푸스는 코린토스 국왕과 왕비의 양자가 되어 코린토스의 왕자로 성장합니다. 왕자로 살아가는 것이 오이디푸스의 운명인가 봅니다.

코린토스의 왕 폴뤼보스와 왕비 메로페는 오이디푸스를 친아들처럼 키워주었습니다. 양자라는 사실을 전혀 눈치챌 수 없도록 사랑과 정성을 다해 늠름한 왕자로 길러냈습니다. 청년이 된 오이디푸스는 떠도는 소문에 의혹을 품습니다. 그가 부모의 친아들이 아니라는 풍문이었습니다. 아들에게 각별한 애정을 쏟아온 폴뤼보스와 메로페는 이 소문이 사실이 아니라고 극구 부인합니다. 의심이 커지던 어느 날, 오이디푸스는 태양신 포이보스를 섬기는 예언자에게 신탁을 듣게 됩니다. 신탁의 내용은 라이오스 왕이 들었던 메시지와 같은 것이었습니다. 친어머니를 아내로 맞이하고 친아버지의 명줄을 끊어놓을 것이라는 청천벽력 같은 예언이었습니다. 만일 여러분이 코린토스의 왕자로서 이런 예언을 들었다면 어떤 결심을 했을까요?

앞에서도 잠깐 얘기했지요. 그리스 비극에 등장하는 인물들은 모두 신탁의 내용을 사실로 받아들였다고 말입니다. 여러분이 오이디푸스라면 선택할 수 있는 행동은 한 가지밖에 없을 거예요. 정든 고향을 떠나는 것입니다. 아들로서 짐승보다 못한 만행의 주인공이 될 수는 없으니까요. 오이디푸스는 코린토스 왕가에 닥칠 불행의 먹구름을 피하고자 조용히 궁전을 떠나 방랑길에 오릅니다.

오이디푸스의 발길은 운명의 이정표를 따라 테베로 향합니다. 삼거리에서 그는 테베의 왕이자 친아버지인 라이오스를 우연히 만납니다. 두 사람은 각자 제 갈 길을 가던 중이었지요. 혈육이지만 남남으로 만났기에 서로 알아보지 못하는 게 당연합니다. 비참한 운명의 서막이 이제 열리는가 봅니다. 반대 방향에서 마차를 몰고 가던 두 사람은 통행 시비에 휘말립니다. 상대방을 향해 길을 비켜 달라고 요구하다가 격분한 오이디푸스가 라이오스 왕을 살해하고 맙니다.

《시학詩學》이라는 책 이름을 들어보았나요? 헬레니즘 문명을 주도한 철학자 아리스토텔레스가 지은 인류 최초의 문예 비평서이자 연극 이론서입니다. 아리스토텔레스는 이 책에서 《오이디푸스 왕》을 비극의 모델로 제시했습니다. 그의 《시학》을 읽어가다 보면 비극의 주인공이 불행한 운명의 늪에 빠지게 되는 원인이 밝혀집니다. 아리스토텔레스의 견해에 따르면 그 원인은 주인공이 저지르는 '판단의 실수'입니다. 판단의 실수 때문에 그리스 비극의 모든 주인공은 운명의 덫에 걸려든다는 것입니다.170

오이디푸스도 마찬가지입니다. 그의 살인죄는 판단의 실수에서 생겨난 것입니다. 그리스 지역에서 둘째가라면 서러울 정도로 똑똑하고 지혜로운 오이디푸스. 그러나 그에게도 단점이 있었습니다. 그것은 자신의 젊음과 능력을 과신하여 무슨 일이든지 막힘없이 해낼 수 있다고 생각하는 '오만'입니다. 라이오스 왕과 시비가 붙었을 때도 화를 참고 자신의 마음을 다독였다면 연장자에게 길을 양보하는 미덕을 발휘했을 텐데…. 유감스럽게도 오이디푸스의 오만은 인내를 잃어버리는 판단의 실수를 낳았습니다. 안타깝게도 오이디푸스의 왕성한 혈기는 분노를 다스리지 못하는 판단의 실수를 저질렀습니다.

오이디푸스는 악인도 아니고 악한 기질을 가진 사람도 아니었습니다. 다만, 판단의 실수가 살인죄라는 운명의 올무에 오이디푸스를 결박한 것이지요. 게다가 판단의 실수를 조장한 중대한 원인이 있습니다. 그것은 자신의 친부모가 누구인지를 모르는 다소 '부당한'171 우연입니다. 어째서 부당한 우연일까요? 태생을 미리 알고 부모를 알아봤다면 그런 판단의 실수를 저지르지 않았을 테니까요. 또 삼거리에서 우연히 라이오스 왕을 만나지만 않았더라도 친아버지를 살해하는 비극을 비껴갔을 테니까요. 그러므로 오이디푸스의 불행은 부당한 우연의 결과물이라 말할 수 있습니다.

한편 테베의 국민은 라이오스 왕이 길거리에서 강도들의 습격을 받아 살해당한 것으로 믿고 있었습니다. 왕을 잃어버린 것도 슬프지만 엎친 데 덮친 격으로 테베는 스핑크스의 저주를 받아 재앙에 시달리고 있었습니다. 테베 사람 중에서 아무도 스핑크스의 수수께끼를 풀지 못했기 때문입니다. 오이디푸스는 라이오스 왕을 살해한 후 길을 가던 중에 스핑크스를 만납니다. 테베 백성이 지상에서 가장 어려운 수학 문제보다 더 어렵다고 느끼는 수수께끼의 정답을 오이디푸스는 간단히 맞혀 버립니다. 십 리 밖에서 날아온 명궁의 화살이 과녁의 한가운데를 정확히 관통하듯이 말입니다.

도대체 스핑크스의 수수께끼는 무엇이었을까요? "아침에는 네 발, 오후에는 두 발, 저녁에는 세 발로 걷는 동물은 무엇인가?" 물론 지금의 우리는 지식의 전수과정을 통하여 이 수수께끼의 정답을 알고 있습니다. 그러나 비극 작품에서 스핑크스를 만난 사람들은 이 문제의 정답 맞히기를 하늘의 별 따기로 여겼나 봅니다. 얼굴은 사람이고 몸은 사자인 스핑크스의 형체만 보더라도 입이 얼어붙어 말문이 막혔겠지요. 오이디푸스는 달랐습니다. 《오디세이아》의 주인공 오디세우스를 연상시킬 정도로 오이디푸스는 최고의 지혜와 함께 두둑한 배짱을 가졌습니다. 그의 입에서 흘러나온 정답은 '사람'이었습니다. 사람은 인생의 초반기 '아침'에는 네 발로 걷는 아기였다가 장성하여 인생의 중반기 '낮'이 되면 두 발로 걷게 되고, 인생의 종반기 '저녁'에는 노인이 되어 지팡이를 짚고 세 발로 걸으니까요.

오이디푸스가 수수께끼의 베일을 벗겨내자 스핑크스는 충격과 비탄의 신음을 토해내며 절벽 아래로 투신합니다. 그 순간에 테베는 스핑크스가 던져 놓은 저주의 그물망에서 벗어납니다. 마침내 모든 백성은 자유의 햇살을 만끽합니다. 테베를 멸망의 위기에서 구해낸 오이디푸스는 왕국의 영웅이 되었습니다. 만인의 존경과 함께 왕족의 신분을 하사받은 그는 남편을 잃고 미망인으로 살아가던 왕비 이오카스테를 아내로 맞이하게 됩니다.

친아버지 라이오스 왕을 살해하고 친어머니 이오카스테의 남편이 되는 불행한 운명의 도미노 현상! 그러나 여기까지의 사건은 연극 무대에서 배우들의 연기를 통해 관객에게 보이는 것이 아닙니다. 테베의 왕좌에 오른 오이디푸스가 '무서운 진실'[172]을 알아내기 위해 사건과 사람들을 추적하는 과정에서 증인들의 증언을 통해 그 끔찍한 사건들의 전말을 전해 듣는 것입니다.

고전 연극의 구조와 구성은 현대 연극과 어떻게 다른가? - 아리스토텔레스의 《시학》에 비추어 보는 《오이디푸스 왕》

현대 연극에서는 과거, 현재, 미래의 사건을 여러 막과 장으로 자유롭게 보여줍니다. 서로 다른 시간대의 사건과 서로 다른 장소에서 벌어지는 사건을 각각의 막과 장에서 독립적으로 보여줍니다. 그러나 《오이디푸스 왕》 같은 그리스 연극 또는 고전 드라마는 현대 연극과 상당히 다릅니다. 앞에서 얘기한 아리스토텔레스의 《시학》을 읽어 보세요. 그리스 연극의 사건 진행과 무대 구성에 대하여 자세히 설명하고 있습니다. 아리스토텔레스의 견해에 따르면 그리스 비극에서 등장인물들이 경험하는 사건은 하루(24시간) 안에 진행됩니다. 이것을 아리스토텔레스는 "가능한 한 태양이 일 회전 하는 동안이나 이를 초과하지 않는 시간 안에"[173]라고 말합니다. 코페르니쿠스의 지동설이 나오기 전까지 유럽인은 모두 천동설을 믿었기 때문에 '태양이 일 회전 하는 동안'은 당연히 24시간을 넘기지 않는 시간대를 의미합니다.

그리스 비극에서 등장인물들이 서 있는 장소는 오직 한 가지 장소

《오이디푸스 왕》의 연극 공연 장면. 오이디푸스와 이오카스테가 무대 위에 서 있다. 연극의 처음부터 끝까지 장소는 테베의 궁전으로 설정된다. 고정불변의 장소에서 하루 동안에 사건이 진행되는 것은 그리스 비극 또는 고전 드라마의 전형적 특징이다.

로 고정됩니다. 비극의 등장인물들은 누구나 예외 없이 '하루 안에 동일한 장소'에서 대사를 주고받습니다. 당연히 연극의 플롯[174]도 시간과 장소에 구속되기 마련입니다. 아리스토텔레스는 "플롯도 일정한 길이를 가져야 하는데, 그 길이는 쉽게 기억할 수 있는 정도의 것이어야 한다."[175]고 강조합니다. 독자와 관객이 쉽게 기억할 수 있는 줄거리가 되려면 등장인물의 행동 시간대가 짧아야 하고 장소도 한가지로 고정되어야 하지요. 아리스토텔레스가《시학》에서 제시한 시간·장소·줄거리 간의 이러한 유기적 통일성을 현대의 연극이론가들은 '3통일의 법칙' 또는 '3일치의 법칙'이라 부릅니다.

아리스토텔레스가 비극의 모델로 제시한《오이디푸스 왕》은 고전 드라마의 구조와 구성을 보여주는 적절한 예입니다. 오이디푸스·이오카스테·크레온·테이레시아스 등 모든 등장인물은 오직 테베의 궁전을 유일한 장소로 삼아 하루도 안 되는 시간 안에 대화를 나누고 행동을 보입니다. 그렇다면 앞에서 이야기한 젊은 시절의 라이오스 왕, 그가 제거하려고 했던 갓난아이 오이디푸스, 코린토스의 왕자가 된 청년 시절의 오이디푸스, 그에게 죽임을 당하는 노년의 라이오스 왕과 관련한 과거의 사건은 관객에게 어떤 방법으로 전달될까요?

오래전의 사건은 별도의 무대 세팅을 통해 배우들의 연기로 전달되는 것이 아닙니다. 삼거리를 지나가는 오이디푸스의 마차와 라이오스 왕의 마차를 별도로 세팅하여 격분한 오이디푸스가 연장자를 폭행하는 장면을 따로 연출하는 것이 아닙니다. 테베 왕국의 궁전 마루에 서 있는 오이디푸스 왕이 '하인'이나 '사자'의 증언을 통하여 그 옛날의 불행한 사건을 전해 듣는 것입니다. 연극 무대를 바라보는 관객도 등장인물의 회고담을 통하여 과거를 알게 되는 것이지요. 고전 드라마를 대표하는 그리스 비극의 구조와 구성이 현대 연극과 어떻게 다른지 이해할 수 있겠지요?

진실의 빛을 향해 눈을 뜨는 현자 오이디푸스
- 나의 정체성을 찾는 고뇌의 여정

테베의 왕이 되어 왕비 이오카스테와의 사이에서 태어난 자녀들을 기르며 행복의 꽃밭을 가꾸이 가던 오이디푸스. 그러나 운명의 족쇄는 그의 발목에서 끊어지지 않았습니다. 테베에 전염병의 광풍이 휘몰아칩니다. 수많은 국민이 죽어가면서 모든 지역이 시체 썩는 냄새로 뒤덮입니다. 장로·사제·국민은 이 난국을 해결할 사람으로 왕을 지목합니다. 테베를 스핑크스의 저주에서 구원한 사람이 누구입니까? 기대를 걸만한 사람은 오이디푸스밖에 없었습니다. 그는 단점보다 장점이 더 많은 지도자입니다. 다소 오만했지만, 그에게는 모든 사람이 인정하는 지혜가 있고 무엇보다도 국민의 삶을 살피는 자애가 있었습니다. 전염병으로 죽어가는 국민의 불행을 긍휼히 여기고 그들의 눈물에 공감하면서 이 엄청난 난국을 헤쳐나가기 위해 노심초사합니다. '세월호 사건'이라는 국가적 불행을 겪은 대한민국 국민의 눈길로 바라볼 때는 참으로 바람직한 지도자가 아닐까요?

그는 국민의 기대를 저버리지 않았습니다. 처남인 크레온[176]을 태양신 포이보스의 델피 신전으로 급파[177]합니다. 신에게 도움을 청하여 사제에게서 신탁을 받아 오라고 그에게 명령합니다. 크레온이 받아 온 신탁의 내용은 어떤 것일까요? 라이오스 왕을 살해한 범인을 찾아내서 진실을 밝히면 테베에 내린 재앙의 기운이 사라진다는 예언이었습니다. 신탁을 전해 들은 오이디푸스는 결단을 내립니다. 모든 국민을 전염병의 고통에서 구원하기 위해 반드시 범인을 색출하여 단죄하리라고….

하지만 이해할 수 없는 일이 벌어집니다. 미래를 꿰뚫어 보는 맹인 예언자 테이레시아스. 그는 오이디푸스에게 범인을 찾아내려는 수사를 실행하지 말라고 말합니다. 나라의 안위가 걸린 중대한 문제인데 어째서 수사하지 말라는 것일까요? 오이디푸스의 궁금증이 커져만 갑니다. 테이레시아스 자신이 살인범이니까 수사를 막으려는 것이 아닐까요? 예언자를 의심할 수밖에 없는 상황입니다. 그러나 더는 진실을 숨길 수 없던 테이레시아스는 라이오스 왕을 살해한 진범이 다름 아닌 오이디푸스 왕이라고 실토합니다. 오이디푸스로서는 마른하늘에 날벼락을 맞는 심정이었습니다.

"선왕의 죽음은 분명히 강도들의 짓이 아닌가? 모두들 그렇게 알고 있는데 내가 죽였다고? 이것은 터무니없는 억측이야." 오이디푸스 왕은 자신이 범인이 아니라는 것을 밝히기 위해서 점점 더 수사를 강화합니다. 코린토스의 왕 폴뤼보스와 그의 왕비 메로페 사이에서 태어난 것으로 당연히 믿고 있는 오이디푸스. 그의 기억 속에서 라이오스 왕은 단 한 번의 만남도 없는 인물이었습니다. 그러나 어렴풋이 떠오르는 기억조차 막을 수는 없었지요. 청년 시절에 마차를 타고 가다가 삼거리에서 우연히 통행 시비가 붙어 분노를 참지 못하고 살해한 어느 남자의 형상이 머릿속에 스쳐 갑니다. 하지만 그 사건은 우발적으로 혼자 저지른 죄였을 뿐, 강도들의 집단 범행은 아니었지요. 오이디푸스는 자신이 범인이 아니라는 합리적 이유를 마음속에서 증명해 나갑니다. 그런데 어둠 속에 묻힌 불씨가 조금씩 되살아나듯 시간이 흐를수록 오이디푸스의 의심은 자신의 과거를 향해 갑니다.

이 무렵, 비밀을 증언할 결정적 증인이 등장합니다. 코린토스 왕

부부에게 갓난아이를 양자로 건네주었던 목동이 기억나죠? 그가 코린토스 왕국의 사자 자격으로 테베 왕국을 방문합니다. 그는 오이디푸스가 폴뤼보스 왕의 친아들이 아닌 양자임을 사실대로 알려줍니다. 목동 시절에 알고 지낸 라이오스 왕의 하인에게서 아이를 넘겨받은 사실도 말해줍니다.

범인이 누구인지 확실하게 밝혀내기 위해 탐문 수사의 고삐를 죄어가던 오이디푸스는 이미 노인이 된 라이오스 왕의 옛 하인을 궁궐 마루에 세워 코린토스 왕국의 사자와 대면시킵니다. 대질신문이 이루어진 것입니다. 희곡을 읽는 독자도, 연극을 관람하는 관객도 애니메이션 〈명탐정 코난〉의 긴박감 넘치는 수사 과정을 보는 듯합니다. 대질신문 끝에 사자는 갓난아이를 자신에게 인도한 당사자를 하인으로 지목합니다. 더 숨길 수 없게 된 하인은 무덤까지 가져가기로 작심한 비밀을 벌거벗겨 테베의 궁궐 마루에 내던집니다. 선왕에게서 아이의 두 발을 꿰어 산에 버릴 것을 지시받은 이오카스테가 하인에게 '아이를 없애버리라'고 명령하였다는 참혹한 진실이 비수처럼 오이디푸스의 가슴에 꽂힙니다.

"나는 누구인가?"라는 물음의 화살은 고뇌의 모래바람을 뚫고 정체성의 과녁을 명중하고 말았습니다. 하인의 손을 떠나 코린토스 왕의 양자로 성장했지만, 친부를 살해하고 친모와 혼인하리라는 끔찍한 신탁의 내용을 피하기 위해 눈물 흘리며 코린토스를 떠났던 청년. 그가 신탁의 주인공으로 밝혀졌습니다. '무서운 진실'이 백일하에 민낯을 드러냈습니다. 오이디푸스 왕은 불행의 나락으로 떨어집니다. 절규하는 그의 울부짖음을 들어볼까요?

> 아아, 아아, 모든 것이 이뤄질 수밖에 없었구나, 명백하게! 오, 빛이여, 이제 내가 너를 보는 게 마지막이 되기를! 태어나서는 안 될 사람들에게서 태어나서, 어울려서는 안 될 사람들과 어울렸고, 죽여서는 안 될 사람들을 죽인 자라는 게 드러났으니![178]

무서운 진실이 몰고 온 충격의 폭풍과 고통의 쓰나미! 테베 궁궐 전체를 없애버릴 것만 같은 폭발력 앞에 온전히 서 있을 자가 있을까요? 지금의 남편이 친아들이었음이 밝혀지는 순간에 이오카스테는 스스로 목숨을 끊고 말았습니다. 잔인한 유혈의 도미노가 이어집니다. 바닥에 누워 있는 이오카스테의 '옷을 고정해주던 금 세공된 브로치를 뽑아 들고서는 자신의 둥근 눈알을 찌르는'[179] 오이디푸스! 그의 비극적 운명은 이렇게 참혹한 것이었나요?

전령이 전해주는 오이디푸스 왕의 후속 행동은 갈수록 처참했습니다. 자신의 손으로 직접 '여러 번 눈을 찔러 대니 그때마다 피범벅이 된 안구가 뺨을 젖게 했고, 한꺼번에 소나기 같은 검은 피의 비가 흘러'[180] 궁궐의 하얀 마루를 흥건히 적셨습니다. 무소불위의 권력을 휘두르며 행복의 절정을 누리던 오이디푸스 왕. 그는 무서운 진실을 전혀 모르고 있던 '무지의 상태'[181]에서 그 진실을 알게 되는 '지知의 상태'[182]로 변화합니다. 그 순간[183] 행복의 정상에서 불행의 밑바닥으로 추락합니다. 아리스토텔레스가 《시학》에서 말한 것처럼 그는 '급전急轉'[184]의 주인공이 됩니다. 행복한 상태에서 불행한 상태로 갑자기 바뀌는 까닭에 아리스토텔레스는 이것을 '급전'이라 부른 것이지요.

오이디푸스 왕은 모든 권력을 처남이자 외삼촌 크레온에게 넘겨주고 왕좌에서 스스로 물러납니다. 지팡이 하나에 의지한 채 '떠돌이'[185] 장님의 길을 떠납니다. '이름 가진 모든 재앙 중에서 어느 하나 빠진 게 없다'[186]는 전령의 말처럼 그는 두 눈을 잃고 권력마저 놓아버렸습니다. 주인공의 불행이 피부로 느껴집니다. 이와 같이 갑자기 불행의 나락으로 떨어지는 오이디푸스의 급전을 지켜보면서 연극의 관객은 그를 불쌍히 여기는 '연민'[187]의 감정에 젖어 듭니다. 가엾은 마음을 주체할 수 없는 관객은 눈물을 흘리기도 합니다. 흐르는 눈물에 감정이 맑게 씻기는, 마음의 정화 상태에 이르기도 합니다. 아리스토텔레스는 관객의 이러한 정서적 반응을 '카타르시스'라고 불렀지요. 아주 유명한 연극 용어인 카타르시스는 그리스 비극에서 유래한 것입니다.

그러나 관객의 카타르시스를 자아낸다고 해도 그리스 비극이 감정적 효과[188]만 낳는 것은 아닙니다. 관객에게 풍부한 교훈을 줄 수 있는 연극이 또한 그리스 비극입니다. 희곡《오이디푸스 왕》을 읽는 독자로서, 연극《오이디푸스 왕》을 관람하는 관객으로서 얻을 수 있는 가장 큰 교훈은 무엇일까요?

오이디푸스가 스스로 장님이 된 데에는 그만한 이유가 있습니다. 전령의 말에 따르면 오이디푸스는 '그가 알고자 원했으나 알아보

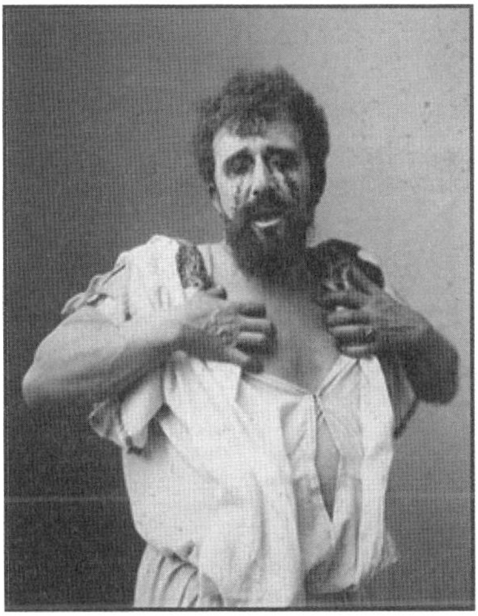

오이디푸스는 아버지를 살해하고 어머니와 결혼한 '그 남자'가 자신이라는 사실을 깨닫는다. 자살한 어머니 이오카스테의 황금 브로치로 자신의 눈을 찌르고 동공을 뽑아 장님이 되는 오이디푸스. 1896년 연극 〈오이디푸스 왕〉에서 앨버트 그라이너가 오이디푸스 역을 맡아 열연하고 있다.

지 못한 이들을 어둠 속에서 보기 위해'189 어리석은 눈을 없앴다는 것입니다. 그리스 땅에서 가장 지혜로운 사람으로 자타 공인된 오이디푸스 왕. 그러나 그는 자신이 누구인지를 까마득히 모른 채 살아왔습니다. 그는 두 눈을 뜨고서도 진실의 빛을 보지 못하는 '정신의 불구자'였음을 자책합니다. 가장 똑똑한 영웅이 아닌 가장 어리석은 맹인이었다고 자신을 혹독히 비판합니다. 그런 까닭에 오이디푸스는 진실의 빛을 감지하지 못한 두 눈을 스스로 심판한 것입니다. 그는 자신의 정체성을 확실히 깨달은 후에 비로소 인간다운 눈을 뜹니다.

너무나 많은 것을 잃어버린 오이디푸스 왕! 그러나 그는 스핑크스의 수수께끼보다 훨씬 더 어려운 '나는 누구인가?'라는 문제의 해답을 찾아냈습니다. 이제 그는 어둠 속에서도 진실의 빛을 놓치지 않는 마음의 눈에 의지하여 속죄와 참회의 새로운 인생길을 걸어갑니다. 육체적으로는 장님이 되었지만 정신적으로는 현자賢者로 다시 태어난 것이 아닐까요? 인간이 가진 진정한 눈은 육안肉眼이 아니라 '나 자신'을 바라볼 줄 아는 마음의 눈입니다.

후마니타스로 바로 본 세상과의 질문

Q1. 그리스의 모든 비극 작품에 등장하는 주인공은 '판단의 실수(hamartia)'를 저질러 불행의 나락으로 떨어집니다. 오이디푸스가 범한 판단의 실수는 무엇이었나요?

Q2. 여러분도 공동체의 구성원입니다. '나'의 잘못 때문에 공동체가 피해 봤을 때 '나'는 공동체의 모든 구성원 앞에서 어떤 말을 들려주고 어떤 행동을 해야 할까요? 테베 왕국의 재앙이 오이디푸스의 잘못으로 인한 것임을 알게 된 후에 그가 보여준 말과 행동을 참고하여 이야기해 보세요.

Q3. 인문학의 본질은 '인간다움'을 탐구하는 것입니다. 오이디푸스에게서 배울 수 있는 인간다움이 있다면 무엇일까요? 서로 이야기를 나눠 보세요.

Humanities lecture

·9강·

자유와 평등은 인간의 기본권이다

장 자크 루소의 《사회계약론》과 민주주의 이야기

장 자크 루소(Jean Jacques Rousseau, 1712~1778)

정치철학의 거목, 장 자크 루소

스위스의 대표 도시 취리히와 제네바. 취리히가 독일어권 문화 지역이라면 제네바는 프랑스어권 문화 지역이다. 루소는 제네바에서 태어난 프랑스인이다. 태어난 지 9일 만에 어머니가 세상을 떠나고 불우한 어린 시절을 보냈다. 정규 교육을 받지 못했지만, 독서에 열중하며 독학으로 사상을 키워나갔다. 공화주의 또는 민주주의 체제를 유지하는 국가들은 루소에게 감사해야 한다. 그의 정치철학이 '직접민주주의'를 전 세계에 전해주었다고 해도 지나친 말은 아니기 때문이다. 루소는 인간이라는 존재는 누구나 자유롭고 평등하게 태어났다고 믿었다. 그러나 자연상태를 벗어나면서부터 인간은 불평등한 사회를 조성하고, 권력을 가진 소수가 만인의 자유를 억압하는 시대를 만들었다고 비판한다. 본래 모습대로 자유롭고 평등하게 살아가는 인간의 존재 양식을 회복하기 위해서는 개혁 과정이 필요하다는 것을 강조하였다. 볼테르와 함께 프랑스의 계몽주의를 대표하는 계몽사상가 장 자크 루소. 그의 대표 저서로는《인간 불평등 기원론》(1755),《사회계약론》(1762),《에밀》(1762),《고백록》(1782) 등이 있다.

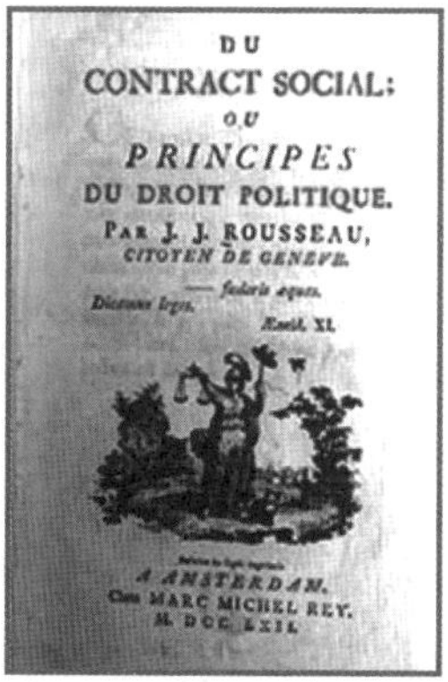

장 자크 루소의 정치철학을 대표하는 저서《사회계약론》의 프랑스어판 표지.

민주사회의 기초로 돌아가려면 이 책을 읽어라

장 자크 루소의 《사회계약론》은 1762년 네덜란드에서 출간되었습니다. 이 책은 〈뉴스위크〉가 '세계 최고의 책 50권' 중 한 권으로 선정할 만큼 정치철학의 대표 고전으로 꼽힙니다. 본래 갖고 있던 인간의 자유와 평등을 되찾으려면 어떤 사회적 해법이 필요할까요? 《사회계약론》은 그 해법을 명쾌하게 제시합니다. 루소는 이 책에서 주권과 주권자의 개념에 관해 이야기합니다. 주권자는 국민이며 국민의 주권은 누구에게도 양도할 수 없다고 말합니다. 국민이 그들의 대리자인 위정자에게 양도하는 것은 권력과 권리일 뿐입니다. 어째서 그럴까요? 모든 권력과 권리는 국민의 주권에서 나오기 때문입니다.

국민이 불평등한 사회에서 자유를 제약당하는 것은 누군가가 권력과 권리를 독점한다는 뜻입니다. 그 독점을 막기 위해서는 주권자인 국민이 모두 합의하여 계약을 맺어야 합니다. 이 '계약'을 통해 권력과 권리를 위정자에게 위임해야 한다고 루소는 주장합니다. 국민에게 위임받은 권력과 권리를 위정자가 남용할 수 없도록 국민은 '법'의 구속력으로 위정자의 정치 행위를 견제해야 한다고 강조합니다. 그의 《사회계약론》은 '평등'이라는 토대 위에서 '자유'라는 집을 세우는 민주주의의 설계도가 되었습니다. 1789년 파리 시민들은 이 설계도에 따라 '프랑스 대혁명'이라는 건설 프로젝트를 진행하였습니다. 루이 16세가 지배하던 절대왕정의 낡은 집을 철거하고 공화주의 사회를 신축한 것입니다.

자유를 지켜내기 위해 사회계약을 맺어야 한다

《사회계약론》의 원제는 '사회계약론 또는 정치적 권리의 여러 원리'[190]입니다. 세계인에게 알려진 제목은 '사회계약론'이므로 '정치적 권리의 여러 원리'는 부제의 성격을 갖습니다. 루소는 이 책의 제목 밑에 '제네바 시민 장 자크 루소가 씀'이라고 명시하였습니다. 자신이 저자임을 뚜렷이 밝힌 것입니다. 제네바는 스위스에서 프랑스어 문화권을 대표하는 도시입니다. 루소는 이곳이 자신의 고향임을 알려주지만, 그것보다 더 강조점을 둔 것은 '시민'입니다. 그는 왜 '시민'이라는 낱말을 첫 페이지에 부각했을까요? 《사회계약론》의 내용을 읽어보면 그 이유를 알게 됩니다. 정치를 주관하는 모든 권리의 주인이 시민이라는 것을 말하고 싶었던 것입니다.

루소는 이 책의 내용을 시작하기 전에 로마의 시인 베르길리우스의 서사시 《아이네이스》 11편의 문장을 인용합니다.

"자, 우리, 공평한 조약을 맺자고 제안합시다."[191]

《아이네이스》에서 라티움의 왕 라티누스가 트로이 사람들과 라티움 사람들의 전쟁을 끝내고 아이네이아스와 조약을 맺을 것을 제안하는 장면입니다.[192] 루소가 '조약'을 인용한 까닭은 무엇일까요? 시민이 주도하는 민주 공동체는 사회계약[193]에서 시작된다는 사실을 강조하기 위해서입니다. 실제로 《사회계약론》의 제1부 제목은 '기본 원칙 : 사회계약'입니다. 모든 시민이 평등하게 살아가면서 예속과 억압이 없는 자유를 보장받으려면 모든 시민이 합의할 수 있는 합리적 계약을 맺어야 한다고 강조합니다. "사회질서는 다른 모든 권리의 바탕이 되는 신성한 권리이지만 그 권리는 자연에서 유래하는 것이 아니라 계약에 기초하고 있다."[194]고 루소는 말합니다. "그러므로 그것이 어떤 계약인지 알아야만 한다."[195]는 루소의 말처럼 계약의 의미를 이해하는 것은 민주주의를 이해하는 것과 같은 의미입니다. 우선 인간이 이러한 계약을 맺지 않으면 안 되는 이유부터 알아볼까요? 그 이유를 알기 위해서는 인간의 사회적 조건이 어떻게 바뀌어 왔는지 이해할 필요가 있습니다.

자유와 평등은 본래부터 인간에게 주어진 권리였다고 루소는 주장합니다. 그의 견해에 따르면 인간은 누구나 자유롭게 태어났다는 것입니다. 만인이 누리는 이 '자유'의 전제조건은 만인의 평등입니다. 누구나 평등하기 때문에 누구나 자유를 누릴 수 있지요. 평등과 자유는 인간이 태어날 때부터 자연스럽게 부여받은 자연권이라고 루소는 믿었습니다. 인간은 단 한 사람도 예외 없이 존엄하므로 '평등'과 '자유'라는 권리를 하늘에서 부여받았다는 것입니다. 이 점에서 루소는 선배 계몽사상가인 존 로크[196]의 자연권 사상과 천부인권설天賦人權說을 받아들여 자신의 정치철학으로 발전시켰다고 말할 수 있습니다.

본래 자유롭게 살아가던 인간은 언제부터 자유롭지 못한 예속의 멍에를 지게 되었을까요? 평등한 존재인 인간은 어째서 불평등한 위계질서의 굴레에 갇히게 되었을까요? 문명의 발전 과정과 함께 인간이 자연상태를 벗어나 사회 상태[197]로 이행하면서 심각한 사회 문제가 생겨났습니다. 문명의 사회구조는 '권력'이라는 괴물을 낳았습니다. 이 괴물은 몇 사람의 전유물이 되었습니다. 권력을 소유한 소수의 지도자가 권력을 소유하지 못한 다수의 사람을 지배하는 수직적 위계질서가 뿌리내리고 말았습니다. 자연권과 천부인권이 땅바닥에 버려지고 짓밟혔습니다. 루소의 《사회계약론》은 이러한 불평등과 부자유를 경험하는 수많은 사람에게 '평등과 자유'라는 자연권을 회복하는 길을 열어주고 있습니다.

소수의 권력자가 강요하는 불평등을 평등으로 돌려놓으려면 사회를 개혁하려는 노력이 필요하지 않을까요? 소수의 지배자에 의해 억압당하는 국민의 자유를 되찾으려면 혁명이 필요하지 않을까요? 루소의 《사회계약론》은 인류사회의 땅에 깊숙이 박혀 있는 불평등의 뿌리를 뽑아낼 수 있는 개혁 방법을 제시합니다. 그의 《사회계약론》은 인류사회의 풀밭을 덮어버린 부자유의 독초를 제거할 수 있는 지혜를 가르쳐 줍니다. 그 지혜와 방법이 루소가 말하는 '사회계약'입니다. 루소는 계약 내용을 말하기 전에 먼저 개혁과 혁명의 정당성을 강조합니다. 제1부 1장을 펼쳐 보겠습니다.

"그들(국민)에게서 자유를 빼앗아간 권리와 똑같은 권리로 그 자유를 되찾는 것이기 때문에 그들은 그 자유를 되찾을 충분한 자격이 있든지, 아니면 그들에게서 자유를 빼앗아 갈 근거가 전혀 없었던 것이다."[198]

자연권과 천부인권으로 부여받은 국민의 자유. 그 '자유를 빼앗아간' 자들의 '권리'와 자유를 되찾는 국민의 권리가 동등하다고 루소는 말합니다. 애초부터 국민에게서 '자유를 빼앗아 갈 근거가 전혀 없었던' 까닭에 국민에게 자유를 돌려주는 것이 마땅할 뿐만 아니라, '국민이 자유를 되찾을 자격도 충분하다.'고 루소는 당당히 밝히고 있습니다. 무너진 평등의 토대 위에 자유의 집을 재건하는 것이 인류사회의 역사를 바로잡는 정당한 일임을 책의 주제로 선언하는 것입니다.

루소의 믿음처럼 인간은 자유롭게 태어났습니다.[199] 그러므로 인간이 잃어버린 자유를 되찾는 것은 인간의 정체성과 존엄성을 회복하는 것과 같은 의미입니다. 억압의 사슬에서 풀려나 자신의 정치적 견해를 자유롭게 말하고 사회 활동을 제약 없이 펼쳐가는 것은 행복을 추구하는 것과 같은 의미입니다. 자유를 추구하면서 자유를 누리는 권리는 곧 행복을 추구하면서 행복을 만끽하는 권리와 같은 것입니다. 이와 반대로, 태어날 때부터 그 누구에 의해서도 침해당할 수 없는 자유를 스스로 포기하는 사람은 '인간으로서의 자격과 권리'를 버리는 것과 같다고 루소는 비판합니다. 전 세계의 모든 사람에게 내미는 루소의 정치적 옐로카드를 읽어볼까요?

"자신의 자유를 포기하는 것, 그것은 곧 인간으로서의 자격과 인간으로서 갖는 권리, 심지어는 의무까지 포기하는 것이다. 누가 됐건 모든 것을 포기해버리는 사람에게는 아무 대가도 주어지지 않는다. 그 같은 포기는 인간 본성에 어긋난다. 그의 의사에서 모든 자유를 빼앗아버리는 것은 곧 그의 행동에서 모든 도덕성을 제거해버린다는 것을 뜻한다. 요컨대 한쪽에 대해서는 절대적 권위를, 다른 쪽에 대해서는 무조건적 복종을 (사회계약의) 조건으로 내세우는 계약이란 아무 의미도 없고 모순적이다."[200]

'누구나 갖고 있는 이 자유는 인간 본성의 결과'[201] 라고 생각하는 루소. 그의 말이 옳다면 인간은 누구나 자유를 가진 채 태어납니다. 자유의 주인은 타인이 아니라 그 자유를 갖고 태어난 인간 '자신'인 것입니다. 그러므로 누구에게도 빼앗길 수 없고 빼앗겨서도 안 되는 것이 '자유'의 신성한 법칙입니다. 결코 빼앗길 수 없는 권리가 자유라면 그것을 포기해서는 안 되겠지요. 자유에 대한 포기는 루소의 말처럼 인간의 자격을 포기하고 자신을 인간 이하의 밑바닥으로 추락시키는 어리석은 행위입니다. '인간으로서의 자격'을 잃지 않는 인간다운 인간으로서 살아가려면 자신의 '의사'를 다양한 방식으로 표현할 수 있는 자유를 고수해야 합니다.

자유를 고수한다는 것은 그것을 지켜낸다는 것을 의미합니다. 국민의 삶에서 자유를 지켜내는 것보다 더 중요한 일은 없습니다. 사유를 빼앗아가려는 '권위'의 힘이 시시각각 국민의 자유를 위협하기 때문입니다. 루소가 위에서 지적한 것처럼 위정자가 자신의 '절대 권위'를 앞세워 국민의 자유를 빼앗고 국민에게 '무조건 복종'을 요구하는 계약을 제시한다면, 국민은 인간 이하로 살아야 합니다. 위정자가 가진 권위의 힘은 매우 강합니다. 국민의 개별 노력만으로는 자유를 지켜내는 것이 어렵습니다. 자유의 주인답게 자유를 추구하고 누리기 위해서는 모든 국민이 일치단결하고 협력해야 합니다.[202] 국민은 모두의 이름으로 합의하여 합리적으로 공평한 사회계약[203]을 맺어야 합니다. 국민이 스스로 자유를 지켜낼 수 있는 합리적 사회계약의 내용은 무엇일까요? 그 내용을 루소는 국민, 주권, 권리, 국가, 법, 위정자 간의 상호관계에서 명쾌하게 설명하고 있습니다.

국민의 주권이 국가를 움직인다
- 루소의 평등적 공화주의와 민주주의

루소는 《사회계약론》의 2부에서 '주권의 본질과 한계'[204]를 명확하게 설명합니다. 그 설명에 따르면 정치 주권을 가진 자는 오직 국민입니다. 모든 국민이 주권자입니다. 정치와 관련한 모든 권리와 권력은 국민의 주권에서 나옵니다. 이와 같은 민주주의의 기본 원칙이 《사회계약론》에 뚜렷이 새겨져 있습니다. 국민은 주권자로서 '전체 의사'[205]를 결집할 수 있습니다. 국민은 모두의 뜻을 하나로 일치시킨 전체 의사를 법으로 정해 놓습니다. 루소는 법을 '전체 의사의 행위'[206]라고 말합니다. 그렇다면 국민의 전체 의사는 법적 구속력을 갖겠지요? 국민은 법적 구속력을 지닌 전체 의사에 의해 합법적 정치공동체를 결성합니다. 그것이 곧 국가입니다. 국가를 만든 주체는 국민입니다. 국가를 형성하는 것은 국민의 주권에서 발생하는 국민의 고유한 권리입니다.

국가를 만든 목적은 무엇일까요? 국가의 형성 목적은 국민이 사회계약을 맺은 목적과 다르지 않습니다. 루소의 견해에 따르면, 국민이 전체 의사를 결집하여 사회계약을 맺은 궁극적 목적은 '자유'와 '평등'을 회복하고 지켜내는 것입니다. 본래는 자연권과 천부인권으로 부여된 자유와 평등이지만, 절대왕정의 왕들에 의해 빼앗긴 바로 그 평등과 자유를 되찾아 고수해나가는 것입니다. 그것이 사회계약을 맺는 이유입니다. 국가를 만든 목적이 사회계약을 맺은 목적과 다르지 않다면 국가는 마땅히 국민의 자유와 평등을 보장해야 합니다. 국민이 자유와 평등을 지켜내려면 기본적으로 개인의 신체 및 생명의 안전을 보장받아야 합니다. 자유롭게 평등하게 안전하게 살아가면서 개인의 이익을 포함한 국민 모두의 '공통의 이익'[207]을 보장받아야 합니다.

국민은 자유와 평등과 안전과 공통의 이익을 보장받기 위하여 전체 의사의 힘으로 국가를 결성하였습니다. 그러므로 국가는 국민이 그것을 만든 목적을 실현해주어야 합니다. 국가를 만든 목적에 국민의 기대와 바람이 담겨 있기 때문입니다. 이 기대와 바람을 저버리는 국가는 국가가 아닙니다. 국민이 국가를 위해서 존재하는 것이 아니라 국민을 위해서 국가가 존재하는 것입니다. 그것이 루소가 생각하는 민주주의입니다. 국가의 번영을 위해 국민이 희생하고 헌신해야 한다는 정치 논리는 구시대 독재자들이 자신의 독재를 강화하기 위해 사용한 명분에 불과합니다.

국가의 대리기구를 정부 또는 행정부라고 합니다. 정부를 이끌면서 정치하는 사람을 위정자라고 합니다. 위정자는 국민의 대표자가 아니라 국민이 뽑은 심부름꾼입니다.[208] 국가의 활동 목적을 실현하라는 뜻에서 국민이 위정자에게 심부름을 시키는 것입니다. 그러므로 주권자인 국민은 국가와 정부와 위정자에게 주권을 양도해서는 안 됩니다. 국가의 대리기구인 정부의 권리도, 그 정부를 이끄는 위정자의 권력도 모두 다 '주권'에서 나온 것입니다. 국민은 자신의 주권에서 생겨난 권리와 권력을 정부와 위정자에게 양도하고 위임할 뿐입니다. 루소는 국민의 주권만큼은 절대로 양도할 수 없는 것임을 다음과 같이 말하고 있습니다.

> "나는 주권이란 오직 전체 의사를 행사하는 것이기 때문에 절대 양도될 수 없으며, 주권자는 집합적 존재이므로 오직 그 자신에 의해서만 대표될 수 있다고 말한다. 권력은 이양될 수 있지만 의사는 이양될 수 없다."[209]

주권자인 국민이 국가와 정부와 위정자에게 주권을 양도할 수 없는 이유는 분명합니다. '집합적 존재'인 국민은 신성불가침인 주권의 힘으로 '법'을 만들었습니다. 국민의 전체 의사를 행동으로 옮긴 것입니다. 국민은 그 법을 움직여 법의 힘으로 국가를 만들었습니다. 그러므로 국가를 움직이는 모든 권리와 권력의 근원은 국민의 주권입니다. 국민이 국가에게 주권을 양도할 수 없는 이유가 뚜렷해집니다. 국가의 대리기구인 정부와 그것을 이끄는 위정자에게 '주권이 양도될 수 없는' 사정은 당연한 것입니다. 국민은 국민의 심부름 기관인 정부에게 권리를 위임할 뿐입니다. 국민은 국민의 심부름꾼인 위정자들에게 권력을 이양할 뿐입니다. 그것이 주권자의 특권이며 주권의 절대적 힘이기 때문입니다.

루소의 말에 동의한다면 국가와 정부와 위정자는 국민주권주의國民主權主義의 원칙을 망각하지 않아야 합니다. 전체 의사의 또 다른 이름은 국민의 뜻입니다. '국민의 뜻'이라는 씨앗을 받아 권리와 권력을 잉태한 정치적 모태가 주권임을 잊지 않아야 합니다. 그 권력과 권리를 낳은 정치적 어머니가 국민임을 기억해야 합니다. 정부와 위정자들은 국민에게서 위임받은 권리와 이양받은 권력을 국민을 위해 사용해야 합니다. 위정자도 국민의 한 사람으로서 국민의 일치된 뜻인 '전체 의사' 속에 자신의 의사를 합치했기 때문입니다. 그러면 정부와 위정자는 국민에게서 넘겨받은 권리와 권력을 어떤 행동방식으로 사용해야 할까요? 어떻게 사용하는 것이 국민을 위한 길이 될까요?

정부와 위정자는 국가의 설립 목적에 부응해야 합니다. 국민이 전체 의사를 행사하여 설립한 정치공동체가 국가이므로 국가는 마땅히 국민을 위해서 생겨난 것이지요. 그렇다면 국가 기능을 대행하는 정부와 위정자는 국민의 전체 의사가 실현되도록 심부름꾼 역할을 다해야 합니다. 그것이 루소가 바라는 정부와 위정자의 본분입니다. 정부와 위정자는 국민 모두의 생명과 신체의 안전을 책임져야 합니다. 국민 모두의 자유와 평등을 보장해야 합니다. 국민의 전체 의사를 위배하지 않는 자유라면 합법이므로 마땅히 그 자유를 보장해 주어야 합니다. 《사회계약론》에서 루소는 국민의 모든 이해가 일치하는 합치점을 '공통의 이익'이라 불렀습니다.[210] 정부와 위정자는 이 공통의 이익을 실현해주어야 합니다. 그들은 국민의 대표자가 아니라 국민의 부름을 받아 공통의 이익을 이루기 위해 일하는 국민의 공복公僕이기 때문입니다. 이것이 바로 루소가 이야기하는 '평등적 공화주의'이며 자유민주주의입니다.

그러나 주권자인 국민이 주권을 포기하고 위정자에게 복종하는 길을 걸어간다면 그것은 국민의 전체 의사를 위반하는 것과 같습니다. 루소가 말한 것처럼 '전체 의사의 행위'가 법이므로 국민이 주권을 포기하고 위정자에게 굴복하는 것은 국민이 스스로 법을 파괴하는 것과 같습니다. 공통의 이익을 위해 일하는 심부름꾼이 독재자로 변질하는 것을 국민이 방관한다면 어떤 결과로 이어질까요? 그에게 잠시 맡겨둔 공복의 권리가 제왕의 절대권력으로 타락하는 것을 국민이 내버려 둔다면 어떤 해악이 따를까요? 민주적 정치공동체가 무너지고 국민의 자유와 평등에 적신호가 켜질 것이라고 루소는 다음과 같이 경고합니다.

"그러므로 만일 국민이 복종하겠다고 간단히 약속한다면, 국민은 이 같은 행위를 통해 해체되고 국민으로서의 자격을 상실한다. 지배자가 생겨나는 순간, 주권자는 존재하지 않으며, 그때부터 정치체政治體는 와해된다."211

위정자가 제왕 같은 지배자로 변질하는 것은 국민이 주권을 포기한 채 그의 뜻에 맹목적으로 복종하기 때문입니다. 국민이 전체 의사를 통하여 위정자에게 잠시 맡긴 국민 모두의 권력을 '맡김'의 상태가 아니라 통째로 헌납해버린 것입니다. 그것은 매우 어리석은 반反민주적 정치 행위입니다. 이렇게 국민이 정치적으로 잘못 판단하고 비이성적으로 선택한 정치 행위의 결과는 어떻게 나타날까요? 루소가 위에서 비판한 것처럼 '국민'이라는 집합적 존재가 해체되고 국민의 자격을 잃게 됩니다. 국민은 이제 국민이 아니게 됩니다. 주권자라고 말할 수 없기 때문입니다. 지배자의 지배를 자청하면서 자유와 평등을 스스로 내던졌으니까요.

국민이 전체 의사를 법으로 정하여 합법적으로 '정치체'를 결성하였다 해도 위정자의 지배를 받는 '순간'에 국민의 정치체는 무너지고 분쇄됩니다. 루소의 말처럼 국민의 '정치체가 와해된다'는 것은 국가가 허수아비로 전락한다는 뜻입니다. 국가의 본래 기능인 국민의 '공통의 이익'을 실현하는 기능이 마비되는 것입니다. 국민이 위정자에게 지배받는 것은 국민의 전체 의사로 맺은 사회계약을 국민 스스로 배반하는 것과 같습니다. 사회계약의 내용에 따르면 국민이 복종해야 할 대상은 오로지 국민 모두의 일치된 뜻인 '전체 의사'일 뿐입니다. 국민이 합의한 전체 의사에 복종하기를 거부하고 지배자에게 복종하는 순간, 그들이 애초에 맺은 사회계약은 '있으나 마나 한 형식'212으로 추락합니다.

대외적으로 '민주주의 국가'를 자처하면서도 민주주의에 역행하는 길을 걸어온 나라가 꽤 많습니다. 군부독재의 암흑기를 경험한 대한민국도 그중의 하나입니다. 위임받은 권력을 남용하여 독재를 강화하고 이양받은 권리를 악용하여 사리사욕을 채우는 사이비 위정자들이 전 세계에서 골고루 쏟아져 나왔습니다. 그들은 루소가 갈망한 평등적 공화주의와 민주주의를 파괴한 자들입니다. 그들이 민주적 정치공동체를 와해한 것은 분명하지만, 그들의 책임보다 국민의 책임이 더 크고 무겁습니다. 그들의 권력 남용을 비판하기는커녕 오히려 그들에게 복종하면서 국민 모두의 전체 의사를 배반했으니까요.

에리히 프롬Erich Fromm은 스스로 주권을 포기한 채 위정자에게 맹목적으로 복종하는 국민을 '자동인형'213이라 불렀습니다. 그는 저서 《자유로부터의 도피》에서 히틀러에게 복종했던 독일 국민과 스탈린에게 굴복했던 소련 인민을 자동인형의 사례로 제시합니다.214 국민은 자신이 가진 주권의 힘으로 권력을 위정자에게 위임한 후에 위정자가 국민의 전체 의사에 부합하는 방향으로 권력을 행사하는지를 객관적으로 판단하고 검증해야 합니다. 그것이 주권자의 기본 의무입니다. 국민이 주권자의 의무를 포기하고 위정자의 자동인형으로 전락할 때 민주주의는 죽음을 맞이합니다.

국민이 맡긴 권력을 자신의 소유물로 독점하는 위정자의 전횡을 막지 못한다면 국민의 자유와 평등은 사라집니다. 루소가 애타게 바라던 평등적 공화주의와 민주주의에 역행하는 길을 차단하고 반민주의 역사가 반복되는 것을 막으려면 국민 스스로 민주주의의 본질과 내용을 잘 알고 있어야 합니다. 주권을 올바르게 행사할 수 있는 국민의 자격과 책임을 갖기 위해서입니다. 그 자격과 책임이 무엇인지를 가르쳐 주는 정치철학의 고전이 루소의 《사회계약론》입니다. 이 책은 민주주의의 길잡이 역할을 톡톡히 해내고 있습니다.

후마니타스로 바로 본 세상과의 질문

Q1. "국민의 의원들은 국민의 대표자가 아니고, 국민의 대표자가 될 수도 없다. 그들은 국민의 심부름꾼에 지나지 않는다." 루소는 《사회계약론》에서 이같이 말했습니다. 그의 말에 비추어 보면 대통령, 국무총리, 장관, 국회의원 등 위정자는 국민의 심부름꾼입니다. 루소가 그들을 '심부름꾼'이라 부른 이유는 무엇일까요? 위정자가 국민을 위해 어떤 정치를 펼치기를 루소는 바란 것일까요?

Q2. 민주주의 정치 원리는 국민주권주의國民主權主義임을 《사회계약론》에서 배울 수 있습니다. 대한민국의 헌법 제1조 2항에서도 "대한민국의 주권은 국민에게 있고, 모든 권력은 국민으로부터 나온다."고 되어 있습니다. 대한민국의 모든 국민이 합의하여 국민주권주의를 법으로 정하고 대외에 선포한 것입니다. 여러분이 생각하는 '국민주권주의'란 무엇인가요? 토론해 보세요.

Q3. 에리히 프롬은 저서 《자유로부터의 도피》에서 히틀러에게 맹목적으로 복종한 독일 국민과 스탈린에게 굴종한 소련 인민을 '자동인형'이라고 비판하였습니다. 국민이 비판의식을 상실한 채 독재자에게 충성한 결과는 정치 타락으로 나타난다는 교훈을 얻을 수 있습니다. 민주사회의 토대를 굳건히 하려면 국민에게 필요한 역할은 무엇인가요? '주권자는 국민'이라는 루소의 생각에 기초하여 이야기해 보세요.

Humanities lecture

· 10강 ·

참된 인간을 기르고 세우라!

존 듀이의 《민주주의와 교육》과 전인교육 이야기

실용주의 교육사상가 존 듀이
(John Dewey, 1859~1952)

지식과 삶의 하나 됨을 교육의 지표로 제시한 교육사상가 존 듀이

미국 버몬트주의 버얼링턴Burlington에서 태어난 존 듀이는 15세에 버몬트 주립대학교에 입학하여 학문 탐구를 시작하였다. 1884년 존스 홉킨스 대학교에서 철학박사 학위를 받고, 바로 그해에 같은 대학의 교수가 되어 1888년까지 재직하였다. 1894년부터 1904년까지 명문 시카고 대학교의 교수로서 '시카고학파'를 이끌었다. '철학이란 철학자의 여러 문제를 해결하기 위한 방법이 되어야 한다.'는 것이 듀이 교육철학의 핵심이었다. 철학자의 지성은 문제 해결의 도구 역할을 하는 '창조적 지성'이 되어야 한다고 후학들에게 가르쳤다. 그러므로 듀이의 교육철학에 '실천적 이상주의' 또는 '도구주의'라는 이름이 붙여졌다. 교육학 분야에서 '실용주의 교육학의 원조'로 불리는 그의 대표 저서로는 《민주주의와 교육》(1916)을 비롯해 《학교와 사회》(1899), 《인간성과 행위》(1922), 《경험과 자연》(1925), 《확실성의 탐구》(1929), 《경험으로서의 예술》(1934), 《경험과 교육》(1938), 《자유와 문화》(1939) 등이 있다.

영문판 《민주주의와 교육》의 표지. 존 듀이 전집 중 제9권이다.

지덕체의 조화로운 성숙을 사회발전의 토대로 제시한 《민주주의와 교육Democracy and Education》

총 26장으로 구성된 《민주주의와 교육》은 '교육철학 개론'이라는 부제를 달고 있습니다. 과학 실험을 통해 구체적 실증을 추구하는 존 듀이의 '실용주의 교육철학'을 민주사회의 발전 원리와 연관시킨 현대 교육학의 명저입니다. '교육학이란 무엇인가?'라고 제목을 바꿔도 손색없을 만큼 이 책은 교육의 본질을 매우 구체적으로 서술하고 있습니다. 그러나 듀이는 교육의 본질과 함께 교육의 실용적 기능, 교육 방법, 교육 평가, 교육 사상까지도 다양하게 이야기하고 있습니다. 그러므로 독자들은 《민주주의와 교육》에서 '실용주의 교육철학'의 성격을 충분히 이해할 수 있습니다. 듀이가 이 책을 저술한 궁극적 목적과 기대효과는 무엇일까요? 그것은 인간의 정신과 육체의 조화를 도모하는 지덕체智德體 교육의 효과를 극대화하여 사회발전의 토대를 든든히 구축하는 것이었습니다.

환경과 교육의 상호작용을 통해 '나'를 개조하라

모든 학문의 이론은 실제 경험에서 나온 것이라고 듀이는 생각합니다. 어떤 이론이든지 인간 생활에 실제로 적용될 수 있어야만 한다고 믿었습니다. 이러한 신념이 《민주주의와 교육》의 출발점입니다. 학문 이론이 인간의 삶에 적용되지 못하고 생활 향상에 도움을 주지 못하면 계층 간 갈등과 대립이 발생하게 됩니다. 이것이 사회의 민주 발전을 가로막는 원인으로 작용합니다. 그러므로 민주사회가 형성되어 발전하려면 학교에서 습득하는 이론과 지식이 일반 대중의 생활에 실질적 혜택을 주는 방향으로 적용되어야 합니다.《민주주의와 교육》은 이러한 사실을 일깨워줍니다.

참된 인간으로 성장하려면 '나'를 바람직한 방향으로 변화시켜야 합니다. 그 변화를 듀이는 '개조'[215]라고 말했습니다. 인간은 태어나면서부터 각자 고유한 환경에 직면합니다. 의지와 무관하게 '나'에게 환경이 주어집니다. 객관적으로 볼 때 '나'의 환경이 좋지 않다고 해도 내가 인간답게 살아가려면 그 환경에 맞서 '나'를 발전시킬 수 있는 방향을 찾아야 합니다. 이렇게 '나'의 발전을 꾀하는 방향으로 환경에 적극적으로 작용해서 앞으로 나아가라고 듀이는 말합니다.

"생활이란 환경에 대한 작용을 통해서 자기를 새롭게 해나가는 과정인 것이다."[216]

듀이의 말은 진취적 의지를 일깨웁니다. 생활환경이 열악할수록 '나'의 성장을 방해하거나 해칠 수 있는 에너지가 있습니다. 올바른 인간으로 성장하려면 이 부정적 에너지를 어떻게 해소해야 할까요? 듀이는 '나'의 성장을 위하여 이 장애 에너지를 '정복하고 제어하라'[217]고 조언합니다. 나의 발전을 가로막거나 나를 몰락시킬 수도 있는 생활환경의 부정적 요소를 막아낼 뿐만 아니라 적극적으로 극복해나가야 한다는 것입니다. 참된 인간으로 성장하려면 '나'를 개조하려는 능동적 노력이 필요합니다. 이렇듯 성장과 발전을 위해 꼭 필요한 '자기 개조' 과정은 지상의 모든 생물이 예외 없이 밟아가는 불변의 자연법칙입니다.

생물 중에서도 인간은 이성을 가진 존재입니다. 그렇다면 나 자신이 인간으로서 끊임없이 지속해나가는 '자기 개조'의 활동 중에 가장 중요한 것은 무엇일까요? 듀이는 그것을 '교육'이라고 말합니다. '교육'이라는 자기 개조 활동은 '나'의 개인 성장뿐 아니라 인간사회의 발전에 꼭 필요합니다. 환경에 대한 적극적 작용을 통하여 '나'를 인간다운 인간으로 개조해 나가는 교육 활동이 우리의 공동체를 인간다운 인간사회로 발전시킨다고 듀이는 믿었습니다.

기존 사회를 구성하고 움직여 온 사람들도 언젠가는 수명이 다해 죽어갑니다. 그것이 만물을 움직이는 자연법칙이니까요. 그들이 사회 안에 쌓아놓은 경험이 있겠지요? 그 경험은 지식이 되었습니다. 그 경험은 책 속에 기록되었습니다. 그 경험은 책을 매개체로 삼아 교육을 통하여 전승됐습니다. 그 경험 중에는 새로운 시대와 사회에 도움이 되지 않아 낡아버린 경험적 지식이 많습니다. 따라서 옛사람들의 경험적 지식은 어쩔 수 없이 변화하고 개조되어야 할 필연성을 갖게 됩니다. 교육의 필연성이 생겨나는 것입니다.

새롭게 태어난 사람들이 새 시대를 움직이고 새 사회를 구성합니다. 기존의 낡은 경험과 낡은 지식은 '교육'이라는 개조 과정을 통하여 새 경험과 새 지식으로 개조됩니다. 사회의 환경과 문화가 바뀝니다. 경험과 지식의 개조가 생활의 개조를 가져오기 때문입니다. 이처럼 사회 환경을 변화시키고 생활을 개조하는 활동 과정이 교육입니다. 옛 경험, 옛 지식, 옛 생활을 새로운 것으로 개조하여 '나'를 더 나은 인간으로 성장시키고 사회를 더 좋은 사회로 발전시키는 데 꼭 필요한 정신 에너지를 제공하는 것이 교육의 길입니다.

> "빠른 속도로 바뀌는 사회의 환경에 적극적으로 작용하여 '나' 자신을 끊임없이 개조하라!"218

듀이는 후학들에게 위와 같이 당부합니다. 개조의 궁극적 목적은 무엇일까요? 나를 사회 발전에 기여할 수 있는 인간으로 성장시키는 것입니다. 이렇게 긍정적이면서도 건설적으로 '나'를 개조하려면 교육의 질적質的 개선이 필요합니다. 특히 학교 교육은 환경과 문화의 변화에 대응하여 발 빠르게 작용해 나가야 합니다.

사회 환경과 문화가 바뀐다는 것은 그동안 축적된 경험적 지식이 새로운 지식에 의해 보완되거나 대체되기도 하고 심지어는 폐기되기도 하는 변화를 의미합니다. 그렇다면 학교에서 가르치는 교육 내용도 변화가 불가피합니다. 환경과 문화의 변화에 따라 교육 내용, 교육 방법, 교육 과정도 바뀌어야 합니다. 학교 교육의 개조를 통하여 '나'를 개조함으로써 지금의 내가 경험하는 사회 환경과 문화를 더 나은 단계로 발전시키는 길이 열립니다. 듀이는 환경과 교육의 상호작용을 통하여 끊임없이 자신을 개조해 나갈 때 사회의 지속적 발전을 기약할 수 있다고 믿었습니다.

민주적 교육은 왜 필요한가?
- 존 듀이의 민주주의 사상과 전인교육의 비전

"학교시설을 충분히 확충하고 그 능률을 충분히 높여, 경제적 불평등의 효과를 명목뿐만이 아니라 실제로 줄이고, 모든 국민이 장래의 생활에 필요한 지식이나 기능을 평등하게 습득하도록 보장해야만 한다. 이 목적을 달성하기 위해서는 행정적으로 학교시설을 충분히 정비하고, 더 나아가 젊은이들이 이들 시설을 이용할 수 있도록 가정이 뒷받침 해주어야 한다."219

듀이의 말에서 민주적 교육의 필요성을 느낄 수 있습니다. 《민주주의와 교육》에서 듀이가 말하는 민주주의란 정치적 의미만 뜻하는 개념이 아닙니다. 우리가 루소의 《사회계약론》에서 살펴본 것은 국민의 주권에 의한 평등과 자유의 실현이었지요? 듀이는 그런 정치적 의미를 말하기 위해 '민주주의'라는 낱말을 사용하는 것이 아닙니다. 그가 교육과의 관계에서 언급하는 민주주의는 인간이 가장 인간답게 살 수 있는 총체적 생활양식입니다. 듀이가 제시한 민주주의는 광범위한 문화의 의미를 지닙니다. 사회 구성원들이 평등한 위치에서 자유를 누리는 가운데 서로 도움을 주고받는 상호부조로 서로의 발전을 돕는 생활양식! 이것이 듀이가 꿈꾸는 민주주의입니다. 그의 이상理想이긴 하지만 우리가 모두 공동의 노력을 기울여 현실로 정착해야 할 생활양식이 아닐까요? "가장 이상적인 것이 가장 현실적인 것"220이라는 철학자 헤겔G. W. F. Hegel의 말처럼 이상을 실현하기 위해 노력하지 않는다면 현실의 발전도 없으니까요.

철학자 칸트Immanuel Kant의 《도덕 형이상학을 위한 기초 놓기》를 읽어보면 인간의 인간성과 인격을 수단이 아니라 '목적 그 자체'221로 존중하는 것이 인간의 '도덕'임을 이해하게 됩니다. 듀이도 교육의 주체인 인간과 교육의 객체인 인간 모두를 '목적 그 자체'로 바라봅니다. 그러므로 듀이가 교육을 통하여 이룩하고자 하는 민주사회는 도덕의 힘으로 움직이는 사회입니다. 그는 공동체의 모든 구성원이 개인의 성장과 발전을 추구하면서 단 한 사람도 예외 없이 평등한 교육의 조건을 확보해야 한다고 생각합니다. 좋은 교육을 받을 기회와 그 교육의 내용 요소를 수용할 권리가 평등하게 부여되지 않는다면, 서로의 발전을 돕는 자발적 협력이 이루어질 수 없습니다. 이는 사회 발전에도 지장을 주게 됩니다. 교육을 통한 개인의 발전적 개조가 사회 발전에도 시너지 효과를 주기 위해서는 사회의 민주적 역할이 중요하다는 것을 듀이는 강조합니다.

범위를 조금 좁혀서 얘기해볼까요? 어떤 학교든지 그 학교에서 공부하는 학생들이 환경에 스스로 적응할 뿐만 아니라 환경의 부정적 조건까지 극복해나갈 수 있는 역량을 길러주어야 합니다. 교사는 교육자입니다. 말 그대로 교육하는 사람입니다. '교敎'는 가르치는 행동이고 '육育'은 기르는 행동입니다. 그렇다면 교사의 역할은 가르치는 것에 국한하지 않습니다. 교사는 양육자 역할을 겸비해야 합니다. 정신적 부모의 역할이 교사에게 요구됩니다. 교사는 학생 내부에 잠재된 소질과 적성을 발견할 수 있도록 노력해야 합니다. 이 노력으로 드러난 학생의 재능과 능력을 계발하여 실력으로 키워주기 위해 정성을 기울여야 합니다. 이것이 전인교육全人教育의 핵심이 아닐까요? 전인교육의 비전을 노래한 사트르드 패터슨의 시 '그저 교사인가?'를 읽어보겠습니다.

오늘 나는 긍휼이라는 흰 붕대를 가지고 상처를 싸매는 간호사,
쪼개진 작은 세계를 고쳐 주는 의사,
나는 우정의 상처를 실로 꿰매는 외과 의사였고,
오늘 나는 어린이의 미래를 계획하는 설계자,
진리의 반석을 놓는 석공,
지식이라는 올을 사용하는 건축가였으며,
오늘 나는 하등의 쇠붙이에서 금을 찾아내는 연금술사,
어째서인가? 라는 끊임없는 질문에 대답하는 과학자,
달아나기 쉬운 진리를 골똘하게 생각하는 철학자였고,
오늘 나는 웃음의 보따리를 풀어
젊은 마음을 위로해주는 연예가演藝家,
배움을 낚싯밥처럼 드리우고 앉아 있는 어부,
젊은이들을 무지로부터 인도해 나가는 파일러트였으며,

오늘 나는 편협을 물리치는 협동 정신의 선구자,
형제를 위하여 용감히 말하는 변호사,
옳고 그른 것을 저울질하는 재판관이었고,
오늘 나는 과거라는 재산을 희사喜捨하는 자선사업가,
온전한 사랑을 베푸는 어머니, 주님의 겸손한 사도이었나니
나의 직업은 이렇게 여러 가지 일을 겸하였거늘
나는 어찌 그저 교사만으로 그칠 것인가![222]

교사는 학생의 상한 마음을 '싸매는 간호사'가 되어야 합니다. 교사는 어린 학생에게 꿈을 심어주고 '미래를 계획하는 설계자'가 되어야 합니다. 교사는 학생에게 '지식'의 벽돌로 사상의 집을 지어주는 '건축가'가 되어야 합니다. 때로는 무리를 짓고 편을 가르는 학생들의 편협을 물리치고, 그들의 마음을 하나로 묶는 '협동 정신의 선구자'가 되어야 합니다. 무엇보다 교사는 모든 학생을 친자식처럼 생각하여 그들에게 '온전한 사랑을 베푸는 어머니'가 되어야 합니다. 학생에게 베푸는 교사의 사랑은 차별 없는 한결같은 사랑이어야 합니다. 교사는 그저 가르치는 사람만으로 그쳐서는 안 되며, 자신이 맡은 학생을 지덕체를 겸비한 전인적 인격체로 기르는 양육자가 되어야 합니다. 듀이는 시인 패터슨이 노래한 전인교육의 소명의식을 이 땅의 모든 교사에게 요구합니다.

《민주주의와 교육》에서 듀이가 제시한 '민주'라는 개념에는 전인교육의 의미가 담겨 있습니다. 한 사람을 인간다운 인성과 튼실한

실력을 겸비한 인재로 길러내려는 노력을 모든 학교에서 결집해야 그 사회의 지속적 발전이 가능해집니다. 교사의 헌신적 정성은 학생의 성품을 인간다운 인성으로 성숙시키는 힘이 되어 줄 것입니다. 전인교육의 비전이 현실에서 결실을 볼 수 있도록 사회는 학교를 도와주어야 합니다. 특히 정부의 역할이 중요합니다. 전인교육의 요소가 사회발전의 토대가 되려면 정부와 모든 행정기관이 교육의 질적 향상을 도모하면서 수준 높은 교육 기회의 평등을 실현할 수 있는 정책을 집행해야 합니다.

범위를 확대해서 바라볼까요? '교육'이란 초·중·고와 대학교를 포함하는 제도권 학교에서만 이루어지는 활동이 아닙니다. 듀이는 "교육은 삶을 위한 준비가 아니라 삶 그 자체"라고 말했습니다. 그의 교육철학에 따르면 정부의 교육정책이 정규학교에만 반영되어서는 안 됩니다. 모든 국민이 교육을 받는 객체가 될 수 있습니다. 더 나아가 모든 국민이 자신들이 수용한 교육의 내용을 바탕으로 교육을 직접 수행하는 주체가 될 수 있습니다.

국가는 모든 국민이 참여하는 큰 사회입니다. 이 사회의 구성원인 국민이 평생 '교육'이라는 창조 활동을 멈추지 않도록 정부가 도와주어야 합니다. 교육은 인성과 정신과 지식과 기술을 함양하는 창조적 생산 행위이기 때문입니다. 국민이 교육 네트워크 안에서 활동을 멈추지 않을 때 국가의 백년대계[223]는 괄목할만한 성장과 성공을 기약할 수 있습니다. 그러므로 정부는 모든 정책과 제도를 국민의 교육과 연관 짓는 '교육 마인드'를 가져야 합니다. 국민의 성장에 동력을 집중하는 제도와 정책을 수립하고 집행해야 합니다.

모든 정책과 제도는 국민의 발전적 개조와 국민의 성장을 위한 수단으로 선하게 사용되어야 합니다. 국민은 정치의 수단이 아니라 정치의 가장 숭고한 목적이니까요. 이 점에서 우리는 독일의 작가이자 사상가 프리드리히 실러Friedrich Schiller가 《리쿠르구스와 솔론의 입법》에서 한 이야기에 귀를 기울일 필요가 있습니다.

> "국가 자체도 수단이 되어 섬겨야 할 최선의 가치가 있다. 그 최선의 가치를 위해서만 모든 것은 희생되어야만 한다. 그러나 그 최선의 가치가 희생되어서는 안 된다. 국가 자체는 목적이 아니다. 국가는 인간성이 갖는 목적이 실현될 수 있는 조건을 만들어준다는 의미에서만 중요할 뿐이다. 이러한 인간성이 갖는 목적이란 인간이 가질 수 있는 모든 힘을 길러주는 것과 발전시켜 주는 것이다."[224]

실러의 정치철학은 듀이의 교육철학과 공감대를 형성합니다. 실러는 정치의 목적을 '인간이 가질 수 있는 모든 힘을 길러주는 것과 발전시켜주는 것'이라고 말합니다. 국가를 형성하는 주체는 국민이며 국가의 주권도 국민에게 있습니다. 루소의 《사회계약론》에서 읽은 것처럼 모든 권력은 주권을 가진 국민에게서 나옵니다. 권력의 근원은 주권이기 때문입니다. 그렇다면 위정자들은 국민의 힘을 길러주고 국민의 능력을 발전시키는 것에 정치의 '최선의 가치'를 두어야 합니다. 그 최선의 가치를 실현하기 위하여 국가와 정부

연구실에서 집필 중인 존 듀이

도 '수단'이 되어야 한다고 실러는 주장합니다. 국민을 성장시키는 일, 국민을 발전시키는 일이란 무엇일까요? 듀이의 말을 빌린다면 '교육'입니다. 듀이는 실러의 정치적 견해에 공감하면서 고개를 끄덕일 것입니다. 그는 정치의 우선순위를 '교육'에 두어야 한다고 생각하기 때문입니다.

교육은 위정자들의 정치를 돕는 수단이 아닙니다. 교육은 국가 운영에 필요한 도구도 아닙니다. 교육은 한 '개인'을 성장시키고 '국민'인 인간을 발전시키는 문화입니다. 웨일즈 출신의 진보적 문화학자 레이먼드 윌리엄스Raymond H. Williams는 문화를 "특정한 지역에 사는 그 지역 주민들의 전체 생활방식"225이라고 규정하였습니다. 윌리엄스의 견해에 비추어 본다면 교육은 국가를 구성하는 모든 국민의 '전체 생활방식'입니다. 교육은 '국가'라는 커다란 사회에서 끊임없이 살아 움직이는 모든 국민의 가장 중요한 문화입니다.

실용주의 철학을 토대로 삼아 '교육학 집'을 지은 사상가 존 듀이! 그는 모든 국민을 인간다운 인간으로 발전시키는 것이 정치의 목적이며 교육의 본질이라고 생각했습니다. 이 목적을 실현하는 사회가 '민주사회'226라고 믿었습니다. '교육'이란 민주사회를 움직이는 가장 중요한 문화이며 정치의 심장임을 의심하지 않았던 듀이의 신념을 여러분의 마음 노트에 새겨 보세요.

후마니타스로 바로 본 세상과의 질문

Q1. "성장은 생명에 특유한 것이므로, 교육은 성장하는 것과 전적으로 일체되어 성장 그 자체를 뛰어넘는 그 어떤 목적도 두지 않는다." 듀이의 말에서 알 수 있듯이 그는 교육의 목적을 '성장'에 두었습니다. 인간에게는 이성이 있는 까닭에 인간의 성장은 다른 생물의 성장과 다를 수밖에 없습니다. 그 차이가 무엇인지 이야기 해보세요.

Q2. 듀이는 한 사람이 인간다운 인간으로 살아가려면 자신을 바람직한 방향으로 변화시켜야 한다고 생각했습니다. 그 바람직한 방향으로 변화하는 것을 '개조'라고 말했지요. '나'의 발전과 성숙을 위해 무엇을 '개조'해야 할까요? 개조할 점을 자신이 신뢰하는 친구와 함께 이야기해 보세요.

Q3. 듀이의 교육철학에 따르면 모든 국민은 교육을 직접 수행하는 주체가 될 수 있고 동시에 교육을 받는 객체가 될 수 있습니다. 그의 말대로 "교육은 삶을 위한 준비가 아니라 삶 그 자체"이기 때문입니다. 한 사람의 평생에 걸쳐서 이루어지는 전인교육全人教育이 듀이의 교육 이상임을 알 수 있습니다. 정부를 비롯한 모든 행정기관과 위정자가 국민의 평등한 전인교육을 위하여 법률과 제도를 제정하고 집행하는 사회가 '민주사회'라고 듀이는 확신했습니다. 그렇다면 '전인교육'이란 어떤 교육을 의미할까요? 전인교육에 관하여 토론해 보세요.

Humanities lecture

· 11강 ·

신성한 노동은 착취 없는 세상에서만 가능하다

카를 마르크스의 《자본론》과
인간의 '행복' 이야기

카를 마르크스(Karl Heinrich Marx, 1818~1883)

건강한 노동과 행복한 생활의 공존을 꿈꾼 사상가 마르크스

유물론과 사회주의 사상가로 알려진 카를 마르크스. 그는 1818년 프로이센(독일)의 트리어에서 출생하였다. 독일어 발음으로 그의 이름은 '맑스'이지만 한국인에게는 마르크스로 알려져 있다. 역사학, 철학, 법학 등을 베를린 대학교와 본 대학교에서 공부하였다. 프로이센 정부의 압박을 피해 프랑스 파리에서 망명 생활을 하는 동안 《전진前進》과 같은 진보 잡지를 발간하였다. 그것은 민중의 정치 평등과 경제 공유가 이루어지는 인간다운 세상을 실현하기 위한 노력의 일환이었다. 같은 시기에 파리에 망명 중이던 독일의 진보 시인 하인리히 하이네Heinrich Heine와 활발히 교류하면서 '쉴레지엔의 직조공들', '시궁쥐들'을 비롯한 하이네의 혁명적 저항시에 큰 영향을 주었다. 마르크스는 프랑스의 수상 기조Guizot가 이끌던 보수 정부와 프로이센 정부의 협의에 따라 파리에서 추방되었다. 새롭게 선택한 망명지는 영국이었다. 그는 런던에 거주하는 동안 정치경제에 관한 저술 활동과 국제노동운동에 힘썼다. '평등'과 '공유'에 관한 그의 사상을 이론과 실제의 양면에서 실천하였다. 1883년 런던에서 세상을 떠난 마르크스의 대표 저서로는 《헤겔 법철학 비판》, 《독일 이데올로기》, 《공산당 선언》, 《정치경제학 비판 요강》, 《정치경제학 비판》, 《자본론》이 있다.

독일어판 《자본론》의 표지. 마르크스의 초상으로 장식되었다. 제목 '자본론' 밑에 부제 '정치경제학 비판'이 보인다.

정직한 땀의 결실을 지켜주는 경제철학의 고전 《자본론Das Kapital》

《자본론》은 마르크스 사상을 총체적, 구체적, 핵심적으로 서술한 '정치경제' 사상서입니다. '정치경제학 비판'이라는 부제를 갖고 있습니다. 책의 부제에서 마르크스의 의도를 알 수 있습니다. 자본주의 사회의 모순과 부조리를 양산하는 정치구조 및 경제구조를 집중 비판하려는 것입니다.

마르크스가 독일어로 집필한 책의 독일어 원제는 'Das Kapital'입니다. 영어로는 'capital'이고 한국어로는 '자본'입니다. 한국어 완역본 제목도 '자본'으로 표기되어 있습니다. 일반적으로는 '자본론'이라 불립니다. 이 책이 자본주의 비판론이자 사회주의 사상의 핵심 이론이기 때문입니다(《자본론 1, 2, 3》 김수행 옮김, 비봉출판사 참조). 책은 세 권으로 구성되어 있습니다. 1867년 런던에서 제1권이 출간되었고 마르크스의 서거 후에 동료 사상가 프리드리히 엥겔스Friedrich Engels가 마르크스의 미완성 유고작을 편집하여 제2권(1885)과 제3권(1894)으로 출간하였습니다.

《자본론》은 '사회주의의 성서'라는 별명을 갖고 있습니다. 이런 별명이 붙은 까닭은 무엇일까요? 착취 없는 세상을 만들기 위한 사회주의 원리와 방법론이 책에 매우 자세히 설명되어 있기 때문입니다. 마르크스가 자본주의 사회의 가장 심각한 병리 현상으로 비판한 것은 노동자에 대한 자본가의 '착취'였습니다. 착취 없는 세상 에서 모든 사람이 개인의 노동에 따라 공평한 대우와 정당한 행복을 누리기를 갈망한 카를 마르크스! 그와 함께 《자본론》의 숲길을 걸어보겠습니다.

착취를 통해 높아지는 부당한 부의 탑

프로이센의 시민이었던 마르크스는 프랑스 파리에서 망명 생활을 했습니다. 그러나 이 망명 생활도 오래가지 못했습니다. 프랑스와 프로이센 양국 정부의 협의 때문에 파리에서도 추방당하는 아픔을 겪었습니다. 마르크스가 두 번째 망명 생활의 둥지를 튼 곳은 영국이었습니다. 영국은 유럽에서 자본주의가 가장 발달한 곳이었습니다. 산업혁명의 발상지로서 산업자본주의를 유럽의 모든 지역에 퍼뜨린 자본주의의 심장부였습니다. 마르크스는 이곳에 거주하면서 자본주의가 가진 병리 현상을 뼛속 깊이 체험했습니다.

마르크스가 영국으로 건너가기 전부터 못마땅하게 여긴 사회문제는 자본가가 노동자를 부당하게 착취하는 현상이었습니다. 이 '착취' 문제는 프로이센과 프랑스보다 영국에서 훨씬 더 심각하게 나타난다고 마르크스는 판단했습니다. 그가 공장 노동자 편에서 그들의 권익을 옹호하기 위해 노동운동을 펼쳤다는 사실을 여러분은 알고 있나요? 그가 실제로 노동운동에 뛰어들지 않았다면 노동자의 슬픔과 고통을 이해할 수 없었을 것입니다. 이론만으로는 노동자의 세계를 이해하는 데는 한계가 있습니다. 그는 연대의식을 갖고 노동자들의 작업 환경과 근무 조건을 개선하기 위해 그들과 협력하였습니다. 그런 노력이 있었기에 마르크스는 자본주의 사회가 안고 있는 구조적 모순이 무엇인지 분명하게 알 수 있었던 것입니다.

노동자는 자신이 흘린 땀방울의 대가를 정당하게 받아야 합니다. 노동자의 활동은 봉사가 아니라 '노동'이기 때문입니다. 노동은 정신적 행위와 육체적 행위가 모두 결합한 생산 행위입니다. 노동자는 이 생산 행위로써 기업의 매출액 증대에 기여합니다. 그러므로 노동자가 자신의 생산 행위에 합당한 보답을 받는 것은 자본주의의 합리적 원칙입니다. 그러나 마르크스가 바라본 영국과 유럽 각국의 자본주의는 이 합리적 원칙을 위반하고 있었습니다. 합리성을 무시하는 사회는 인간다운 사회가 아니라고 생각했습니다.

자본가는 노동자에게 정당한 대가를 돌려주기는커녕 오히려 그것을 부당하게 빼앗아가는 '착취'를 행하고 있었습니다. 그 착취 내용이 3중으로 겹겹이 겹쳐 있다는 것이 마르크스가 진단한 영국과 유럽의 자본주의 맹점이었습니다. 그렇게 겹쳐 있는 착취의 대상은 무엇일까요? 노동자의 노동 시간—그것과 비례하는 노동자의 노동력—그것에 대해 마땅히 지급해야 하는 임금이었습니다. 노동 시간과 노동력과 임금은 노동의 삼위일체입니다. 이 세 가지에 대한 착취가 한꺼번에 이루어지는 까닭에 노동자는 3중 착취 구조를 경험할 수밖에 없습니다. 마르크스가 가장 심각한 사회문제로 비판한 자본주의 사회의 구조적 모순은 '3중 착취 구조'였습니다. 자본가의 탐욕이 낳은 이 기괴한 구조가 노동자의 시간과 노동력과 임금을 야금야금 갉아먹을수록 자본가는 부당한 부富의 탑을 점점 더 높이 쌓아나갔습니다.

생산 수단의 유무에서 생겨나는 착취 구조

'노동'이란 생산 행위입니다. 하나의 상품이 공장에서 생산되려면 노동자들의 분업 과정을 거쳐야 합니다. 노동자들이 각자 맡은 역할을 담당해야만 하나의 상품이 만들어집니다. 완제품이 공장 밖으로 나오면 시장에 유통됩니다. 소비자들의 구매 욕구를 불러일으키는 재화財貨가 되는 것입니다. 상품의 유통에서 우리는 어떤 경제적 의미를 찾을 수 있을까요? 어떤 상품이든 소비자의 필요와 욕구를 만족시킬만한 가치, 즉 '효용效用 가치'가 있다는 것을 알 수 있습니다. 효용 가치는 상품 가격에 영향을 미칩니다. 소비자들이 그다지 필요하지 않다고 여기는 상품이거나 소비자들이 구매하고 싶은 충동을 덜 느끼는 상품이라면 가격이 내려갈 것입니다. 그만큼 효용 가치는 상품의 가격 결정 과정에서 반드시 고려해야 할 조건입니다.

그러나 상품 가격을 결정하는 데 효용 가치보다 훨씬 더 중요하게 고려해야 할 조건이 있습니다. 노동자의 노동 시간과 노동력입니다. 물론 노동자의 전문성도 이 노동력에 포함됩니다. 자본주의 경제 원칙에 따르면 상품은 노동자가 생산한 물건만이 아닙니다. 노동자의 노동도 상품이 됩니다. 소비자는 돈을 주고 상품을 구매하는 것과 동시에 그 상품을 만든 노동자의 노동을 구매합니다. 상품 속에 노동자의 노동 시간과 노동력이 들어 있기 때문입니다. 이런 원리로 인하여 노동자의 노동 시간과 노동력은 상품 가격을 형성하는 중요한 요건이 됩니다.

그렇다면 '노동'이야말로 자본주의 사회에서 가장 귀하게 대접받아야 할 행위가 아닌가요? 그러나 영국의 산업혁명 후 흘러온 자본주의 역사를 되돌아보면 노동자는 자신이 쏟아부은 노동 시간과 노동력에 비해 터무니없고 부당한 대우를 받아왔습니다. 노동자의 노동 시간과 노동력을 사용하는 사람은 누구입니까? 기업주라 불리는 자본가입니다. 그는 돈을 주고 노동자의 노동 시간과 노동력을 사들이는 구매자입니다. 노동자와 계약을 맺고 노동 시간과 노동력을 구매하는 것입니다. 노동이 없다면 상품과 재화를 생산할 수 없는 까닭에 자본가는 공장의 생산 설비를 가동하기 위해 노동자를 고용합니다. 생산 설비가 멈추면 기업도 문을 닫을 수밖에 없습니다. 그렇다면 자본가가 VIP로 대접해야 할 사람은 노동자가 아닌가요? 그러나 자본주의 역사는 노동자들이 흘린 희생의 피와 설움의 눈물로 얼룩져 있습니다.

노동자들이 굴욕의 전철을 밟아온 근본적 원인을 마르크스는 무엇이라고 생각했을까요? 그는 착취 구조가 번성할 수밖에 없는 원인은 노동자들이 '생산 수단'[227]을 갖지 못한 데 있다고 진단하였습니다. 생산 수단이란 무엇일까요? 상품을 만들어내는 기계, 장비, 재료 등입니다. 그것이 없이는 물품을 제조할 수 없습니다. 노동자는 오로지 자신이 가진 노동력 한 가지로 자본가에게 고용됩니다. 자본가는 노동자에게 임금을 주고 그의 노동력을 구매합니다. 노동자는 기계, 장비, 재료 등을 소유하지 못한 채 노동력 하나만으로 계약을 맺기 때문에 생산 수단을 소유한 자본가가 제시하는 노동 조건을 따를 수밖에 없습니다.

생산 수단을 소유하지 못한 노동자가 생산 수단을 소유한 자본가에게 노동력과 노동 시간을 팔았다는 것은 근로계약서에 기록된 노동 조건을 이의 없이 수용한다는 의미입니다. 여기부터 노동자는 '자본'의 힘으로 자본가에게 예속됩니다. 언제든지 착취를 당할 수 있는 수직적 지배구조에서 자본가의 지배를 받는 피지배자가 되는 것입니다. 마르크스는 이렇게 생산 수단과 자본을 소유하지 못한 사회적 조건으로 인해 노동자가 겪는 피지배 현실을 자본주의의 심각한 부조리로 보았습니다.

노동자가 판매할 수 있는 것은 자신의 노동력뿐입니다. 노동자는 자신을 포함한 가족의 생계를 유지할 뿐만 아니라 삶의 질을 높이기 위해서도 노동력을 판매하려고 합니다. 자본가가 노동자에게서 노동력을 구매하는 것은 분명한 사실이지만, 처음부터 노동력을 팔기 위해 적극적으로 시도하는 사람은 노동자입니다. 다량의 풍부한 생산 수단을 보유한 자본가로서는 여기저기에서 자신의 노동력을 사달라고 일종의 구애求愛 행위를 하는 노동자들을 선택합니다. 자본가는 자신의 부富를 더 많이 늘리는 데 가장 유리하다고 판단되는 노동력 보유자들을 선별합니다. 노동자는 취업의 문을 두드리고 자본가는 입사 시험과 그 밖의 기술 테스트를 통해 사원과 직공을 선발합니다. 자본가와 노동자 사이에 이루어지는 이러한 현상을 마르크스는 "노동력의 매매"라고 명명했습니다. 노동력의 매매가 결정되면 노동자의 취직과 고용도 이루어지는 것입니다.

노동자는 '상품으로서의 노동력'[228]을 자본가에게 판매하므로 그 '노동력 상품'[229]에 대한 가격을 '임금'으로 받습니다. 자본가가 노동자에게 지급하는 임금은 노동자의 노동력이 얼마나 효용 있는가를 판단하여 그 가치에 따라 책정한 비용입니다. 마르크스가 비판하는 또 하나의 문제점은, 자본가가 노동력의 효용 가치를 자신의 이익에 따라 조작하여 효용 가치를 터무니없이 떨어뜨리는 경우가 많다는 것입니다. 노동력의 효용 가치를 실제와 다르게 평가절하하는 방법으로 임금을 의도적으로 낮추어 보겠다는 속셈입니다. 부당한 방법으로 인건비를 절감하여 기업의 이윤을 늘리고 자본가의 부를 살찌우려는 부조리를 마르크스는 삐딱하게 바라보았습니다.

잉여 노동을 통한 '3중 착취'의 구조, 그것의 환부를 해부한다

자본가는 노동력을 구매하는 값으로 노동자에게 임금을 지급합니다. 임금을 받은 노동자는 그것을 가족의 생활비로 전환합니다. 노동력의 매입이 결정되는 순간부터 노동력은 자본가에게 판매되는 상품 가치를 갖게 됩니다. 자본가는 이 상품을 자신이 사들여 소유했다고 생각합니다. 그러므로 자본가는 기업 매출액과 이윤을 증대하기 위한 목적으로 노동력을 활용합니다. 자본가가 노동자의 노동력을 자신의 목적에 따라 활용하는 과정에서 발생하는 문제점들을 마르크스는 여러 각도로 비판하고 있습니다. 이 문제점들을 한 덩어리로 묶어서 얘기한다면 극심한 착취가 발생한다는 것입니다.

자본가가 노동력을 사용하여 벌어들이려는 돈은 단지 노동력을 매입하는 데 들어간 비용을 회수하는 수준에 그치지 않습니다. 자본가가 노동력을 통해 생산한 상품을 시장에 내다 팔아 얻게 되는 돈이 노동자에게 임금으로 지급한 것과 같은 수준이라면 기업의 이윤을 늘릴 수 없습니다. 노동력에 대해 지급한 비용보다 몇 배나 더 많은 돈을 획득해야만 기업 운영이 원활해집니다. 이러한 이유로 자본가는 기업 이윤을 높이기 위한 수준을 상품의 판매가로 결정합니다.

여기까지는 괜찮습니다. 질 높은 상품을 만들고 그에 합당한 가격을 매겨서 시장에 내다 팔아 기업 이윤을 높이려는 것이 자본주의의 생리이니까요. 그러나 마르크스가 지적하는 심각한 폐단은 시장에 나온 상품보다 그 상품을 만드는 노동력과 노동 시간 쪽에서 발생합니다. 이윤의 극대화를 위해 노동력과 노동 시간을 과도하게 쏟아붓도록 강요하는 자본가의 잘못된 기업윤리를 마르크스는 문제 삼는 것입니다.

마르크스는 《자본론》에서 노동자의 '필요 노동'과 '필요 노동 시간'[230]을 훌쩍 뛰어넘어 '잉여 노동'과 '잉여 노동 시간'[231]을 강요하는 자본가의 부당한 행태를 성토[232]합니다. 필요 노동이란 낱말 그대로 노동자로서 필요한 만큼만 하는 노동을 의미합니다. 자본가는 노동자와 계약을 맺고 노동 시간을 계약서에 명시합니다. 계약서에 기록된 노동 시간은 자본가와 노동자가 합의한 사항입니다. 필요 노동이란 이렇게 계약을 통해 법적 구속력을 갖게 된 노동 시간과 노동력을 뜻합니다. 노동자는 자본가와 합의한 계약 조건에 따라 계약서에 명시한 필요 노동 시간만큼만 일하면 됩니다. 필요 노동을 충족하면 노동자는 의무를 이행한 것입니다. 그러나 자본주의 사회에서는 언제나 '노사 갈등'이 일어납니다. 왜 그럴까요?

쌍방이 필요 노동 계약 조건을 지킨다면 문제는 발생하지 않겠지요. 마르크스는 노사 관계에서 사용자인 자본가 측이 대부분 계약 조건을 위반한다고 보았습니다. 자본가가 노동자에게 필요 노동 시간을 초과하는 잉여 노동 시간을 요구하고 강요하기 때문에 갈등이 불거진다는 것입니다. 자본가는 노동자에게 지급한 임금에 합당한 시간만큼만 노동 시간을 요구해야 합니다. 계약 조건이 그렇게 되어 있으니까요. 지급한 임금 이상의 돈을 거둬들여 기업 이윤을 높이려는 것이 자본가의 경영목표라고 해도 그 목표를 달성하기 위해 필요 노동 시간을 초과하는 것은 기업윤리를 저버리는 행위입니다.

그러나 마르크스의 생존 시절은 말할 것도 없고 그가 세상을 떠난 지 200년이 지나도록 필요 노동 시간이 지켜지는 사례는 보기 드뭅니다. 생산 수단을 가진 자본가가 생산 수단이 없는 노동자를 고용하기 때문에 고용인과 피고용인의 갑을 관계가 형성되는 것이 '잉여 노동 시간'을 강요하는 근본 원인으로 작용합니다. 생산 수단의 유무有無가 노동자로 하여금 자본가에게 고용을 위탁하게 만들어 '을'의 노동자가 '갑'의 자본가에게 예속되는 종속 구조를 낳게 됩니다.

처음부터 종속 구조라는 위계질서가 뚜렷이 형성된 채로 계약을 맺기 때문에 계약서에 '필요 노동 시간'을 기록하는 것은 겉치레에 불과합니다. 노동자로서는 자본가가 제공하는 생산 수단이 없다면 노동할 수 없습니다. 더욱이 노동자는 가족의 생계가 노동의 가장 큰 목적이기 때문에 자본가가 계약서에 합의한 필요 노동 시간을 초과시킨다고 해도 이의를 제기하거나 항의할 엄두를 내지 못합니다. '을'로서 '갑'에게 고용되기 때문입니다. 자본가가 언제든 '갑'의 권력으로 노동자를 해고할 수 있는 위험성이 '을'에게 항상 존재한다는 것을 노동자는 잘 알고 있기 때문입니다.

마르크스는 노동자가 안고 있는 '을'의 불리한 점을 자본가가 악용해왔다고 비판하면서 앞으로도 계속 악용할 것이라고 내다보았습니다. 자본의 힘으로 휘두르는 권력을 '자본 권력'이라고 말할 수 있지요. 마르크스는 자본가가 자본 권력을 남용하여 '을'의 피고용 신분을 악용한 끝에 필요 노동 시간을 초과하는 잉여 노동 시간을 강요하고 있다고 비판합니다. 그렇게 초과한 잉여 노동 시간과 노동력을 마르크스는 '잉여 노동'이라 불렀습니다. 그가 바라보는 잉여 노동은 자본주의 사회에서 근본적으로 개혁해야 할 가장 커다란 폐단입니다. 사회를 인간의 몸에 비유한다면 시급하게 수술해야 할 썩은 환부가 잉여 노동인 셈입니다. 계약 조건을 무시하고 강제로 노동 시간을 부과한 것이므로 마르크스는 이러한 잉여 노동을 '강제 노동'이라 비판했습니다. 그의 신랄한 비판을 《자본론》에서 직접 읽어볼까요?

"자본은 그것에 상응하는 사회적 생산과정에서 일정량의 잉여 노동을 직접적 생산자(혹은 노동자)로부터 뽑아내는데, 이 잉여 노동은 자본이 아무런 등가물 없이 거두어들이는 것으로서, 그것이 아무리 자유로운 계약상 합의의 결과로 나타난다 할지라도 본질적으로는 여전히 강제 노동이다."[233]

마르크스는 자본가가 고용인의 관점에서 노동자에게 부과하는 잉여 노동을 강제 노동이라고 단호하게 말합니다. '자유로운 계약상 합의'에 의해 맺은 필요 노동 시간은 활자로만 남게 되는 것이지요. 그 시간을 훨씬 더 뛰어넘는 물리적 노동 시간을 부과하면서도 초과 임금을 지급하는 경우는 좀처럼 드뭅니다. 자본가는 필요 노동 시간에 해당하는 임금만 지급하는 경우가 대부분입니다. 노동 시간에 대한 사용자의 계약 의무를 위반하면서 노동 임금에 대한 노동자의 계약 조건은 엄격히 지키는 것입니다. 어처구니없는 모순이 아닐까요? 산업혁명 후 지금까지 반복되는 모순입니다.

필요 노동 시간을 다 사용한 후에 남는 시간을 노동자에게서 강제로 징발[234]하는 것은 노동자의 여가를 빼앗는 행위입니다. 이렇게 빼앗은 시간의 노동력에 대해서 자본가는 '초과 수당'이라는 명목으로 기존의 노동 임금에 더해 주어야 마땅한 것입니다. 그러나 마르크스는 고개를 설레설레 흔듭니다. 자본가가 주도하는 자본주의 사회에서 노동자의 잉여 노동에 대한 잉여 임금이 지급된 적이 거의 없기 때문입니다. 노동자 처지에서 생각해볼까요? 노동자가 자본가의 강제에 따라 자신의 잉여 노동에 대한 초과 수당을 받지 못한다면 자본가에게 빼앗기는 것은 '시간'만이 아닙니다. 노동력과 임금까지 함께 빼앗깁니다. 노동자가 빼앗기는 대상이 세 가지로 늘어나는 것입니다. 시간과 노동력과 임금을 동시에 빼앗김으로써 노동자는 자본가가 만들어놓은 3중 착취 구조에 편입됩니다.

'착취'[235]라는 개념은 자본가가 노동자의 잉여 노동을 강제로 징발하여 발생하는 노동자의 생존권 박탈을 의미합니다. 착취는 마르크스가 자본주의 사회의 가장 심각한 병리 현상으로 꼬집어 비판하는 키워드입니다. 착취가 '가장 심각한 병리 현상'이 될 수밖에 없는 이유가 있습니다. 노동자의 잉여 노동을 통해 시간과 노동력과 임금을 착취함으로써 기업 이윤이 증가할 뿐만 아니라 자본가의 개인 재산도 쑥쑥 늘어나기 때문입니다. 모순의 덩치가 괴물의 몸집처럼 커지는군요. 잉여 노동을 통해 착취 과정을 거듭할수록 기업 이익과 자본가의 부富는 기하급수로 성장합니다. 이렇게 기형적 성장을 가속하는 힘은 '잉여 가치'의 증대에서 생겨납니다.

"잉여 노동은 잉여 가치로 나타나고, 이 잉여 가치는 잉여 생산물 속에 존재한다.[236]

마르크스에 따르면 노동자의 잉여 노동으로 생겨난 가치가 '잉여 가치'입니다. '잉여 가치는 잉여 생산물 속에 존재한다.'는 말에서 알 수 있듯이 잉여 노동 시간에 노동자의 잉여 노동력으로 생산된 상품 가치가 잉여 가치입니다. 노동자는 표준 노동 시간을 초과하면서까지 상품을 생산하지만 그렇게 초과한 노동 시간에 대한 비용을 받지 못합니다. 잉여 노동에 대한 별도 임금을 받지 못하는 것입니다. 노동자의 잉여 노동으로 만들어낸 '잉여 생산물'이 많아질수록 그 '잉여 생산물 속에 존재하는 잉여 가치'는 고스란히 기업과 자본가의 이익으로 쌓여갑니다. 잉여 노동이 반복될수록 잉여 상품의 수는 크게 늘어납니다. 상품의 잉여 가치도 누적되어 기업 이윤과 자본가의 재산은 빠른 속도로 불어납니다. 자본가는 노동자에게 잉여 노동을 강요함으로써 그에게 지급한 임금의 수십 배 또는 수백 배 상회하는 돈을 벌게 되는 것입니다.

1848년 2월에 프랑스에서 일어난 '2월 혁명'을 묘사한 그림. 자본가의 가혹한 착취에 시달리던 노동자들이 혁명을 일으켰다. 생산 수단을 자본가가 독점하는 세상이 아니라 생산 수단을 모든 사람이 공유하고 그 생산 수단에 의해 생산된 재화를 만인이 공평하게 나눠 갖는 세상을 이루기 위해 봉기한 것이다. 노동자들의 혁명에 동기를 부여한 것은 마르크스의 사상이었다.

물론 자본주의 사회에서 모든 기업이 지향하는 목표는 '이윤의 극대화'입니다. 그러나 노동자에 대한 착취가 기업 관행으로 굳어져 버린 수백 년간의 자본주의 역사를 비추어 볼 때 이윤의 극대화는 '잉여 가치의 극대화'와 같은 의미를 갖게 되었습니다. 잉여 가치의 극대화는 자본가의 '부의 극대화'와 같은 개념이 되고 말았습니다. 이 모든 부조리의 사슬을 엮어놓은 주범은 노동자의 노동 시간과 노동력과 임금을 앗아가는 '3중 착취 구조'입니다. 《자본론》에서 마르크스가 우리 사회를 인간다운 사회로 개혁하기 위해 뿌리 뽑아야 할 악성 종양으로 지목하는 것은 자본가의 탐욕이 빚어낸 '3중 착취 구조'입니다.

잉여 노동이 없는 세상은 언제쯤 도래할까?

'사회 구조'라는 말을 생각해볼까요? 사회와 구조라는 두 낱말이 결합한 것은 '사회'가 유기적 시스템에 의해 움직이고 있음을 뜻합니다. 공장의 모든 기계는 다양한 부품의 결합과 상호작용 때문에 가동됩니다. 사회도 마찬가지입니다. 다양한 사람의 기관, 조직, 역할, 직능이 상호작용하는 과정으로 사회가 움직입니다. 기업도 우리 사회의 일부분이자 작은 사회입니다. 그런데 '기업'이라는 사회에서 자본가와 노동자의 상호작용 때문에 착취 구조가 굳어져 왔다는 것은 역사의 아이러니가 아닐까요? 잉여 노동 시간에 이루어지는 자본가와 노동자의 상호작용에서 '협력'이라는 의미를 찾기는 어렵습니다. 양자의 상호작용은 자본가의 강제와 지시에 대하여 노동자가 생계유지와 직장 보전을 위해 어쩔 수 없이 노동 행위로 순응하는 기이한 구조를 형성합니다. '착취 구조'라는 개념은 객관적 타당성을 지니고 있습니다.

기업이 노사 간 협력이라는 인간다운 사회 구조로 변화하기 위해서는 착취 구조를 만드는 연결 고리를 끊어내야 합니다. 착취 구조에서는 다음과 같은 과정이 톱니바퀴처럼 맞물려 돌아갑니다.

잉여 노동의 강제적 요구와 부과 → 잉여 생산물의 대량 생산을 통한 잉여 가치의 극대화 → 잉여 임금의 미지급 또는 지급 거부 → 자본가의 재산 증식

무엇보다 '기업'이라는 사회에서 필요 노동 시간을 초과하는 잉여 노동 시간과 '노동일'[237]을 노동자에게 강요하는 잘못된 기업문화를 잘라내야 합니다. 이것을 끊어낼 수 있다면 잉여 가치를 극대화하려는 잘못된 경영 목표를 수정할 수 있습니다. 기업마다 특수한 상황이 있기 때문에 자본가가 노동자에게 잉여 노동을 부과하는 경우가 발생하는 것은 이해할 수 있습니다. 그런 상황에 대비하여 자본가는 노동자와 최초 계약을 체결할 때 추후의 잉여 노동에 상응하는 초과 수당 지급 조항을 반드시 명시해야 합니다. 잉여 노동에 대한 잉여 임금을 미지급하거나 거부하는 잘못된 경영문화가 기업 현장을 떠나야 합니다.

착취 구조를 강화하는 고리를 차례로 끊어내려면 기업경영에 대

한 자본가의 윤리관이 바뀌어야 합니다. 자본가는 '기업 이윤의 극대화'와 함께 '노사 간의 상생'이 조화로운 균형을 이루는 경영의 길을 걸어가야 합니다. 자본가는 잉여 노동을 조성하지 않고 잉여 가치의 획득을 겨냥하지 않는 기업윤리를 지켜나가야 합니다. 그것을 전제조건으로 삼아 기업 발전을 추구해야 합니다. 노동자는 자본가와 동등한 존엄성을 지닌 인격체입니다. 칸트Immanuel Kant는 도덕철학을 대표하는 저서《도덕 형이상학을 위한 기초 놓기》에서 인간의 인격과 인간성은 '목적 그 자체로 존재하는' 까닭에 '단순히 수단으로만 사용될 수 있는 것이 아니다.'라고 주장하였습니다.[238] 이 세상의 모든 자본가와 기업주가 칸트의 말에 귀를 기울이면 좋겠습니다. 이 땅의 모든 고용주가 노동자의 인간성과 인격을 수단으로만 이용하려는 생각에서 벗어나기를 고대합니다. 그 생각을 돌이키지 않는다면 대한민국에서 떠들썩한 이슈가 된 '갑질 문화'를 청산하기는 어려울 것입니다.

칸트의 말처럼 노동자를 '목적 그 자체'로 존중하면서 노동자와 함께 기업의 공동목표를 지향하는 기업가의 파트너십을 기다려봅니다. 토머스 모어Thomos More의 책《유토피아Utopia》를 읽어보면 가상의 섬나라 '유토피아' 주민은 하루에 6시간 동안 일합니다.[239] 마르크스가 말한 '필요 노동' 시간은 6시간에 불과합니다. 그 이상의 초과 노동 시간은 없습니다. 기업주가 노동자에게 한 주 노동 시간을 68시간까지 부과하여도 합법성을 인정받는 대한민국 노동자들의 현실[240]을 돌이켜보면, 유토피아 주민의 노동 시간은 꿈같은 애기입니다. "그러니까 공상 소설 속 유토피아 아냐?" 이렇게 말하는 독자도 있겠지만 단지 공상 소설의 내용으로 웃어넘길 일이 아닙니다.

"노동 시간의 단축이야말로 바로 인간의 힘을 발전시키기 위한 근본조건"이라는 마르크스의 말처럼, 인간이라면 누구나 자기 능력을 발전시키는 데 필요한 시간을 가져야 합니다. 능력 향상에 필요한 창의적 시간은 계약에 의한 노동 시간과 다른 것입니다. 노동자의 개인 능력이 향상될수록 기업 발전에도 도움이 됩니다. '노동 시간 단축'은 개인의 삶의 질을 높일 뿐만 아니라, 기업을 포함한 사회 전체의 생산성에도 기여하는 필요충분조건이 될 것입니다.

후마니타스로 바로 본 세상과의 질문

Q1. 필요 노동과 잉여 노동은 어떻게 다른 것일까요? 그 차이를 이야기해 보세요.

Q2. 마르크스가 말한 '잉여 가치'는 어떤 의미인가요? 정의를 내려보세요.

Q3. 마르크스는 《자본론》에서 "자본이 마치 흡혈귀처럼 기운이 솟는 것은 살아 있는 노동을 착취할 때뿐이며, 많이 흡수하면 흡수할수록 더욱 더 기운이 솟아난다."고 노동에 대한 착취를 신랄하게 비판하였습니다. 그는 착취 없는 세상이 곧 인간다운 세상이라고 믿었습니다. '착취 없는 세상'을 만들기 위해서는 기업주(고용주)와 노동자가 각각 어떤 노력을 해야 할까요? 토론해 보세요.

Humanities lecture

· 12강 ·

자기확신에 이르도록 생각하고 또 생각하라!

헤겔의 《정신현상학》과
생각의 성장 이야기

게오르크 빌헬름 프리드리히 헤겔(G. W. F. Hegel, 1770~1831)

정신의 힘에 의한 역사의 진보를 믿은 철학자 헤겔

독일 뷔르템베르크 공국의 수도 슈투트가르트에서 출생한 헤겔. 그는 서양의 고전 관념론 철학을 대표하는 철학자다. 김나지움(중·고교) 시절에 그리스 비극에 심취하였고, 소포클레스의 비극《안티고네》를 독일어로 번역하는 등 남다른 재능을 보여주었다. 고대 그리스의 문명과 문화에 대한 학습은 헤겔의 철학을 형성하는 데 큰 영향을 끼쳤다. 그는 1788년에 튀빙겐 대학교에 입학하여 신학을 전공했다. 1793년 이후에는 베른과 프랑크푸르트에서 가정교사 생활을 하였는데, 이 기간에도 그는 철학 연구를 게을리하지 않았다. 특히 칸트의 사상은 헤겔의 철학 발전에 결정적 역할을 하였다. 1801년에는 독일 낭만주의의 본고장인 예나Jena에서 대학 강의를 시작하였다. 예나 시절에 헤겔은 철학자 셸링F. Schelling과 함께《철학비평》이라는 저서를 공동으로 출간하였다. 1807년에는 최초의 단독 저서이자 그의 대표 저서인《정신현상학》을 출간하였다. 1816년에는 하이델베르크 대학교의 교수로, 1818년 이후 임종할 때까지는 베를린 대학교의 교수로 강의하였다. 베를린 시절에는 '헤겔학파'를 형성할 정도로 폭넓은 연구와 후진 양성을 병행하였다. 그의 대표 저서로는《정신현상학》을 비롯하여《대논리학》,《법철학 강요綱要》,《역사 속의 이성》,《미학 강의》가 있다.

독일어판《정신현상학》의 표지. 헤겔의 초상으로 장식되었다.

이성주의의 정점을 보여주는 서양 관념론의 정수
《정신현상학Phänomenologie des Geistes》

《정신현상학》은 1807년에 출간된 헤겔의 대표 저서입니다. 데카르트의 《방법서설》이 이성주의의 본격적 출발점이라면 《정신현상학》은 이성주의의 정점이라고 말할 수 있습니다. 이 책에서 헤겔은 인간의 이성이 성장을 계속하여 '절대지絶對知' 상태에 도달할 수 있다고 확신하였습니다. 그가 믿은 이성의 발전 과정을 차례로 정리해볼까요?

감각적 확신의 단계 → 지각知覺의 단계 → 지성의 상태인 오성悟性의 단계 → 자기 확신의 상태인 자기의식의 단계 → 자기의식이 객관적 보편성을 이룬 상태인 이성理性의 확신 단계 → 세계와 역사를 발전시킬 수 있는 확고한 이성의 힘을 의미하는 '정신'의 단계 → 절대지의 단계.

이와 같은 이성의 발전 과정은 《정신현상학》의 핵심 내용입니다. 헤겔은 이성의 성장이 문명을 발전시키는 원동력으로 작용한다고 생각했습니다. 인간이 생각과 사유思惟의 힘을 키워나갈수록 문명의 발전과 더불어 세계와 역사 또한 발전할 수밖에 없음을 매우 낙관적으로 전망했습니다. 지금부터 《정신현상학》을 차근차근 탐색하면서 헤겔의 세계관이 얼마나 타당한지 가늠해보겠습니다.

사물에 대한 감각적 확신과 지각은 어떻게 다른가?

인간에게는 의식이 있습니다. 의식의 출발점은 어떤 상태일까요? '나' 자신 외의 타인과 그 밖의 대상들에 대해 의식하지 않는다면 그들을 파악할 수도, 분별할 수도 없습니다. 의식의 출발점은 타인이나 대상을 '나'의 감각으로 직접 지시하는 것입니다. 인간에게는 시각, 청각, 후각, 미각, 촉각이라는 오감五感이 있습니다. 이 오감을 통하여 내 앞에 서 있는 대상을 이것·저것·그것이라고 직접 지시하여 그 대상을 개별적으로 인식합니다. 헤겔의 말에 따르면 '감각적 확신'241 이 이루어지는 것입니다. 이것이 의식의 시작입니다.

앞을 못 보는 사람이라도 글을 쓸 수는 있습니다. 그는 시각 기능을 발휘할 수 없지만, 촉각의 힘은 살아 있습니다. 손으로 연필과 종이를 만지면서 "이것은 연필이고, 이것은 종이야!"라고 확신합니다. 헤겔은 이 감각적 확신을 '사념思念'242 이라고 불렀습니다. 그러나 감각적 확신은 의식의 출발에 불과합니다. 종이를 '종이'로만 분별하고 연필을 '연필'로만 지시하는 단계일 뿐입니다. 매우 단순한 상태입니다. 감각적 확신은 종이가 가진 다양한 속성과 연필이 가진 다채로운 성향을 인식할 수 없는 단계입니다. 종이와 연필이 다른 사물들과 맺고 있는 연관성에는 미치지 못하는 단계입니다. 종이와 연필이 나무와 떼려야 뗄 수 없는 연관성을 갖는다는 것을 인식하지 못하는 단계입니다. 종이와 연필의 상호작용 때문에 글쓰기, 공부, 학문 등의 문명 행위가 일어난다는 것을 생각할 수 없는 단계입니다. 종이와 연필에 대한 '감각적 확신'을 개별적으로 얻은 상태이기 때문입니다. 헤겔의 견해에 따르면 '사념'에 머물러 아직 '지각'의 상태로 나아가지 못한 단계입니다.

감각적 확신에서 한 단계 더 앞으로 나아간 의식의 발전 상태가 '지각知覺'243입니다. 지각의 단계에 대해 살펴볼까요? 일상생활에서 상식이나 도리를 저버리는 상태를 '몰지각沒知覺'이라 말합니다. 지각이 없다는 뜻이지요. 지각이 무엇이길래 이런 비난을 듣는 것일까요? 예를 들어보겠습니다. 한 사람이 식당에서 음식을 주문하고 기다리다가 평소 버릇대로 식당 바닥에 '칵!' 소리를 내며 가래침을 뱉었습니다. 식당 분위기가 어떻게 될까요? 주인을 비롯해서 모든 손님이 눈살을 찌푸릴 것입니다. 그에게 직접 항의하지는 않을지라도 속으로 '밥맛 다 떨어졌잖아. 뭐 저런 몰지각한 사람이 다 있어?'라고 반응을 보일 것입니다. 맞습니다. 식당 바닥에 가래침을 뱉는 것은 몰지각한 행동입니다.

그 사람은 음식을 먹고 싶은 본능적 욕구를 해소하려고 했을 뿐입니다. '식당'이라는 대상의 속성에 대해서는 전혀 생각하지 않은 것입니다. 식당은 그 사람의 개인 공간이 아니라 불특정 다수가 사용하는 공공장소입니다. 누구든지 음식을 맛있게 먹을 권리를 돈을 주고 이용하는 곳입니다. 그런 장소가 일반음식점인 식당입니다. 그런데 큰소리를 내서 가래침을 바닥에 뱉는 행동은 '식당'이라는 장소의 고유한 성향을 전혀 인식하지 못하는 행동입니다. 식당과 대중의 관계를 전혀 생각하지 않은 행동이기도 합니다. 그 사람은 '식당'이라는 대상을 미각과 후각이라는 감각 때문에 지시했을 뿐입니다. "이곳이 식당이구나!"라는 감각적 확신만 얻었을 뿐이지요. 그 후에는 곧바로 식욕이라는 본능적 욕구만 채웠을 뿐입니다. 헤겔의 시각으로 본다면 그 사람은 '지각이 없다'고 비판받을만합니다. 적어도 그 식당에서는 '몰지각'이란 꼬리표를 붙일 수밖에 없는 사람입니다.

앞에서 예로 들은 연필과 종이를 놓고 '지각'을 얘기해볼까요? 앞을 보지 못하는 사람일지라도 손의 촉각으로 연필과 종이를 만져서 그것들을 개별적으로 인식하는 '감각적 확신'을 얻습니다. 그런데 빠른 속도로 그의 머릿속을 스쳐 가는 생각이 있습니다. 연필은 글을 쓰거나 그림을 스케치하는 데 꼭 필요한 도구라는 생각! 종이는 문장을 적어서 지식을 보관해두거나 밑그림을 그려서 회화의 토대를 마련하는 도구라는 생각! 그는 연필과 종이를 촉각으로 지시하는 단계에 그치지 않았습니다. 연필과 종이의 속성을 인식하는 단계로 나아간 것입니다. 지각의 상태에 도달한 것입니다. 그의 지각은 점점 더 확장됩니다. 이제는 연필과 종이가 다른 대상과 맺고 있는 연관성을 생각해봅니다. 그의 인식이 조금씩 더 깊어집니다. 연필과 종이의 근원인 나무를 떠올립니다. 연필은 나무의 몸로 만든 것이고 종이도 나무의 살결에서 생겨난다는 것을…. 시인은 연필로 나무의 살결인 '종이' 위에 아름다운 시를 새긴다는 것을….

그는 연필의 한 가지 속성과 종이의 한 가지 속성을 인식하는 단계에 그치지 않았습니다. 연필의 다양한 성향과 종이의 다채로운 성향을 인식하는 단계로 나아갔습니다. 그는 '연필'이라는 하나의 사물과 '종이'라는 또 하나의 사물을 개별적으로 인식하는 데 그치지 않았습니다. 연필과 종이와 나무! 이 개별 사물들의 상호관계를 인식하는 단계로 나아갔습니다. 지각이 깊어지면서 의식이 발전한 것입니다. 이처럼 '지각'은 오감에 의해 개별적 사물을 분별하는 '사념'의 단계를 넘어섭니다. 감각적 확신의 단계를 뛰어넘은 것이지요. 지각은 하나의 사물이 가진 다양한 속성을 인식하는 단계로 나아간 의식 상태입니다. 연필과 종이와 나무의 연결고리에서 볼 수 있듯이 여러 대상의 보편적 연관성도 인식하는 의식의 상태가 '지각'입니다. 사물과 대상을 개별로 파악하는 것이 아니라 보편적 네트워크에서 인식하는 상태로 발전한 것입니다.

인간의 이성理性[244]이 가장 인간다운 상태에 도달하는 지점을 헤겔은 '절대정신' 또는 '절대지絕對知'[245]라고 불렀습니다. '나'와 다른 사람들의 관계 또는 '나'와 다른 사물들의 연관성을 인식할 뿐 아니라, 그들과 '하나 됨'을 깨닫고 그들과 통일적 일체감을 가짐으로써 비로소 '내가 존재한다'는 것을 절대적으로 확신하는 상태입니다. 그것이 곧 '절대지'입니다. 절대지를 산의 정상에 비유해볼까요? 헤겔이 말한 '감각적 확신'이나 사념은 등산 코스의 출발점이 됩니다. 그 출발점을 지나면 '지각'이라는 의식의 산기슭에 오르게 됩니다. 이제 조금 더 올라가야 할 곳은 자기 확신이 이루어지는 '자기의식自己意識'[246]의 산 중턱입니다.

오성의 작용을 통해
자기의식 단계로 발전하는 길

인간의 의식은 발전을 거듭합니다. 사물의 한 가지 속성을 인식하는 단계를 넘어 그 사물의 다양한 속성을 인식하는 단계로 나아가고, 그 사물과 다른 사물의 연관성까지 인식하는 보편성의 단계로 나아갑니다. 이런 과정을 거치면서 인간의 지각은 '오성悟性'[247]의 단계로 향상됩니다. 우리가 아는 개념 중에서는 지성이 오성과 가장 가까운 개념일 것입니다. '지각'이라는 산기슭에서 '자기의식'이라는 산 중턱으로 안내하는 '의식의 길목'이 오성입니다.

사물의 내부에는 사물의 본질이 숨겨져 있습니다. 오성은 사물의 보이지 않는 본질을 인식하려는 작용입니다. 이것은 '지각'의 활동을 뛰어넘은 단계입니다. 오성은 사물의 심층부 속으로 파고들어 그 속에 감춰진 본질을 인식하려고 합니다. 그러나 인간의 오성은 사물의 본질을 인식하는 성과를 거둘 수 있을까요? 안타깝게도 그것은 불가능합니다.

헤겔에게 크나큰 영향을 주었던 선배 철학자 칸트도 그의 저서 《순수이성비판》에서 오성이 가진 한계를 인정했습니다. 칸트는 사물의 본질을 '사물 자체'[248]라고 불렀습니다. 인간의 오성으로는 그 본질을 인식하는 것이 불가능하다고 말했습니다. 오성으로 인식할 수 있는 것은 사물 내부의 본질에서 사물의 외부로 발산되어 나타나는 '현상'[249]뿐이라고 강조하였습니다.

이마누엘 칸트(I. Kant, 1724~1804). 독일 관념 철학의 선구자이자 계몽사상의 원조로 평가받는 그는 '이성주의' 면에서 헤겔에게 큰 영향을 주었다.

오성의 한계에 대해서는 헤겔의 생각도 칸트와 다르지 않습니다. 인간의 오성은 사물의 본질을 인식할 수 없는 '한계'의 절벽에 부딪힙니다. 오성의 힘으로 그 본질을 인식할 수 없는 이유가 있습니다. 사물의 본질은 인간의 오감五感을 초월한 초감각적인 것이기 때문입니다. 시각과 청각과 촉각 등의 감각으로 전혀 감지할 수 없는 것이 사물의 본질인 까닭에 오성으로도 인식할 수 없지요. 감지할 수 없는 것은 인식할 수도 없는 법입니다. 한계의 절벽에 부딪힌 오성은 막힌 인식의 산길을 돌이켜 '사유思惟'라는 또 다른 산길을 냅니다. 그래야만 '자기의식'이라는 산 중턱으로 올라갈 수 있으니까요.

사물의 본질을 인식할 수 없는 한계의 절벽에서 길이 막혔기 때문에 인간의 오성은 '사유'라는 길로 선회하였습니다. '사유'란 무엇일까요? 생각하고 또 생각하며 점점 더 깊이 생각하는 활동입니다. 인간의 오성은 사물의 내부에 숨겨진 본질이 무엇인지 생각하고 또 생각하는 '사유의 산길'을 따라 계속 올라갑니다. 여기에서 궁금해지는 것이 있습니다. 사물의 본질을 인식할 수 없다면 그 본질을 계속 생각하는 것에 무슨 의미가 있을까요? 헛된 일이 아닐까요? 그렇지 않습니다.

사물의 본질이 무엇인지를 잘 모른다고 해도 그 본질에 대해 골똘히 생각하는 것을 그만둔다면 인간의 이성은 더 발전할 수 없습니다. 사물의 본질에 대한 생각이 깊어질수록 사물의 보이지 않는 본질에서 사물의 바깥으로 발산되어 나오는 힘을 발견하게 됩니다. '본질'에 대한 생각을 멈추지 않고 '사유의 산길'을 계속 올라갈수록 본질을 파악할 수는 없을지라도 본질에서 흘러나오는 힘을 인식하게 되는 것입니다.[250] 이렇게 사물의 본질에서 사물의 외부로 표출된 힘을 '현상'이라 부릅니다. 인간이 사물의 바깥으로 드러난 현상을 파악하여 인간의 언어로 이름 붙이고 표현할 수 있는 것은 사물의 본질이 무엇인지 생각하고 또 생각하는 '사유' 활동을 멈추지 않았기 때문입니다. 오성의 힘을 발휘한 것입니다.

뉴욕, 베를린, 런던, 서울, 파리 등 현대문명의 중심지에서 멀리 떠나 인도양의 한 가운데 이르러 바다의 심연에서 솟아오르는 생명의 숨결을 한껏 들여 마시는 사람을 생각해보세요. 그는 문명의 손길이 미치지 않는 원초적 자연의 생명력을 온몸의 혈관 속에 흡수했노라고 확신합니다. 한순간 스쳐 지나가는 확신이었다고 해도 우리는 그의 확신을 존중할 수밖에 없습니다. 그런데 그는 흠도 티도 없는 바다의 생명력을 송두리째 받아들이는 순간, 자기도 모르게 다음과 같은 말을 탄성처럼 토해내지 않았을까요?

"내가 태어나서 이렇게 맑고 깨끗한 생명의 숨결을 마셔본 적이 없었어. 아, 때 묻지 않은 이 생명력이야말로 바다의 감추어진 본질에서 바다의 밖으로 분출되어 나오는 힘이야. 이 생명의 기운은 바다의 보이지 않는 본질에서 바다 바깥의 창공으로 뿜어져 나오는 힘이라고! 그런데 이 생명력은 '나'의 내부에 살아 있는 힘과 다르지 않아! 나의 내면 저 깊은 곳에서 언뜻언뜻 솟구쳐 오르던 그 힘이라고!"

만약에 이와 비슷한 말을 쏟아낸다면 평소에 사물의 본질에 대하여 생각하고 또 생각하는 '사유'의 산길을 즐겨 걷는 사람일 것입니다. 인간이 마주하는 사물은 무엇이든 바깥으로 발산하는 힘을 가지고 있습니다. 그 힘은 사물의 본질을 사유하는 '나'의 내부에서 나의 바깥으로 발산하는 힘과 다르지 않습니다. 이러한 자기 확신을 헤겔은 '자기의식'이라고 불렀습니다. 사물의 본질에 대해 생각하고 또 생각하는 오성의 작용을 따라 사유의 산길을 계속 걸어간다면, 인간은 이와 같은 '자기의식'의 산 중턱에 다다릅니다. 나 자신과 사물이 생각의 핏줄로 연결되어 일체감을 이루는 것이지요. 여러분의 이해를 돕기 위해 사물의 예로 장미를 들어보겠습니다. '지각'이라는 산기슭에서 출발하여 '오성'이라는 가이드가 안내하는 사유의 산길을 따라 장미가 핀 '자기의식'의 산 중턱으로 가 보겠습니다.

장미의 내부에 감춰진 본질은 현미경으로 관찰해도 보이지 않습니다. 지각의 힘으로는 장미의 본질을 알 수 없습니다. "이것이 바로 장미의 본질이야!"라고 무릎을 탁 치며 깨달음을 얻을 수 없습니다. 오성의 힘으로도 마찬가지입니다. '나'의 오성이 아무리 뛰어날지라도 '장미'라는 꽃의 본질을 알 수 없습니다. 그러나 나의 오성은 장미의 속살 저 깊은 곳에 숨어 있는 장미만의 '실체'[251]와 본질에 대하여 생각하고 또 생각합니다. 사유하려는 노력을 포기하지 않습니다. '지성이면 감천'이라는 우리네 속담이 있지 않습니까? 장미의 본질이 무엇인지 알아내려고 생각을 거듭할수록 장미 내부의 본질에서 장미 외부로 발산하는 '힘'을 발견하게 됩니다. 그러나 그 힘은 장미의 본질이 아니라 장미의 바깥으로 표출하는 현상일 뿐입니다.

장미의 꽃잎에서 흘러나오는 정열의 붉은 빛! 장미의 속살에서 풍겨 나오는 아름다운 젊음의 향기! 이것은 장미 내부의 본질에서 장미 바깥으로 발산하는 힘입니다. 본질 그 자체는 아닌 것입니다. 나는 본질에서 나오는 힘을 발견하고 알게 될 뿐입니다. 하지만 나의 오성으로 장미의 본질을 생각하고 또 생각하는 '사유의 산길'을 오르지 않는다면 어떻게 될까요? 본질에서 발산하는 장미의 붉은 정열과 아름다운 젊음을 발견할 수도, 알 수도 없을 것입니다.

본질이 무엇인지 알 수는 없어도 장미의 바깥으로 나타나는 그 '힘'을 발견하였기 때문에 나는 그 힘을 '붉은 정열과 아름다운 젊음'이라고 표현할 수 있습니다. 내가 발견해낸 장미의 붉은 정열과 아름다운 젊음! 이것은 나의 오성이 생각해낸 사유의 내용입니다. 그런데 이 '붉은 정열과 아름다운 젊음'은 나의 내부에 살아 있는 나 자신의 속성이기도 합니다. 장미의 본질에 관한 생각이 깊어질수록 그 생각의 끈은 나 자신의 내부와 이어져 있었던 것입니다. 인간인

'나'의 내면에서 살아 꿈틀거리는 젊음의 정열을 장미의 힘에서 발견하고 확신하게 된 것입니다. 장미의 힘은 곧 나의 힘이라고 말할 수 있습니다. 자연과 나의 일체감을 확신할 수 있지요.

절대정신의 산정을 향하여

나는 '자기의식'이라는 산 중턱에 도달했습니다. 장미의 본질에서 우러나오는 장미의 힘을 나의 내부에서 발견한다는 것! 나의 힘과 장미의 힘이 서로 다르지 않고 '순수한 통일체'[252]를 이루고 있다는 것! 이러한 자기 확신의 정신을 헤겔은 '절대정신'[253]이라고 불렀습니다. 헤겔의 말을 들어볼까요?

> "자기 자신을 세계로, 그리고 세계를 자기 자신으로 의식하기에 이르렀을 때, 이성理性은 곧 정신이 된다."[254]

사물의 바깥으로 드러나는 사물의 성향은 '나'의 내부에서 우러나오는 깊은 생각의 내용입니다. 모든 세계의 속성은 내 사유의 산물이라고 말할 수 있습니다. 그렇다면 내가 '의식하는' 모든 세계는 '나'와 다르지 않습니다. 나라는 '자기 자신'은 곧 내가 의식하는 모든 '세계'와 같습니다. 모든 사물과 나 자신이 대립의 장벽을 허물고 '하나 됨'의 일체감을 의식하는 자기 확신이 계속될 때, 나의 이성은 정신의 힘을 발휘하게 됩니다. 비로소 나의 이성은 절대정신의 단계에 이릅니다.

감각적 확신에서 출발한 의식의 발걸음은 '지각'이라는 산기슭을 거쳐 '오성'의 가이드를 따라 사유의 산길을 오르다가 '자기의식'이라는 산 중턱에 이르고, 마침내 자기 확신의 정신이 확고해지는 '절대정신'의 산정山頂에 도달합니다. 역사 발전의 원리인 헤겔의 변증법辨證法은 바로 이런 맥락에서 태어난 사상입니다. 인간이 끊임없이 생각과 사유를 강화할수록 세계와 역사도 발전을 거듭한다는 진실을 잊지 않아야겠습니다.

후마니타스로 바로 본 세상과의 질문

Q1. 헤겔은 《정신현상학》에서 '감각적 확신'과 '오성'을 구별하였습니다. 이 두 가지 개념은 어떻게 다를까요? 차이를 이야기해 보세요.

Q2. 생물과 무생물을 통틀어 '사물'이라 부릅니다. 동물이든 식물이든 생명 없는 물건이든 일상생활에서 마주하는 사물과 '나' 자신이 다르지 않다는 확신을 가져본 적이 있나요? 그런 확신이 있었다면 사물과 '나' 자신의 일체감을 확신하게 된 이유는 무엇일까요?

Q3. 헤겔은 《정신현상학》에서 "오직 이 정신 왕국의 술잔으로부터 정신의 무한함이 부풀어 오른다."고 말했습니다. 인간의 정신은 계속 발전하며 그것과 비례하여 세계와 역사도 발전하리라는 것을 암시합니다. 정신의 힘이 세계를 발전시킨 사례들을 세계사에서 찾아 보세요.

참고문헌

라인홀드 니버, 《도덕적 인간과 비도덕적 사회》, 이한우 옮김, 문예출판사, 1992.

레프 톨스토이, 《사람은 무엇으로 사는가》, 이종진 옮김, 창작과비평사, 2015.

마르틴 부버, 《나와 너》, 표재명 옮김, 문예출판사, 1999.

빅토르 위고, 《레 미제라블》, 강명희 옮김, 하서, 2005.

사사키 다케시 외 지음, 《절대지식 세계고전》, 윤철규 옮김, 이다미디어, 2016.

소포클레스, 《오이디푸스》, 강대진 옮김, 민음사, 2009.

송용구, 《대중문화와 대중민주주의》, 담장너머, 2009.

송용구, 《인간의 길, 10대가 묻고 고전이 답하다》, 글라이더, 2017.

송용구, 《인문학, 인간다움을 말하다》, 평단, 2017.

송용구, 《인문학 편지》, 평단, 2014.

송용구, 《지식과 교양》, 글라이더, 2018.

《신약전서》(새번역), 대한성서공회, 2007.

아리스토텔레스, 《시학》, 천병희 역, 문예출판사, 2002.

에리히 프롬, 《자유로부터의 도피》, 원창화 옮김, 홍신문화사, 1988.

윌리엄 셰익스피어, 《맥베스》, 최종철 옮김, 민음사, 2004.

이마누엘 칸트, 《도덕 형이상학을 위한 기초 놓기》, 이원봉 옮김, 책세상, 2002.

이마누엘 칸트, 《순수이성비판》, 이명성 옮김, 홍신문화사, 2006.

잉게 숄, 《아무도 미워하지 않는 자의 죽음》, 송용구 옮김, 평단, 2012.

장 자크 루소 지음, 《사회계약론》, 이재형 옮김, 문예출판사, 2013.

제인 오스틴,《오만과 편견》, 윤지관 · 전승희 옮김, 민음사, 2003.
조만제 엮음 · 송용구 해설,《어머니의 기도》, 생명의말씀사, 2003.
조반니 보카치오,《데카메론》, 장지연 엮어옮김, 서해문집, 2007.
존 듀이,《민주주의와 교육》, 김성숙 이귀학 옮김, 동서문화사, 2008.
카를 마르크스,《경제학·철학 초고/자본론/공산당선언/철학의 빈곤》, 동서문화사, 2008.
카를 마르크스,《자본》, 강신준 옮김, 도서출판 길, 2010.
토머스 모어,《유토피아》, 나종일 옮김, 서해문집, 2005.
G. W. F. 헤겔,《법철학 강요綱要》, 서정혁 옮김, 지만지, 2011.
G. W. F. 헤겔,《정신현상학》, 김양순 옮김, 동서문화사, 2016.
헤르만 헤세,《수레바퀴 아래서》, 한미희 옮김, 문학동네, 2013.

부록 : 시카고 대학교 고전 필독서 목록
- 〈위대한 고전 읽기 프로그램 The Great Books Program〉

(1929년 시카고 대학교 총장 로버트 허친슨 선정)

1	《미합중국독립선언서》
2	플라톤의 《소크라테스의 변명》, 《크리톤》
3	소포클레스의 《안티고네(Antigone)》
4	아리스토텔레스의 《정치학》
5	플루타르코스의 《영웅전》
6	《신약성서》의 '마태복음'
7	에픽테투스의 《인생담》
8	마키아벨리의 《군주론》
9	존 밀턴의 《자유》
10	애덤 스미스의 《국부론》
11	《미합중국헌법》
12	토크빌의 《미국의 민주주의》
13	카를 마르크스, 프리드리히 엥겔스의 《공산당 선언》
14	헨리 데이비드 소로의 《시민 불복종》, 《월든》
15	레프 톨스토이의 《이반 일리치의 죽음》
16	《구약성서》의 '전도서'
17	호메로스의 《오디세이아》
18	소포클레스의 《오이디푸스 왕》, 《콜로누스의 오이디푸스 왕》
19	플라톤의 《메논》
20	아리스토텔레스의 《니코마코스 윤리학》
21	루크레티우스의 《우주론》
22	성 아우구스티누스의 《고백록》
23	윌리엄 셰익스피어의 《햄릿》
24	르네 데카르트의 《방법서설》

25	토머스 홉스의《리바이어던》
26	블레즈 파스칼의《팡세》
27	조너선 스위프트의《걸리버 여행기》
28	장 자크 루소의《인간 불평등 기원론》
29	이마누엘 칸트의《영원한 평화를 위하여》
30	존 스튜어트 밀의《자유론》
31	마크 트웨인의《허클베리 핀의 모험》
32	《구약성서》의 '욥기'
33	아이스킬로스의《오레스테이아》3부작
34	투키디데스의《펠로폰네소스 전쟁의 역사》
35	플라톤의《향연》
36	토마스 아퀴나스의《신학대전》
37	라블레의《가르강튀아와 팡타그뤼엘》
38	장 칼뱅의《기독교 강요(綱要)》
39	윌리엄 셰익스피어의《리어왕》
40	프랜시스 베이컨의《대혁신》
41	존 로크의《정치론(통치론)》
42	볼테르의《깡디드》
43	장 자크 루소의《사회계약론》
44	기번의《로마제국 쇠망사》
45	도스토예프스키의《카라마조프 가의 형제들》
46	지그문트 프로이트의《정신분석의 기원과 발달》
47	공자의《논어(論語)》
48	플라톤의《국가》
49	아리스토파네스의《여인의 평화》
50	아리스토텔레스의《시학(詩學)》
51	유클리드의《기하학 제요(提要)》
52	마르쿠스 아우렐리우스의《명상록》
53	엠페이리코스의《절대회의설》

54	중세의 서사시《니벨룽의 노래》
55	몽테뉴의《수상록(隨想錄)》
56	윌리엄 셰익스피어의《템페스트》
57	존 로크의《인간 오성론(悟性論)》
58	존 밀턴의《실낙원》
59	흄의《오성론(悟性論)》
60	프리드리히 니체의《선악의 피안(彼岸)》
61	제임스의《실용주의(프래그머티즘)》
62	에우리피데스의《메데아》,《히폴리투스》,《트로이의 여인들》
63	플라톤의《테아이테투스》
64	아리스토텔레스의《물리학》
65	베르길리우스의《아이네이스》
66	성 프란체스코의《작은 꽃》
67	단테의《신곡(神曲)》
68	미란드라의《인간의 존엄에 대하여》
69	버클리의《인지(認知)원리론》
70	존 뉴턴의《자연철학의 수학적 원리》
71	보스웰의《새뮤얼 존슨 전(傳)》
72	이마누엘 칸트의《프롤레고메나》
73	울먼의《일기(Journal)》
74	허먼 멜빌의《모비 딕》
75	아인슈타인의《상대성 이론》
76	아이스킬로스의《사슬에 묶인 프로메테우스》
77	플라톤의《파이드로스》
78	아리스토텔레스의《형이상학》
79	롱기노스의《숭고성에 대하여》
80	아우구스티누스의《자연과 성총(聖寵)에 대하여(은총론)》
81	아우구스티누스의《성총과 자유 의지에 대하여(칭의론稱義論)》
82	초서의《캔터베리 이야기》

83	윌리엄 셰익스피어의《리차드 2세》
84	미겔 데 세르반테스의《돈 키호테》
85	스피노자의《윤리학(에티카)》
86	흄의《자연종교에 대하여》
87	볼테르의《철학사전》
88	헤겔의《역사철학》
89	다윈의《종의 기원》
90	허먼 멜빌의《빌리 버드》
91	제임스의《나사의 회전》
92	플라톤의《고르기아스》
93	아리스토텔레스의《영혼에 대하여》
94	마하바라타의《바가바드기타》
95	보에티우스의《철학의 위안》
96	마이모니데스의《방황하는 자를 위한 지침》
97	존 던의《시집》
98	몰리에르의《타르튜프》,《고객》
99	라이프니츠의《형이상학》
100	이마누엘 칸트의《실천이성비판》
101	요한 볼프강 폰 괴테의《파우스트》
102	아르투어 쇼펜하우어의《의지와 표상으로서의 세계》
103	키에르케고르의《철학적 단편 후서》
104	도스토예프스키의《죽음의 집의 기록》
105	콘라드의《어둠의 속》
106	지그문트 프로이트의《꿈의 해석》
107	조지 버나드 쇼의《인간과 초인(超人)》
108	아리스토파네스의《섬》과《평화》
109	플라톤의《파이돈》
110	《신약성서》의 '로마서'와 '고린도 전서'
111	가레노스의《천부의 기능》

112	윌리엄 셰익스피어의 《헨리 4세》
113	윌리엄 하비의 《혈액 순환의 원리》
114	르네 데카르트의 《영혼의 목마름》
115	존 밀턴의 《투우사 샘슨》
116	피히테의 《인간의 사명》
117	바이런의 《돈 주안》
118	존 스튜어트 밀의 《공리주의》
119	프리드리히 니체의 《도덕의 계보》
120	헨리 애덤스의 《헨리 애덤스의 교육》
121	윌리엄 버틀러 예이츠의 《시》 14편
122	호메로스의 《일리아스》
123	헤로도토스의 《역사》
124	플라톤의 《소피스트》
125	아리스토텔레스의 《분석론》
126	타키투스의 《연대기》
127	플로티노스의 《엔네아데스》
128	마르틴 루터의 《갈라디아서 강해(講解)》
129	갈릴레오의 《신과학대화》
130	라신느의 《페드라》
131	비코의 《신과학》
132	발자크의 《고리오 영감》
133	카를 마르크스의 《자본론》
134	헨리크 입센의 《물오리》
135	제임스의 《심리학》
136	보들레르의 《악의 꽃》
137	포앙카레의 《과학과 가설》

후주

1)서정주의 시 '국화 옆에서' 제2연.

2)헤르만 헤세,《수레바퀴 아래서》, 한미희 옮김, 문학동네, 2013, p.136.

3)헤르만 헤세,《수레바퀴 아래서》, 한미희 옮김, 문학동네, 2013, p.136.

4)프란츠 카프카,《변신》, 이재황 옮김, 문학동네, p.20.

5)헤르만 헤세,《수레바퀴 아래서》, 한미희 옮김, 문학동네, 2013, p.191.

6)헤르만 헤세,《수레바퀴 아래서》, 한미희 옮김, 문학동네, 2013, p.183.

7)헤르만 헤세,《수레바퀴 아래서》, 한미희 옮김, 문학동네, 2013, p.212.

8)헤르만 헤세,《수레바퀴 아래서》, 한미희 옮김, 문학동네, 2013, p.212.

9)헤르만 헤세,《수레바퀴 아래서》, 한미희 옮김, 문학동네, 2013, p.212.

10)헤르만 헤세,《수레바퀴 아래서》, 한미희 옮김, 문학동네, 2013, p.212.

11)헤르만 헤세,《수레바퀴 아래서》, 한미희 옮김, 문학동네, 2013, p.213 참조.

12)헤르만 헤세,《수레바퀴 아래서》, 한미희 옮김, 문학동네, 2013, p.213 참조.

13)헤르만 헤세,《수레바퀴 아래서》, 한미희 옮김, 문학동네, 2013, p.214 참조.

14)헤르만 헤세,《수레바퀴 아래서》, 한미희 옮김, 문학동네, 2013, p.

15)헤르만 헤세,《수레바퀴 아래서》, 한미희 옮김, 문학동네, 2013, p.214.

16)헤르만 헤세,《수레바퀴 아래서》, 한미희 옮김, 문학동네, p.141.

17)개역개정《신약전서》, 대한성서공회, p.5.

18)송용구,《인간의 길, 10대가 묻고 고전이 답하다》, 글라이더, 2017, p.140~153 참조.

19)레프 톨스토이,《사람은 무엇으로 사는가》, 이종진 옮김, 창비, 2015, p.25 참조.

20)레프 톨스토이,《사람은 무엇으로 사는가》, 이종진 옮김, 창비, 2015, p.25.

21)레프 톨스토이,《사람은 무엇으로 사는가》, 이종진 옮김, 창비, 2015, p.25.

22)레프 톨스토이,《사람은 무엇으로 사는가》, 이종진 옮김, 창비, 2015, p.25.

23)레프 톨스토이,《사람은 무엇으로 사는가》, 이종진 옮김, 창비, 2015, p.25.

24)레프 톨스토이,《사람은 무엇으로 사는가》, 이종진 옮김, 창비, 2015, p.31 참조.

25) 레프 톨스토이, 《사람은 무엇으로 사는가》, 이종진 옮김, 창비, 2015, p.34 참조.

26) 레프 톨스토이, 《사람은 무엇으로 사는가》, 이종진 옮김, 창비, 2015, p.35.

27) 레프 톨스토이, 《사람은 무엇으로 사는가》, 이종진 옮김, 창비, 2015, p.35 참조.

28) 레프 톨스토이, 《사람은 무엇으로 사는가》, 이종진 옮김, 창비, 2015, p.37 참조.

29) 레프 톨스토이, 《사람은 무엇으로 사는가》, 이종진 옮김, 창비, 2015, p.37.

30) 레프 톨스토이, 《사람은 무엇으로 사는가》, 이종진 옮김, 창비, 2015, p.39 참조.

31) 레프 톨스토이, 《사람은 무엇으로 사는가》, 이종진 옮김, 창비, 2015, p.41 참조.

32) 레프 톨스토이, 《사람은 무엇으로 사는가》, 이종진 옮김, 창비, 2015, p.42.

33) 레프 톨스토이, 《사람은 무엇으로 사는가》, 이종진 옮김, 창비, 2015, p.43.

34) 레프 톨스토이, 《사람은 무엇으로 사는가》, 이종진 옮김, 창비, 2015, p.43~46 참조.

35) 레프 톨스토이, 《사람은 무엇으로 사는가》, 이종진 옮김, 창비, 2015, p.46 참조.

36) 레프 톨스토이, 《부활 상》, 이대우 옮김, 열린책들, 2010, p.95 참조.

37) 송용구, 《지식과 교양》, 글라이더, 2018, p. 136~138 참조.

38) 레프 톨스토이, 《사람은 무엇으로 사는가》, 이종진 옮김, 창비, 2015, p.46.

39) 레프 톨스토이, 《사람은 무엇으로 사는가》, 이종진 옮김, 창비, 2015, p.46.

40) 소돔: 《성경》의 창세기에 기록되어 있는 타락한 도시. 물질만능주의와 성적 타락으로 멸망했다고 한다.

41) 제인 오스틴, 《오만과 편견》, 윤지관·전승희 옮김, 민음사, 2003, p.17 참조.

42) 제인 오스틴, 《오만과 편견》, 윤지관·전승희 옮김, 민음사, 2003, p.17.

43) 제인 오스틴, 《오만과 편견》, 윤지관·전승희 옮김, 민음사, 2003, p.18 참조.

44) 제인 오스틴, 《오만과 편견》, 윤지관·전승희 옮김, 민음사, 2003, p.18.

45) 제인 오스틴, 《오만과 편견》, 윤지관·전승희 옮김, 민음사, 2003, p.18 참조.

46) 제인 오스틴, 《오만과 편견》, 윤지관·전승희 옮김, 민음사, 2003, p.21.

47) 제인 오스틴, 《오만과 편견》, 윤지관·전승희 옮김, 민음사, 2003, p.19~20.

48) 제인 오스틴, 《오만과 편견》, 윤지관·전승희 옮김, 민음사, 2003, p.19.

49) 제인 오스틴, 《오만과 편견》, 윤지관·전승희 옮김, 민음사, 2003, p.18.

50) 제인 오스틴, 《오만과 편견》, 윤지관·전승희 옮김, 민음사, 2003, p.19.

51) 제인 오스틴, 《오만과 편견》, 윤지관·전승희 옮김, 민음사, 2003, p.117 참조.

52) 제인 오스틴, 《오만과 편견》, 윤지관·전승희 옮김, 민음사, 2003, p.114.
53) 제인 오스틴, 《오만과 편견》, 윤지관·전승희 옮김, 민음사, 2003, p.114~115.
54) 제인 오스틴, 《오만과 편견》, 윤지관·전승희 옮김, 민음사, 2003, p.115.
55) 제인 오스틴, 《오만과 편견》, 윤지관·전승희 옮김, 민음사, 2003, p.115.
56) 제인 오스틴, 《오만과 편견》, 윤지관·전승희 옮김, 민음사, 2003, p.115.
57) 제인 오스틴, 《오만과 편견》, 윤지관·전승희 옮김, 민음사, 2003, p.115.
58) 마르틴 부버, 《나와 너》, 표재명 옮김, 문예출판사, 1993, p.6.
59) 제인 오스틴, 《오만과 편견》, 윤지관·전승희 옮김, 민음사, 2003, p.213.
60) 제인 오스틴, 《오만과 편견》, 윤지관·전승희 옮김, 민음사, 2003, p.154~155 참조.
61) 제인 오스틴, 《오만과 편견》, 윤지관·전승희 옮김, 민음사, 2003, p.176.
62) 제인 오스틴, 《오만과 편견》, 윤지관·전승희 옮김, 민음사, 2003, p.175.
63) 제인 오스틴, 《오만과 편견》, 윤지관·전승희 옮김, 민음사, 2003, p.176.
64) 제인 오스틴, 《오만과 편견》, 윤지관·전승희 옮김, 민음사, 2003, p.177 참조.
65) 제인 오스틴, 《오만과 편견》, 윤지관·전승희 옮김, 민음사, 2003, p.222.
66) 제인 오스틴, 《오만과 편견》, 윤지관·전승희 옮김, 민음사, 2003, p.224~228.
67) 제인 오스틴, 《오만과 편견》, 윤지관·전승희 옮김, 민음사, 2003, p.242 참조.
68) 제인 오스틴, 《오만과 편견》, 윤지관·전승희 옮김, 민음사, 2003, p.136.
69) 제인 오스틴, 《오만과 편견》, 윤지관·전승희 옮김, 민음사, 2003, p.268.
70) 제인 오스틴, 《오만과 편견》, 윤지관·전승희 옮김, 민음사, 2003, p.267.
71) 제인 오스틴, 《오만과 편견》, 윤지관·전승희 옮김, 민음사, 2003, p.268 참조.
72) 제인 오스틴, 《오만과 편견》, 윤지관·전승희 옮김, 민음사, 2003, p.267.
73) 제인 오스틴, 《오만과 편견》, 윤지관·전승희 옮김, 민음사, 2003, p.268.
74) 제인 오스틴, 《오만과 편견》, 윤지관·전승희 옮김, 민음사, 2003, p.116.
75) 제인 오스틴, 《오만과 편견》, 윤지관·전승희 옮김, 민음사, 2003, p.270.
76) 제인 오스틴, 《오만과 편견》, 윤지관·전승희 옮김, 민음사, 2003, p.270.
77) 제인 오스틴, 《오만과 편견》, 윤지관·전승희 옮김, 민음사, 2003, p.271.
78) 제인 오스틴, 《오만과 편견》, 윤지관·전승희 옮김, 민음사, 2003, p.270.
79) 제인 오스틴, 《오만과 편견》, 윤지관·전승희 옮김, 민음사, 2003, p.271.

80) 제인 오스틴, 《오만과 편견》, 윤지관·전승희 옮김, 민음사, 2003, p.276 참조.
81) 제인 오스틴, 《오만과 편견》, 윤지관·전승희 옮김, 민음사, 2003, p.277.
82) 제인 오스틴, 《오만과 편견》, 윤지관·전승희 옮김, 민음사, 2003, p.280.
83) 제인 오스틴, 《오만과 편견》, 윤지관·전승희 옮김, 민음사, 2003, p.278.
84) 제인 오스틴, 《오만과 편견》, 윤지관·전승희 옮김, 민음사, 2003, p.279.
85) 제인 오스틴, 《오만과 편견》, 윤지관·전승희 옮김, 민음사, 2003, p.280.
86) 제인 오스틴, 《오만과 편견》, 윤지관·전승희 옮김, 민음사, 2003, p.286.
87) 제인 오스틴, 《오만과 편견》, 윤지관·전승희 옮김, 민음사, 2003, p.282~284.
88) 제인 오스틴, 《오만과 편견》, 윤지관·전승희 옮김, 민음사, 2003, p.282~284 참조.
89) 제인 오스틴, 《오만과 편견》, 윤지관·전승희 옮김, 민음사, 2003, p.282~284.
90) 제인 오스틴, 《오만과 편견》, 윤지관·전승희 옮김, 민음사, 2003, p.284~285.
91) 제인 오스틴, 《오만과 편견》, 윤지관·전승희 옮김, 민음사, 2003, p.284~285 참조.
92) 제인 오스틴, 《오만과 편견》, 윤지관·전승희 옮김, 민음사, 2003, p.284~285 참조.
93) 제인 오스틴, 《오만과 편견》, 윤지관·전승희 옮김, 민음사, 2003, p.285.
94) 제인 오스틴, 《오만과 편견》, 윤지관·전승희 옮김, 민음사, 2003, p.285~286 참조.
95) 제인 오스틴, 《오만과 편견》, 윤지관·전승희 옮김, 민음사, 2003, p.286.
96) 제인 오스틴, 《오만과 편견》, 윤지관·전승희 옮김, 민음사, 2003, p.288.
97) 제인 오스틴, 《오만과 편견》, 윤지관·전승희 옮김, 민음사, 2003, p.292.
98) 제인 오스틴, 《오만과 편견》, 윤지관·전승희 옮김, 민음사, 2003, p.294.
99) 제인 오스틴, 《오만과 편견》, 윤지관·전승희 옮김, 민음사, 2003, p.333~334.
100) 제인 오스틴, 《오만과 편견》, 윤지관·전승희 옮김, 민음사, 2003, p.334.
101) 제인 오스틴, 《오만과 편견》, 윤지관·전승희 옮김, 민음사, 2003, p.334.
102) 제인 오스틴, 《오만과 편견》, 윤지관·전승희 옮김, 민음사, 2003, p.334 참조.
103) 제인 오스틴, 《오만과 편견》, 윤지관·전승희 옮김, 민음사, 2003, p.334 참조.
104) 제인 오스틴, 《오만과 편견》, 윤지관·전승희 옮김, 민음사, 2003, p.300 참조.
105) 제인 오스틴, 《오만과 편견》, 윤지관·전승희 옮김, 민음사, 2003, p.335.
106) 제인 오스틴, 《오만과 편견》, 윤지관·전승희 옮김, 민음사, 2003, p.340.
107) 제인 오스틴, 《오만과 편견》, 윤지관·전승희 옮김, 민음사, 2003, p.341 참조.

108) 제인 오스틴, 《오만과 편견》, 윤지관·전승희 옮김, 민음사, 2003, p.341.
109) 제인 오스틴, 《오만과 편견》, 윤지관·전승희 옮김, 민음사, 2003, p.348.
110) 제인 오스틴, 《오만과 편견》, 윤지관·전승희 옮김, 민음사, 2003, p.350.
111) 제인 오스틴, 《오만과 편견》, 윤지관·전승희 옮김, 민음사, 2003, p.345.
112) 제인 오스틴, 《오만과 편견》, 윤지관·전승희 옮김, 민음사, 2003, p.345.
113) 제인 오스틴, 《오만과 편견》, 윤지관·전승희 옮김, 민음사, 2003, p.375~379 참조.
114) 제인 오스틴, 《오만과 편견》, 윤지관·전승희 옮김, 민음사, 2003, p.400 참조.
115) 제인 오스틴, 《오만과 편견》, 윤지관·전승희 옮김, 민음사, 2003, p.408 참조.
116) 제인 오스틴, 《오만과 편견》, 윤지관·전승희 옮김, 민음사, 2003, p.442.
117) 제인 오스틴, 《오만과 편견》, 윤지관·전승희 옮김, 민음사, 2003, p.521.
118) 실각(失脚): 정치적 지위나 권력을 잃어버림.
119) 정국(政局): 정치 세계의 형편이나 국면.
120) 왕정복고(王政復古): 또다시 군주 체제로 돌아가는 것.
121) 빅토르 위고, 《레 미제라블》, 강명희 옮김, 하서, 2005, p.17.
122) 빅토르 위고, 《레 미제라블》, 강명희 옮김, 하서, 2005, p.17.
123) 빅토르 위고, 《레 미제라블》, 강명희 옮김, 하서, 2005, p.17.
124) 빅토르 위고, 《레 미제라블》, 강명희 옮김, 하서, 2005, p.45.
125) 대한민국 헌법 제1조 2항.
126) 필자가 인용하고 있는 번역 작품 《레 미제라블》(강명희 옮김. 하서)에서는 '밀리에르'로 기록되어 있다. 그러나 한국 독자에게는 '미리엘'이란 이름으로 더 많이 알려져 있기에 이 책에서도 '미리엘'로 표기하였다.
127) 빅토르 위고, 《레 미제라블》, 강명희 옮김, 하서, 2005, p.31.
128) 빅토르 위고, 《레 미제라블》, 강명희 옮김, 하서, 2005, p.37.
129) 빅토르 위고, 《레 미제라블》, 강명희 옮김, 하서, 2005, p.39.
130) 빅토르 위고, 《레 미제라블》, 강명희 옮김, 하서, 2005, p.39.
131) 빅토르 위고, 《레 미제라블》, 강명희 옮김, 하서, 2005, p.36.
132) 후의(厚意): 인정을 넉넉하게, 두텁게 베푸는 마음.
133) 빅토르 위고, 강명희 옮김, 하서, 2005, p.58.

134)빅토르 위고,《레 미제라블》, 강명희 옮김, 하서, 2005, p.58~59.
135)빅토르 위고,《레 미제라블》, 강명희 옮김, 하서, 2005, p.59.
136)빅토르 위고,《레 미제라블》, 강명희 옮김, 하서, 2005, p.59.
137)빅토르 위고,《레 미제라블》, 강명희 옮김, 하서, 2005, p.59.
138)빅토르 위고,《레 미제라블》, 강명희 옮김, 하서, 2005, p.59~60.
139)마가복음 12장 33절, 새번역《신약전서》, 대한성서공회, 2007, p.129.
140)빅토르 위고,《레 미제라블》, 강명희 옮김, 하서, 2005, p.423~424.
141)마태복음 5장 44절, 새번역《신약전서》, 대한성서공회, 2007, p.12.
142)윌리엄 셰익스피어,《맥베스》, 최종철 옮김, 민음사, 2004, p.21.
143)윌리엄 셰익스피어,《맥베스》, 최종철 옮김, 민음사, 2004, p.22.
144)윌리엄 셰익스피어,《맥베스》, 최종철 옮김, 민음사, 2004, p.91.
145)윌리엄 셰익스피어,《맥베스》, 최종철 옮김, 민음사, 2004, p.91.
146)윌리엄 셰익스피어,《맥베스》, 최종철 옮김, 민음사, 2004, p.92.
147)윌리엄 셰익스피어,《맥베스》, 최종철 옮김, 민음사, 2004, p.120.
148)윌리엄 셰익스피어,《맥베스》, 최종철 옮김, 민음사, 2004, p.130~131.
149)윌리엄 셰익스피어,《맥베스》, 최종철 옮김, 민음사, 2004, p.26.
150)교사(教唆): 다른 사람을 꾀거나 부추겨서 나쁜 짓을 하게 만드는 행위.
151)윌리엄 셰익스피어,《맥베스》, 최종철 옮김, 민음사, 2004, p.37.
152)이마누엘 칸트,《도덕 형이상학을 위한 기초 놓기》, 이원봉 옮김, 책세상, p.125~127 참조. 옮긴이 이원봉은 '정언적 명령법'이라 번역하고 있다. 칸트는 이것을 "kategorischer Imperativ"라 불렀다.
153)이마누엘 칸트,《도덕 형이상학을 위한 기초 놓기》, 이원봉 옮김, 책세상, p.138 참조. "이성의 모든 준칙이 법칙으로서 보편타당해야 한다는 원칙."
154)이마누엘 칸트,《도덕 형이상학을 위한 기초 놓기》, 이원봉 옮김, 책세상, p.126 참조. "나의 모든 행위는 의지의 자율성에 맞아야만 한다. 이 정언적인 '해야만 한다'는 종합적인 명제를 선험적으로 제시하는데…."
155)중종반정(中宗反正): 조선의 제10대 임금 연산군을 폐위하고 선왕인 성종과 정현왕후 사이에서 태어난 진성대군을 왕위에 올린 사건. 월산대군의 처남이자

성종의 신하 박원종이 주도하였다.
156)주색잡기(酒色雜技): 술과 여자와 노름에 빠져 인생을 망치는 행위.
157)윌리엄 셰익스피어,《맥베스》, 최종철 옮김, 민음사, 2004, p.37.
158)윌리엄 셰익스피어,《맥베스》, 최종철 옮김, 민음사, 2004, p.38.
159)시역(弑逆): 반역하여 시해함.
160)윌리엄 셰익스피어,《맥베스》, 최종철 옮김, 민음사, 2004, p.40~41.
161)'흑사병'이라고도 불린다.
162)조반니 보카치오,《데카메론》, 장지연 엮어 옮김, 서해문집, 2007, p.16.
163)계몽사상가들의 사상에 대해서는 필자의 저서《인간의 길, 10대가 묻고 고전이 답하다》(글라이더)를 참조.
164)언술방식(言術方式): 언어로 묘사하고 서술하는 방식.
165)'아폴론'으로 널리 알려져 있다.
166)소포클레스,《오이디푸스 왕》, 강대진 옮김, 민음사, 2009, p.95.
167)소포클레스,《오이디푸스 왕》, 강대진 옮김, 민음사, 2009, p.95.
168)소포클레스,《오이디푸스 왕》, 강대진 옮김, 민음사, 2009, p.93.
169)소포클레스,《오이디푸스 왕》, 강대진 옮김, 민음사, 2009, p.95.
170)아리스토텔레스,《시학》, 천병희 역, 문예출판사, 2002, p.72~73 참조.
171)아리스토텔레스,《시학》, 천병희 역, 문예출판사, 2002, p.72.
172)소포클레스,《오이디푸스 왕》, 강대진 옮김, 민음사, 2009, p.94.
173)아리스토텔레스,《시학》, 천병희 역, 문예출판사, 2002, p.45.
"비극은 가능한 한 태양이 일 회전 하는 동안이나 이를 과히 초과하지 않는 시간 안에 사건의 결말을 지으려는 경향이 있는 데 반하여 서사시는 시간적으로 제한이 없다. 이것이 양자의 차이점이다."
174)플롯(plot): 사건 진행과 줄거리.
175)아리스토텔레스,《시학》, 천병희 역, 문예출판사, 2002, p.53.
176)크레온은 왕비 이오카스테의 남동생이므로 오이디푸스의 처남이다. 그러나, 비극의 끝에 이르러 오이디푸스의 정체가 밝혀진 후에는 크레온이 오이디푸스의 외삼촌이 되는 기괴한 상황을 맞이한다.

177)급파(急派): 위급한 상황에 부딪혀서 이 상황을 극복하기 위해 급하게 사자를 파견함.

178)소포클레스,《오이디푸스 왕》, 강대진 옮김, 민음사, 2009, p.95~96.

179)소포클레스,《오이디푸스 왕》, 강대진 옮김, 민음사, 2009, p.100.

180)소포클레스,《오이디푸스 왕》, 강대진 옮김, 민음사, 2009, p.102.

181)아리스토텔레스,《시학》, 천병희 역, 문예출판사, 2002, p.65.

182)아리스토텔레스,《시학》, 천병희 역, 문예출판사, 2002, p.65.

183)아리스토텔레스,《시학》, 천병희 역, 문예출판사, 2002, p.65.

아리스토텔레스는 비극의 주인공이 진실을 모르고 있던 '무지(無知)의 상태'에서 진실을 알게 되는 '지(知)의 상태'로 '변화하는 것'을 '발견'이라 불렀다.

184)아리스토텔레스,《시학》, 천병희 역, 문예출판사, 2002, p.66.

185)소포클레스,《오이디푸스 왕》, 강대진 옮김, 민음사, 2009, p.115.

186)소포클레스,《오이디푸스 왕》, 강대진 옮김, 민음사, 2009, p.102.

187)아리스토텔레스,《시학》, 천병희 역, 문예출판사, 2002, p.66,72.

"발견은 급전과 결합될 때 연민이나 공포의 감정을 불러일으킬 것이다."(p.66. 아리스토텔레스). "연민의 감정은 부당하게 불행에 빠지는 것을 볼 때 환기되며"(p.72. 아리스토텔레스)

188)아리스토텔레스,《시학》, 천병희 역, 문예출판사, 2002, p.71~83 참조.

《시학》의 13장과 14장에서 아리스토텔레스는 그리스 비극이 관객의 연민과 공포의 감정을 불러일으키는 감정적 효과에 대하여 집중적으로 설명하고 있다.

189)소포클레스,《오이디푸스 왕》, 강대진 옮김, 민음사, 2009, p.102.

190)장 자크 루소 지음,《사회계약론》, 이재형 옮김, 문예출판사, 2013, p.7.

옮긴이 이재형은 이 책의 원제를 '사회계약론 또는 참정권의 원리에 관하여'라고 번역하였다.

191)장 자크 루소 지음,《사회계약론》, 이재형 옮김, 문예출판사, 2013, p.9.

192)장 자크 루소 지음,《사회계약론》, 이재형 옮김, 문예출판사, 2013, p.9.

옮긴이 이재형의 각주를 참조할 것.

193)장 자크 루소 지음,《사회계약론》, 이재형 옮김, 문예출판사, 2013, p.11.

194)장 자크 루소 지음,《사회계약론》, 이재형 옮김, 문예출판사, 2013, p.12.
195)장 자크 루소 지음,《사회계약론》, 이재형 옮김, 문예출판사, 2013, p.13.
196)존 로크(John Locke, 1632~1704): 영국의 계몽사상가이자, 경험론 철학자이다. 그의 자연권(自然權) 사상, 천부인권설, 사회계약론은 유럽 계몽사상의 발전에 기여하였으며 특히 장 자크 루소의 정치철학에 큰 영향을 끼쳤다.
197)장 자크 루소 지음,《사회계약론》, 이재형 옮김, 문예출판사, 2013, p.33.
198)장 자크 루소 지음,《사회계약론》, 이재형 옮김, 문예출판사, 2013, p.12.
199)장 자크 루소 지음,《사회계약론》, 이재형 옮김, 문예출판사, 2013, p.12.
200)장 자크 루소 지음,《사회계약론》, 이재형 옮김, 문예출판사, 2013, p.20.
201)장 자크 루소 지음,《사회계약론》, 이재형 옮김, 문예출판사, 2013, p.13.
202)장 자크 루소 지음,《사회계약론》, 이재형 옮김, 문예출판사, 2013, p.26 참조.
203)장 자크 루소 지음,《사회계약론》, 이재형 옮김, 문예출판사, 2013, p.26.
204)장 자크 루소 지음,《사회계약론》, 이재형 옮김, 문예출판사, 2013, p.39.
205)장 자크 루소 지음,《사회계약론》, 이재형 옮김, 문예출판사, 2013, p.39.
206)장 자크 루소 지음,《사회계약론》, 이재형 옮김, 문예출판사, 2013, p.55.
207)장 자크 루소 지음,《사회계약론》, 이재형 옮김, 문예출판사, 2013, p.39.
208)장 자크 루소 지음,《사회계약론》, 이재형 옮김, 문예출판사, 2013, p.127 참조.
209)장 자크 루소 지음,《사회계약론》, 이재형 옮김, 문예출판사, 2013, p.39.
210)장 자크 루소 지음,《사회계약론》, 이재형 옮김, 문예출판사, 2013, p.39 참조.
211)장 자크 루소 지음,《사회계약론》, 이재형 옮김, 문예출판사, 2013, p.40.
212)장 자크 루소 지음,《사회계약론》, 이재형 옮김, 문예출판사, 2013, p.32 참조.
213)에리히 프롬, 《자유로부터의 도피》, 원창화 옮김, 홍신문화사, 1988. p.173.
214)송용구,《인문학 편지》, 평단, 2014, p.130~138 참조.
215)존 듀이,《민주주의와 교육》, 김성숙 이귀학 옮김, 동서문화사, 2008, p.21.
216)존 듀이,《민주주의와 교육》, 김성숙 이귀학 옮김, 동서문화사, 2008, p.11.
217)존 듀이,《민주주의와 교육》, 김성숙 이귀학 옮김, 동서문화사, 2008, p.11.
218)듀이의 이 말은《민주주의와 교육》에 담긴 듀이의 사상과 견해를 파악한 끝에 만들어낸 필자(송용구)의 교훈적 메시지임을 밝혀둔다.

219)존 듀이,《민주주의와 교육》, 김성숙 이귀학 옮김, 동서문화사, 2008, p.112.
220)G. W. F. 헤겔,《법철학 강요》, 서정혁 옮김, 지만지, 2011 참조.
221)이마누엘 칸트,《도덕 형이상학을 위한 기초 놓기》, 이원봉 옮김, 책세상, 2002, p.82.
222)조만제 엮음·송용구 해설,《어머니의 기도》, 생명의말씀사, 2003(개정판), p.104.
223)백년대계(百年大計): 긴 안목으로 미래를 내다보고 커다란 발전을 위해 세워두는 중요한 계획.
224)프리드리히 실러,《리쿠르구스와 솔론의 입법》,《아무도 미워하지 않는 자의 죽음》(잉게 숄 지음, 송용구 옮김), 평단, 2012, p.161.
225)송용구,《대중문화와 대중민주주의》, 담장너머, 2009, p.34~35 참조.
226)존 듀이,《민주주의와 교육》, 김성숙 · 이귀학 옮김, 동서문화사, 2008, p.9.
227)카를 마르크스,《자본론》,《경제학 · 철학 초고/자본론/공산당 선언/철학의 빈곤》 중에서, 김문현 옮김, 동서문화사, 2008, p.226,228,229.
228)카를 마르크스,《자본론》,《경제학 · 철학 초고/자본론/공산당 선언/철학의 빈곤》 중에서, 김문현 옮김, 동서문화사, 2008, p.192~194 참조.
229)카를 마르크스,《자본론》,《경제학 · 철학 초고/자본론/공산당 선언/철학의 빈곤》 중에서, 김문현 옮김, 동서문화사, 2008, p.234.
230)카를 마르크스,《자본론》,《경제학·철학 초고/자본론/공산당 선언/철학의 빈곤》 중에서, 김문현 옮김, 동서문화사, 2008, p.231.
231)카를 마르크스,《자본론》,《경제학 · 철학 초고/자본론/공산당 선언/철학의 빈곤》 중에서, 김문현 옮김, 동서문화사, 2008, p.231.
232)성토(聲討): 분명한 잘못을 소리 높여 비판하고 규탄하는 행위.
233)카를 마르크스,《자본》 Ⅲ~2, 강신준 옮김, 도서출판 길, 2010, p.1094.
마르크스가 저술한《자본론》의 독일어 원저 제목은 'Das Kapital'이다. 한국어로 옮기면 '자본'이라고 번역해야 한다. 그런 까닭에 옮긴이 강신준은 번역서의 제목을 '자본'으로 표기하였다.
234)징발(徵發): 권력이나 위력에 의해 상대방에게서 강제로 무언가를 거두어들이는 행위.
235)카를 마르크스,《자본론》,《경제학·철학 초고/자본론/공산당 선언/철학의 빈

곤》 중에서, 김문현 옮김, 동서문화사, 2008, p.230,231,232,234,288.

236)카를 마르크스,《자본》Ⅲ~2, 강신준 옮김, 도서출판 길, 2010, p.1094.

237)카를 마르크스,《자본론》,《경제학 · 철학 초고/자본론/공산당 선언/철학의 빈곤》 중에서, 김문현 옮김, 동서문화사, 2008, p.234,239,241,242,243.

238)이마누엘 칸트,《도덕 형이상학을 위한 기초 놓기》, 이원봉 옮김, 책세상, 2002, p.82~85 참조.

239)토머스 모어,《유토피아》, 나종일 옮김, 서해문집, 2005, p.82 참조.

240)〈6시간 노동·완전고용의 꿈… "속도조절론" 뒷걸음치는 500년 뒤 한국〉, 〈경향신문〉 2018년 9월 29일 참조.

241)G. W. F. 헤겔,《정신현상학》, 김양순 옮김, 동서문화사, 2016, p.72~82 참조.

242)G. W. F. 헤겔,《정신현상학》, 김양순 옮김, 동서문화사, 2016, p.75.

243)G. W. F. 헤겔,《정신현상학》, 김양순 옮김, 동서문화사, 2016, p.82~95.

244)G. W. F. 헤겔,《정신현상학》, 김양순 옮김, 동서문화사, 2016, p.158~289 참조.

245)G. W. F. 헤겔,《정신현상학》, 김양순 옮김, 동서문화사, 2016, p.529.

246)G. W. F. 헤겔,《정신현상학》, 김양순 옮김, 동서문화사, 2016, p.121~157 참조.

247)G. W. F. 헤겔,《정신현상학》, 김양순 옮김, 동서문화사, 2016, p.95~120 참조.

248)I. 칸트,《순수이성비판》, 이명성 옮김, 홍신문화사, 2006, p.176~177.

249)I. 칸트,《순수이성비판》, 이명성 옮김, 홍신문화사, 2006, p.176~177.

250)사사키 다케시 외 지음,《절대지식 세계고전》, 윤철규 옮김, 이다미디어, 2016, p.400~401 참조.

251)헤겔의 선배 사상가 칸트는 사물의 본질을 '사물 자체' 또는 '실체'라고 불렀다.

252)G. W. F. 헤겔,《정신현상학》, 김양순 옮김, 동서문화사, 2016, p.290.

253)G. W. F. 헤겔,《정신현상학》, 김양순 옮김, 동서문화사, 2016, p.529.

254)G. W. F. 헤겔,《정신현상학》, 김양순 옮김, 동서문화사, 2016, p.290.

10대를 위한 인문학 강의

초판 1쇄 발행 2020년 10월 24일

지은이 송용구
펴낸곳 글라이더 **펴낸이** 박정화
편집 이정호 **디자인** 디자인뷰 **마케팅** 임호

등록 2012년 3월 28일(제2012-000066호)
주소 경기도 고양시 덕양구 화중로 130번길 14(아성프라자 6층)
전화 070)4685-5799 **팩스** 0303)0949-5799 **전자우편** gliderbooks@hanmail.net
블로그 http://gliderbook.blog.me/
ISBN 979-11-7041-042-3 43330

이 도서의 국립중앙도서관 출판예정도서목록(CIP)은 서지정보유통지원시스템 홈페이지(http://seoji.nl.go.kr)와 국가자료공동목록시스템(http://www.nl.go.kr/kolisnet)에서 이용하실 수 있습니다.(CIP제어번호: CIP2020039730)